OS 7 HÁBITOS DOS ADOLESCENTES ALTAMENTE EFICAZES

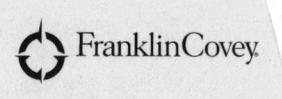 FranklinCovey

SEAN COVEY

OS 7 HÁBITOS DOS ADOLESCENTES ALTAMENTE EFICAZES

Tradução
Alberto Cabral Fusaro
Márcia do Carmo Felismino Fusaro
Laís Curvão

24ª EDIÇÃO

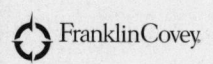

BestSeller
Rio de Janeiro | 2025

CIP-BRASIL. CATALOGAÇÃO NA PUBLICAÇÃO
SINDICATO NACIONAL DOS EDITORES DE LIVROS, RJ

C914s
24ª ed.

Covey, Sean
   Os 7 hábitos dos adolescentes altamente eficazes / Sean Covey; tradução
Alberto Cabral Fusaro, Márcia do Carmo Felismino Fusaro, Laís Curvão. –
24ª ed. – Rio de Janeiro: Best*Seller*, 2025.

   Tradução de: The 7 habbits of highly effective teens
   ISBN 978-85-4650-165-6

   1. Sucesso – Aspectos psicológicos. 2. Adolescentes – Guias de experiência
de vida. 3. Autorrealização (Psicologia). I. Fusaro, Alberto Cabral. II. Fusaro,
Márcia do Carmo Felismino. III. Título.

                                   CDD: 158.1
18-53896   CDU: 159.947

Leandra Felix da Cruz – Bibliotecária – CRB-7/6135

Texto revisado segundo o novo Acordo Ortográfico da Língua Portuguesa.

Direitos exclusivos de publicação em língua portuguesa para o Brasil
adquiridos pela
EDITORA BEST SELLER LTDA.
Rua Argentina, 171, parte, São Cristóvão
Rio de Janeiro, RJ – 20921-380
que se reserva a propriedade literária desta tradução

Impresso no Brasil

ISBN 978-85-4650-165-6

Seja um leitor preferencial Record
Cadastre-se no site www.record.com.br
e receba informações sobre nossos lançamentos
e nossas promoções

Atendimento e venda direta ao leitor
sac@record.com.br

À MAMÃE,
POR TODAS AS CANTIGAS
DE NINAR E AS CONVERSAS
ATÉ ALTAS HORAS DA NOITE

O que veremos

Parte IV — Renovação

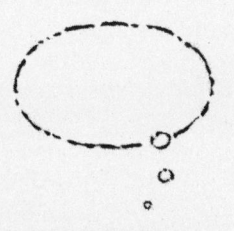

Quem sou eu?

Sou sua companhia constante.
Sou seu maior ajudante ou seu mais
pesado fardo. Eu o conduzirei ao sucesso ou
o levarei ao fracasso. Estou completamente
a seu dispor e sob suas ordens. A maioria
das coisas que precisar fazer pode passá-las a
mim, porque estarei apto a fazê-las
rápida e corretamente.

É fácil lidar comigo — basta ser firme.
Mostre-me exatamente como quer
que algo seja feito e, depois de algumas lições,
eu o farei de maneira automática. Sou o servo de
todos os grandes seres e também, infelizmente,
de todos os fracassados. Aos vitoriosos, eu os fiz vencer.
Aos fracassados, eu os fiz fracassar.

Não sou uma máquina, embora trabalhe com toda
a precisão de uma máquina e com a inteligência
de um humano. Você pode me usar para lucrar ou
para se arruinar — não faz diferença para mim.

Use-me, treine-me, seja firme comigo
e eu colocarei o mundo a seu dispor.
Esmoreça comigo e eu o destruirei.

Quem sou eu?

Eu sou o hábito.

INTRODUÇÃO

O mundo mudou completamente desde que escrevi a primeira versão deste livro. Naquela época, não havia Facebook nem Twitter. Não havia smartphones, smart TVs, nem Netflix. Imagine que chatice!

Mesmo com todas essas inovações, algumas coisas continuam iguais. Ainda somos livres para decidir o que fazer de nossas vidas. A importância dos relacionamentos não mudou. Aliás, esse ainda é o assunto mais importante de todos, e princípios — como responsabilidade, ambição, trabalho em equipe, serviço e renovação — não mudaram. Ainda estão em alta.

É por isso que os 7 hábitos nunca sairão de moda, porque têm como base princípios atemporais e duradouros. Na verdade, eles têm se tornado ainda mais fundamentais à medida que o mundo vai se tornando cada vez mais veloz. Sempre será necessário se mostrar proativo e tomar a iniciativa, tentar primeiramente compreender o outro antes de ser compreendido. Os 7 hábitos não serão esquecidos nunca.

Ao longo dos últimos anos recebi centenas de e-mails e cartas de leitores adolescentes do mundo todo que compartilham seus problemas e seus casos de sucesso. Durante a leitura dessas mensagens, selecionei três temas recorrentes.

Primeiro: todos têm problemas de relacionamento — com amigos, namorados(as), pais e mães, tios e tias, e assim por diante. Então, se você tem problemas de relacionamento, não está sozinho. Bem-vindo ao clube!

Segundo: praticamente todo adolescente que me escreve quer mudar e se tornar uma pessoa melhor. Querem parar de usar drogas, se dar bem na escola, emagrecer ou ainda se livrar da depressão em que estão afundados. Se você é como eles, então também quer melhorar.

Terceiro: os 7 hábitos funcionam de verdade. Muitíssimo bem! Eles ajudam você a triunfar diante das adversidades, a fazer amigos, a tomar decisões mais inteligentes sobre namoro e sexo, a ser mais bem-sucedido na escola, e até a se entender melhor com seus pais, entre outras coisas.

Uma adolescente me escreveu contando como o Hábito 1, Ser proativo, mudou sua vida:

> Nos últimos seis meses passei por muita coisa. O amor da minha vida partiu meu coração e se recusava a falar comigo. Daí ele começou um relacionamento com minha melhor amiga. Meus pais estavam num casamento de idas e vindas. Meu irmão começou a usar drogas. Minha vida simplesmente

estava desmoronando. Então minha mãe comprou *Os 7 hábitos*, e o livro mudou meu jeito de pensar. A parte que mais me tocou foi aquela que diz que ninguém pode tirar você do sério e/ou estragar seu dia sem o seu consentimento. O fato de meus dias serem bons ou ruins sempre se baseou em certa pessoa ter falado comigo, ou se alguma coisa acontecia ou deixava de acontecer. Agora isso não importa. Quando algo ruim acontece, eu sorrio e sigo em frente. E quando ELE não me diz "oi", eu digo "oi" para outro alguém mais interessante e isso me faz ganhar o dia. É muito mais fácil você mesmo fazer seu dia bom, em vez de deixar que outros façam isso. Todos os meus amigos perceberam a diferença. Pela primeira vez sorrio de verdade e estou feliz.

Sei que você teve que passar por muitas dificuldades na vida. Dias em que você não está satisfeito com a sua aparência, pessoas falam mal de você, seus pais se divorciam, falece algum ente querido. Acidentes acontecem. E no âmbito social, ainda é preciso lidar com terrorismo, guerra, aids, câncer, competição global, cyberbullying, drogas, pornografia e gordura trans.

Dito isso, acredito que, se pudesse escolher qualquer período da história da humanidade para viver, você não encontraria época melhor do que a atual. De verdade, hoje é o melhor momento na história para estar vivo! É uma vida muito melhor que a da época dos egípcios, dos romanos, dos astecas, ou da dinastia Ming. Pense nisso. Há mais liberdade, informação, prosperidade e oportunidades para mais pessoas hoje em dia do que houve em qualquer outro momento do passado.

Pense em informação e tecnologia. Com a internet, o mundo está na ponta de seus dedos. Há centenas de canais de televisão e estações de rádio, e se você quiser aprender mitologia grega, por exemplo, não é preciso ir à biblioteca ou procurar um especialista, como seus pais faziam na sua idade; é só procurar no Google! Se quiser aprender a tocar violão, fazer uma torta, ou até a pilotar um helicóptero (não que eu esteja sugerindo), encontrará tudo no YouTube!

No seu smartphone você pode ver a previsão do tempo para os próximos sete dias em Jacarta, tirar fotos em alta definição do seu cachorro, ou observar o mapa de todas as ruas existentes no mundo. Imagine só! E esse ritmo não vai diminuir. A Lei de Moore diz que o poder de processamento dos computadores dobra a cada 18 meses. Mal posso esperar para comprar meu carro flutuante!

A velocidade das mudanças está em constante aceleração. Por exemplo: Índia e China influenciam o mundo todo em muitas áreas. Empresas como Amazon e Facebook surgem da noite para o dia e se transformam em potências econômicas.

As oportunidades estão em todos os lugares. Quem poderia imaginar que um rapaz de 28 anos chamado Pierre Omidyar se tornaria quase instantaneamente bilionário por criar um código para uma empresa que ele batizou de eBay, aproximando compradores e vendedores na internet?

Sim, mesmo com os desafios dos dias atuais, é uma ótima época para estar vivo. Há muitas coisas incríveis para fazer; muitas pessoas para ajudar. Como um sábio líder declarou: "É uma época magnífica para viver. Uma época em que podemos influenciar dez vezes mais do que em tempos tranquilos."

Bem, eu espero que você nunca se esqueça do que o tio Ben disse ao Homem-Aranha: "com grandes poderes, vêm grandes responsabilidades." Claro que você não é o Homem-Aranha, nem Katniss Everdeen, de *Jogos vorazes*, mas de fato você tem liberdade e oportunidade, mais do que todas as gerações anteriores, e com elas, surgem também grandes responsabilidades.

Então aproveite esta nova edição de Os *7 hábitos do adolescentes altamente eficazes*, atualizada para a era da internet. Você vai adorar a nova linguagem, as histórias, os episódios espalhados ao longo do livro. Desejo a você tudo de bom na construção do seu futuro, que será tão ofuscante que vai precisar proteger os olhos!

Sean Covey

PARTE I

A preparação

Adquirindo o hábito
Ele o constrói ou o destrói

Paradigmas e princípios
O que se vê é o que se obtém

Adquirindo o hábito

ELE O CONSTRÓI OU O DESTRÓI

Olá! Meu nome é Sean e fui eu quem escreveu este livro. Não faço a menor ideia de como ele foi parar nas suas mãos; talvez sua mãe o tenha dado de presente para colocá-lo na linha, ou quem sabe você mesmo o tenha comprado com o próprio dinheiro, porque o título lhe chamou a atenção. Independentemente de como ele chegou até você, estou muito feliz por isso ter acontecido. Agora, só falta você ler...

Muitos adolescentes leem livros, mas eu não era um deles. (Li apenas muitos resumos prontos de livros, em apostilas.) Então, se você for como eu era, deve estar prestes a colocar este livro na prateleira. Antes que faça isso, porém, quero que preste atenção. Se prometer que vai lê-lo, juro que transformarei sua experiência em uma aventura. Na verdade, para tornar o livro mais divertido, eu o recheei de charges, de ideias legais, de frases famosas e de histórias verídicas incríveis, sobre adolescentes de todo o mundo... além de outras surpresas, claro. E então, vai me dar uma chance?

Tudo bem? Tudo bem!

Agora, voltemos ao mais importante. Este livro é baseado em outro, de meu pai, Stephen R. Covey, escrito há alguns anos e intitulado *Os 7 hábitos das pessoas altamente eficazes*. Surpreendentemente, este se tornou um dos livros mais vendidos de todos os tempos. Papai deve muito do crédito por tal sucesso a mim, a meus irmãos e a minhas irmãs, já que fomos suas cobaias. Ele testou todos

> Primeiro formamos nossos hábitos, depois nossos hábitos nos formam.
>
> POETA INGLÊS.

Garotada
dos anos
sessenta

Garotada
de hoje

os seus experimentos psíquicos em nós, e é por isso que meus irmãos e minhas irmãs têm problemas emocionais (brincadeirinha, pessoal!). Por sorte, escapei ileso.

Então, por que escrevi este livro? Porque a vida de um adolescente já não é mais um parque de diversões. Há uma selva lá fora e, se fiz meu trabalho direito, este livro vai funcionar como uma bússola para guiá-lo através dessa selva. Além disso, diferentemente do livro de meu pai, que foi escrito para pessoas mais velhas (o que o torna realmente maçante em alguns momentos), este aqui foi feito especialmente para adolescentes e é sempre muito interessante.

Mesmo sendo um adolescente aposentado, eu me lembro muito bem de como era ser um. Podia jurar que estava passeando em uma montanha-russa emocional durante a maior parte do tempo. Olhando para o passado, acho incrível ter sobrevivido. É, foi por pouco. Nunca esquecerei de quando estava na sétima série e me apaixonei por uma garota chamada Nicole. Pedi a meu amigo Clar que dissesse a ela o que eu sentia (eu tinha tanto medo de falar com garotas que precisava de intermediários). Clar completou a missão e então voltou, relatando:

— Ei, Sean, falei a Nicole que você gosta dela.

— E o que ela disse? — perguntei, animadíssimo.

— Ela falou: "Oooohhh, Sean? Mas ele é gordo!"

Clar riu e eu fiquei arrasado. Tive vontade de entrar em um buraco e nunca mais sair de lá. Jurei que iria odiar as garotas por toda a vida. Por sorte, meus hormônios venceram e eu voltei a gostar delas.

Suponho que estes problemas que alguns adolescentes compartilharam comigo sejam muito familiares a você:

"Tenho muito o que fazer e me falta tempo. Escola, lição de casa, trabalho, amigos, festas e, além disso tudo, minha família. Estou completamente estressado. Socorro!"

"Como posso me sentir bem comigo mesma se não consigo me adequar? Para onde quer que eu olhe, sempre encontro alguma garota mais inteligente, mais bonita ou mais popular do que eu. Não paro de pensar que, se eu tivesse pelo menos os cabelos, as roupas, a personalidade ou o namorado dela, então seria feliz."

"Minha família é um desastre. Se conseguisse ao menos fazer meus pais pararem de pegar no meu pé, eu poderia viver minha vida em paz. Parece que eles estão sempre reclamando. Nunca consigo deixá-los satisfeitos."

"Sei que não estou vivendo da maneira que deveria. Estou envolvido com tudo: drogas, bebida, sexo... e tudo mais em que você puder pensar. É que, quando estou com meus amigos, eu entro na onda e faço o que todos fazem."

"Comecei outra dieta. Acho que esta já é a quinta, só este ano. Quero muito mudar, mas não tenho disciplina para levar isso adiante. Cada vez que começo um novo regime, eu tenho esperança. Mas, em pouco tempo, desisto e então me sinto horrível."

"Não estou me saindo bem na escola no momento. Se não melhorar minhas notas, nunca entrarei na faculdade."

"Sou meio mal-humorado e fico deprimido com frequência, mas não sei o que posso fazer a respeito disso."

"Eu sinto que minha vida está fora de controle."

Esses são problemas reais e não se pode ignorar a vida real, então não tentarei fazê-lo. Em vez disso, vou lhe oferecer um kit de ferramentas para lidar com a vida real. Quais são essas ferramentas? Os 7 hábitos dos adolescentes altamente eficazes ou, dito de outra maneira, as sete características que os adolescentes felizes e bem-sucedidos têm em comum ao redor de todo o mundo.

A essa altura, você já deve estar se perguntando quais são esses hábitos, então vou acabar logo com o suspense. Aí vão eles, acompanhados de uma breve explicação:

Hábito 1: **Seja proativo**
Assuma a responsabilidade por sua vida.

Hábito 2: **Comece com o objetivo em mente**
Defina sua missão e seus objetivos de vida.

Hábito 3: **Primeiro o mais importante**
Priorize e faça as coisas mais importantes primeiro.

Hábito 4: **Pense ganha/ganha**
Assuma uma postura do tipo "todos podem ganhar".

Hábito 5: **Procure primeiro compreender, depois ser compreendido**
Escute as pessoas de peito aberto.

Hábito 6: **Crie sinergia**
Trabalhe em conjunto para alcançar melhores resultados.

Hábito 7: **Afine o instrumento**
Renove-se regularmente.

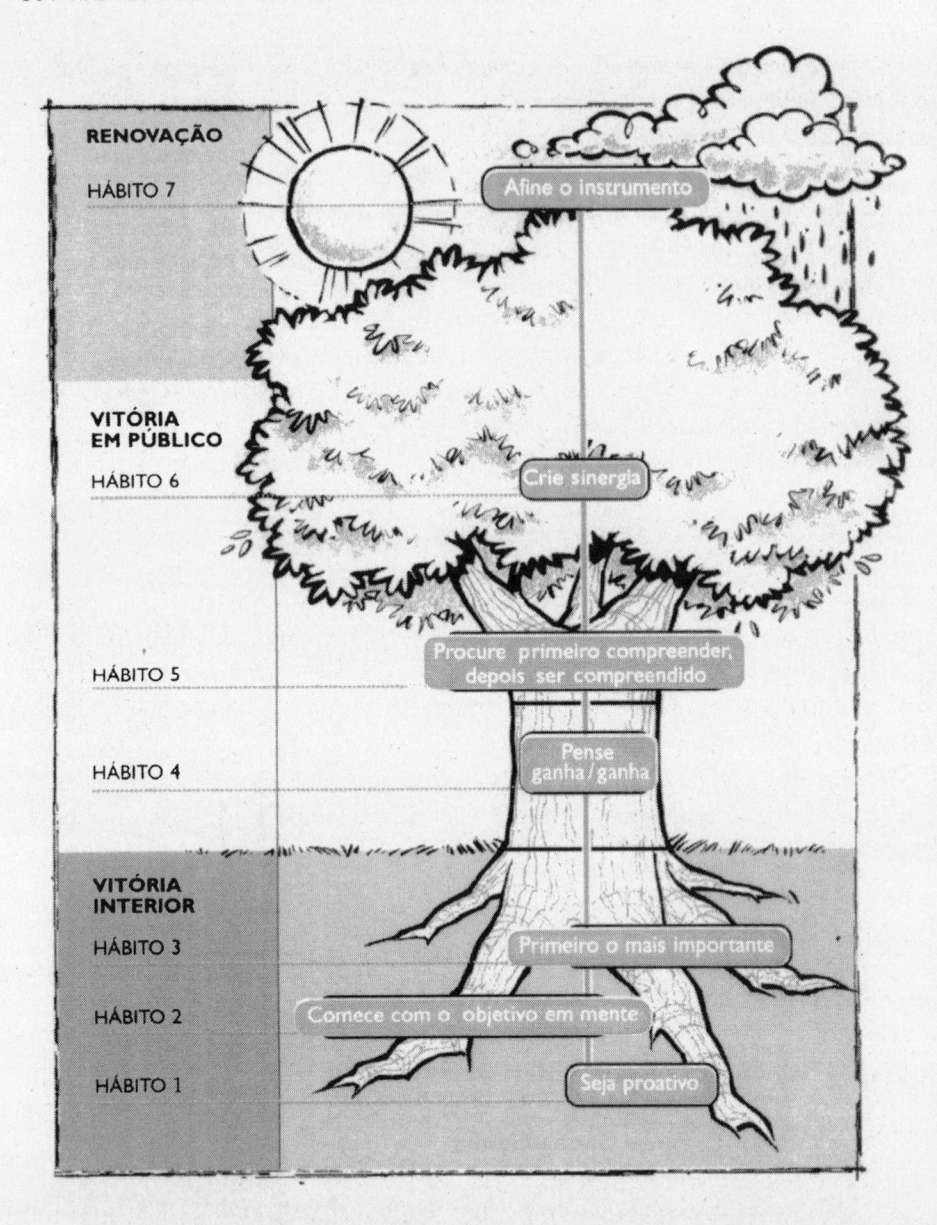

Como é mostrado na ilustração acima, os hábitos são construídos uns sobre os outros. Os hábitos l, 2 e 3 lidam com o aperfeiçoamento pessoal. Nós os chamamos de "vitória interior". Os hábitos 4, 5 e 6 lidam com os relacionamentos e o trabalho em equipe. Nós os chamamos de "vitória em público". Você precisa saber bem qual é seu papel, antes de ser bom como parte de um grupo. É por isso que a vitória interior vem antes da vitória em público. O Hábito 7, o último deles, é o da renovação. Ele alimenta todos os outros seis hábitos.

Os hábitos parecem bastante simples, não? Mas espere só para ver como eles podem ser poderosos! Uma ótima maneira de entender os 7 hábitos é observar o que eles não são. Portanto, aqui estão seus opostos:

Os 7 hábitos dos adolescentes altamente ineficazes

Hábito 1: _Reaja_
Jogue a culpa de todos seus problemas em seus pais, em seus professores idiotas, em seus vizinhos imprestáveis, em seu namorado ou em sua namorada, no governo ou em qualquer um. Seja uma vítima. Não se responsabilize por sua vida. Aja como um animal. Se estiver com fome, coma. Se gritarem com você, grite de volta. Se sentir vontade de fazer algo errado, faça e pronto.

Hábito 2: _Comece sem um objetivo em mente_
Não planeje. Evite metas a todo custo. Nunca pense no amanhã. Por que se preocupar com as consequências de seus atos? Viva o momento. Durma com qualquer pessoa, use drogas e farreie sem parar, pois amanhã você pode não estar mais aqui.

Hábito 3: _Por último o mais importante_
Não faça o que quer que seja mais importante em sua vida, até haver gastado bastante tempo: assistindo a reprises na tevê, tendo conversas sem fim ao telefone, navegando na internet e fazendo hora. Deixe suas tarefas, inclusive a lição de casa, sempre para amanhã. Certifique-se de que tudo o que não interessa seja feito antes daquilo que realmente importa.

Hábito 4: _Pense ganha/perde_
Veja a vida como uma competição agressiva. Seu colega de classe está aí para derrubá-lo, então passe a rasteira primeiro. Não deixe que ninguém tenha sucesso em nada, porque, se os outros ganharem, lembre-se sempre de que você perde. Entretanto, se perceber que vai perder, certifique-se de arrastar aquele bobão ou aquela bobona para o buraco junto com você.

Hábito 5: _Procure falar primeiro, depois finja escutar_
Você nasceu com uma boca, então coloque-a para funcionar! Certifique-se de falar muito. Exponha sempre seu lado da história primeiro. Depois de ter certeza de que todos entenderam seu ponto de vista, finja estar escutando, balançando a cabeça afirmativamente e murmurando "hum-hum". Ou, se estiver disposto a escutar a opinião alheia, deixe bem claro que está sendo caridoso por fazê-lo.

Hábito 6: *Não coopere*

Encaremos a verdade: os outros são esquisitos porque são diferentes de você. Nesse caso, por que tentar se enturmar? Trabalho em equipe é coisa para cachorros puxadores de trenó. Já que as melhores ideias são sempre as suas, o melhor a fazer é se isolar e fazer tudo sozinho. Seja uma ilha.

Hábito 7: *Desgaste-se*

Mantenha-se ocupado ao máximo, a ponto de não restar tempo para você se renovar nem para se aperfeiçoar. Nunca estude. Não aprenda nada novo. Fuja de exercícios físicos como o diabo foge da cruz. Mantenha-se o mais longe possível de bons livros, da natureza e de tudo que possa inspirá-lo.

Como pode ver, os hábitos listados acima são receitas de desastres. Ainda assim, muitos de nós nos deixamos levar por eles, e com frequência (inclusive eu). Graças a isso, não é de admirar que a vida pareça uma porcaria de vez em quando.

O QUE, EXATAMENTE, SÃO HÁBITOS?

Hábitos são coisas que fazemos repetidamente. Contudo, na maior parte do tempo, não estamos cientes de que os temos. Eles funcionam no piloto automático. Alguns hábitos são bons, tais como:

- Exercitar-se regularmente
- Planejar com antecedência
- Mostrar respeito pelos outros

Outros são ruins. Por exemplo:

- Pensar negativamente
- Sentir-se inferior
- Culpar os outros

E alguns não fazem diferença, entre eles:

- Tomar banho de noite ou de manhã
- Colocar molho de pimenta na carne
- Ouvir música enquanto se exercita

Dependendo de quais forem, os hábitos podem tanto nos moldar quanto nos arruinar. Nós nos tornamos o que fazemos repetidamente.

Como o escritor Samuel Smiles citou:

Semeies um pensamento e colherás um ato;
Semeies um ato e colherás um hábito;
Semeies um hábito e colherás um caráter;
Semeies um caráter e colherás um destino.

Por sorte, você é mais forte do que seus hábitos. Assim sendo, é possível mudá-los. Experimente, por exemplo, cruzar os braços sobre o peito. Agora cruze-os ao contrário. O que lhe parece? Bem esquisito, não? Mas se você cruzá-los sempre ao contrário durante trinta dias seguidos, não irá mais estranhar. Na verdade, nem terá de pensar a respeito disso. Terá adquirido o hábito.

A qualquer momento, é possível olhar-se no espelho e dizer: "Ei, não gosto disso em mim!", para então trocar um velho hábito ruim por um novo e melhor. Nem sempre é fácil, mas é sempre possível.

Nem todas as sugestões do livro servirão para você, mas não é preciso chegar à perfeição para começar a obter resultados. Bastará praticar alguns dos hábitos por um tempo para conseguir mudanças em sua vida que você jamais imaginou serem possíveis.

Os 7 hábitos podem ajudá-lo a:

- Assumir o controle de sua vida
- Melhorar o relacionamento com seus amigos
- Tomar decisões mais sábias
- Melhorar o convívio com seus pais
- Superar vícios
- Definir seus valores e o que mais importa
- Fazer mais em menos tempo
- Aumentar a autoconfiança
- Ser feliz
- Encontrar um equilíbrio entre a escola, o trabalho, os amigos e tudo mais

Uma consideração final. O livro é seu, então use-o! Pegue um lápis, uma caneta ou um marcador de texto e faça suas anotações. Não tenha medo de sublinhar, destacar ou circular suas ideias favoritas. Faça anotações nas margens, rascunhe, releia as histórias que o inspirarem, decore as frases que lhe derem esperança. Tente completar os "pequenos passos" ao final de cada capítulo, que foram criados exatamente para ajudá-lo a começar a adquirir os hábitos. Você aproveitará muito mais o livro se agir assim.

Talvez você queira visitar algumas das páginas de internet, que listei no final do livro, para conseguir ajuda ou informações adicionais.

Se você for do tipo de leitor que gosta de ficar folheando o livro, em busca de quadrinhos e de outras coisinhas interessantes, tudo bem. Mas, em algum momento, será necessário fazer a leitura do começo ao fim, porque os 7 hábitos são sequenciais. Um é construído sobre o outro. O Hábito 1 vem antes do Hábito 2 (e assim por diante) justamente por esse motivo.

E então? O que me diz? Faça de mim um cara feliz e leia logo o livro!

PRÓXIMAS ATRAÇÕES
A seguir, daremos uma olhada nas dez afirmações mais idiotas já feitas.
Você não vai querer perdê-las. Então, continue lendo!

Paradigmas
e princípios

O QUE SE VÊ É O QUE SE OBTÉM

As seguintes afirmações foram feitas muitos anos atrás por especialistas em suas respectivas áreas. Na época, foi dito que elas pareciam frases sábias. Com o passar do tempo, porém, parecem haver se tornado grandes idiotices.

As 10 frases mais idiotas de todos os tempos:

10 "Não há motivo para nenhum indivíduo ter um computador em casa."
KENNETH OLSEN, PRESIDENTE E FUNDADOR DA DIGITAL EQUIPMENT CORPORATION, EM 1977

9 "Aviões são brinquedos interessantes, mas não têm valor militar."
MARECHAL FERDINAND FOCH, ESTRATEGISTA MILITAR FRANCÊS E FUTURO COMANDANTE NA PRIMEIRA GUERRA MUNDIAL, EM 1911

8 "[O homem nunca chegará à Lua] independentemente de todos os futuros avanços científicos."
DR. LEE DE FOREST, INVENTOR DA VÁLVULA DE ÁUDIO E PAI DO RÁDIO, EM 25 DE FEVEREIRO DE 1967

> É melhor
> manter-se limpo
> e cristalino;
> você é a janela
> pela qual vê
> o mundo.
>
> GEORGE BERNARD SHAW
> ESCRITOR IRLANDÊS

7 "[A televisão] não conseguirá manter por mais de seis meses nenhum mercado que venha a conquistar. As pessoas logo se cansarão de ficar olhando para uma caixa de madeira aglomerada, todas as noites."
DARRYL F. ZANUCK, EXECUTIVO DA 20TH CENTURY-FOX, EM 1946

(6) "Nós não gostamos do som deles. Grupos com guitarras estão entrando em decadência."
DECCA RECORDS AO REJEITAR OS BEATLES, EM 1962

(5) "Para a maioria das pessoas, o uso de tabaco tem um efeito benéfico."
DR. IAN G. MACDONALD, CIRURGIÃO DE LOS ANGELES, CONFORME CITADO NA REVISTA *NEWSWEEK*, EM 18 DE NOVEMBRO DE 1969

(4) "Esse tal de 'telefone' tem muitas deficiências para poder ser considerado seriamente como um meio de comunicação. O aparelho não tem nenhum valor que nos seja inerente."
MEMORANDO INTERNO DA WESTERN UNION, EM 1876

(3) "A Terra é o centro do Universo."
PTOLOMEU, O GRANDE ASTRÔNOMO EGÍPICIO, NO SÉCULO II

(2) "Nada de importante aconteceu hoje."
ESCRITO PELO REI JORGE III, DA INGLATERRA, EM 4 DE JULHO DE 1776, DIA DA DECLARAÇÃO DA INDEPENDÊNCIA DOS ESTADOS UNIDOS

"Daqui a dois anos, o problema dos spams será resolvido."
BILL GATES, FÓRUM ECONÔMICO MUNDIAL, 2004

AS 10 MAIS

Depois disso, vou lhe mostrar outra lista, dessa vez com afirmações feitas por adolescentes como você. Sei que já deve tê-las ouvido antes, mas elas são tão ridículas quanto as frases acima.

"Ninguém da minha família já entrou na faculdade. Seria loucura achar que eu conseguiria."

"Não adianta. Eu e meu padrasto nunca vamos nos entrosar. Somos diferentes demais."

"Ser estudioso é coisa de 'babaca'."

"O professor está me perseguindo."

"Ela é tão bonita... Mas aposto que é uma anta."

"Não dá pra subir na vida, a menos que conheça as pessoas certas."

"Eu? Emagrecer? Está brincando? Minha família está cheia de gente gorda!"

"É impossível conseguir um bom emprego por aqui; ninguém quer contratar um adolescente."

O que é um paradigma? O que essas duas listas de afirmações têm em comum? Primeiro, todas elas são *percepções* do modo como as coisas são. Segundo, todas são afirmações imprecisas e incompletas, embora as pessoas que as tenham dito estivessem convencidas de que estavam certas.

Outra palavra que designa nossas percepções é *paradigma*. Um paradigma é o modo como você vê algo, seu ponto de vista, sua estrutura de referência ou sua crença. Como você já deve ter notado, muitas vezes nossos paradigmas estão bem longe da verdade e, como resultado, eles nos criam limitações. Por exemplo, você pode estar convencido de que não tem capacidade para entrar na faculdade. Mas lembre-se: Ptolomeu tinha certeza de que a Terra era o centro do Universo.

Pense a respeito de um adolescente que não consegue se entrosar com o padrasto. Se esse é o paradigma da pessoa, algum dia ela conseguirá fazer a situação mudar? Provavelmente não, porque essa crença irá limitá-la.

Paradigmas são como óculos. Ter paradigmas incompletos a respeito de si próprio, ou a respeito da vida em geral, é como usar óculos com a receita errada. As lentes afetam o modo como você vê todo o mundo. Como resultado, o que se vê é o que se obtém. Se você acredita ser um idiota, essa mera crença o tornará um idiota. Se acha que sua irmã é que é idiota, procurará evidências para provar sua opinião (e acabará encontrando, quer elas existam ou não), fazendo com que ela continue sendo idiota a seus olhos. Por outro lado, se você se acha inteligente, essa crença colocará uma aura luminosa em tudo o que fizer.

Uma adolescente chamada Kristi me contou, certa vez, que adorava a beleza das montanhas. Um dia foi visitar o oculista e descobriu, para sua surpresa, que sua visão estava muito pior do que ela imaginara. Ao colocar as novas lentes de contato, ficou espantada com a nitidez com que passou a enxergar. Como ela mesma disse: "Descobri que as montanhas, as árvores e até mesmo as placas, na lateral da estrada, tinham muito mais detalhes do que eu jamais imaginara. Foi muito esquisito. Eu não sabia quanto minha visão estava ruim até descobrir quão nítida ela podia ficar." Normalmente é sempre assim, não sabemos o que estamos perdendo porque temos paradigmas equivocados.

Temos paradigmas a respeito de nós mesmos, das outras pessoas e da vida em geral. Vamos dar uma olhada em cada um deles.

PARADIGMAS PESSOAIS

Pare um instante e considere a seguinte questão: seus paradigmas a seu próprio respeito o estão ajudando ou atrapalhando?

Quando minha esposa, Rebecca, era uma estudante do terceiro colegial, na Madison High School, em Idaho, foi passada pela classe uma lista de inscrição para o concurso de Miss Idaho. Rebecca, assim como muitas outras garotas, inscreveu-se no concurso. Linda, a garota que se sentava ao lado dela, passou a folha sem assiná-la.

"Inscreva-se, Linda", insistiu Rebecca.

"Oh... não, não. Eu não conseguiria participar de algo assim."

"Ora, vamos lá... Será divertido."

"Não acho. Não sou bem o tipo..."

"Claro que é!", Rebecca a interrompeu. *"Acho que você se sairá muito bem!"*

Ela e as outras garotas continuaram a incentivar Linda até vê-la assinar a lista.

Na época, Rebecca não pensou muito no que aconteceu. Entretanto, sete anos depois, recebeu uma carta de Linda, descrevendo a batalha interior que ela teve de vencer naquele dia e agradecendo a Rebecca por haver acendido a centelha inicial que a ajudou a mudar de vida.

Linda contou o quanto sofria por ter uma péssima impressão sobre si mesma durante o colegial. Por isso, foi um choque descobrir que Rebecca a considerava apta a ser candidata a algo que envolvia não apenas beleza, mas também talento. Ela assinou a lista apenas para que parassem de insistir e a deixassem em paz.

Depois se sentiu tão desconfortável por estar inscrita no concurso que procurou o organizador logo no dia seguinte e pediu para ser retirada da lista. Mas, assim como Rebecca, ele insistiu para que Linda participasse do concurso.

Apesar da relutância, ela aceitou.

Mas isso bastou. Ao ousar participar de um evento que exigiria o melhor dela mesma, Linda começou a se ver por uma nova perspectiva. Em sua carta, agradeceu a Rebecca do fundo do coração por havê-la forçado a tirar os "óculos distorcidos", fazendo-a jogar fora aquelas lentes opacas e insistindo para que ela experimentasse lentes novas.

Linda notou que mesmo não ganhando nenhum prêmio, nem sendo indicada como a melhor em nenhuma categoria, havia superado um enorme obstáculo: a percepção depreciativa que tinha a respeito de si mesma.

Graças a seu exemplo, suas duas irmãs mais novas também participaram do concurso em anos posteriores. Aquilo se tornou algo importante na família.

No ano seguinte, Linda se tornou uma das monitoras integrantes do conselho de alunos e, segundo Rebecca, desenvolveu uma personalidade radiante e extrovertida.

Linda experimentou o que é chamado de "mudança de paradigma". Isso quer dizer que, de repente, ela passou a ver as coisas de uma maneira diferente, como quando se coloca um novo par de óculos.

Assim como os paradigmas pessoais negativos nos impõem limitações, os paradigmas pessoais positivos podem fazer aflorar o que nós temos de melhor, como mostra a seguinte história sobre o filho do rei Luís XVI, da França:

O rei Luís foi tirado do trono e aprisionado. Seu jovem filho, o príncipe, foi capturado por aqueles que destronaram o rei. Eles pensavam que, sendo o filho do rei o herdeiro do trono, se pudessem destruí-lo moralmente ele jamais perceberia o amplo e importante destino que a vida havia colocado diante dele. Levaram-no para uma comunidade distante e expuseram o rapaz a todas as obscenidades e depravações que a vida poderia oferecer. Expuseram-no a alimentos cuja riqueza de sabor poderia transformá-lo rapidamente em um escravo do apetite. Usavam linguajar malicioso perto dele todo o tempo. Colocaram mulheres sedutoras e sensuais em sua companhia. Afundaram-no em meio à desonra e à desconfiança. Cercaram-no 24 horas por dia com tudo o que poderia rebaixar o espírito humano ao nível mais inferior possível. Porém, mesmo tendo sido submetido a esse tratamento durante seis meses, o jovem não esmoreceu um instante sequer. Finalmente, depois de intensas tentações, perguntaram-lhe por que ele não havia cedido àquilo tudo — por que não participara? Afinal, tratava-se de coisas desejáveis e que lhe proporcionariam prazer. Tudo aquilo poderia pertencer a ele! Mas o rapaz apenas respondeu: "Não posso fazer o que estão pedindo porque nasci para ser rei."

O paradigma que o príncipe Luís tinha a respeito de si mesmo era tão forte que nada podia abalá-lo. De certa maneira, quando se passa pela vida usando lentes que dizem "eu posso" ou "eu faço diferença", tal crença exerce um "giro positivo" em todo o resto.

A essa altura, você deve estar ponderando: "Mas se meu paradigma a meu próprio respeito está todo distorcido, o que posso fazer para consertá-lo?". Uma opção é passar algum tempo na companhia de alguém que acredite em você e que o estimule. Minha mãe foi esse alguém para mim. Enquanto eu crescia, ela nunca deixou de acreditar em mim, principalmente quando tive incertezas a meu próprio respeito. Sempre me dizia coisas do tipo: "Sean, é claro que deve se candidatar a representante de classe", ou então, "Convide-a para sair. Tenho certeza de que ela vai adorar sua companhia". Toda vez que eu precisava de autoafirmação era só falar com minha mãe que ela limpava minhas lentes de auto-observação.

Pergunte a qualquer pessoa bem-sucedida, e a grande maioria lhe contará que teve uma pessoa que acreditava nela: um professor, um amigo, o pai ou a mãe, um tutor, um irmão ou uma avó. Basta uma pessoa, e não importa quem ela seja. Não tenha medo de se apoiar nessa pessoa e de ser incentivado por ela. Procure-a para pedir conselhos. Tente ver a si mesmo como essa pessoa. Um novo par de óculos pode fazer tanta diferença! Como alguém já disse: "Se fosse possível visualizar o tipo de pessoa que Deus espera que você seja, isso o faria se erguer e jamais ser o mesmo novamente."

Às vezes, porém, não há ninguém em quem se apoiar e é preciso seguir sozinho. Se esse for o seu caso, dê uma atenção especial ao capítulo seguinte, que lhe oferecerá algumas ferramentas bastante práticas para ajudá-lo a construir sua autoimagem.

● PARADIGMAS SOBRE OS OUTROS

Não temos paradigmas apenas a nosso próprio respeito, mas também a respeito das outras pessoas. E estes também podem estar muito longe da realidade. Considerar as coisas a partir de um ponto de vista diferente pode nos ajudar a entender por que os outros agem de uma determinada maneira.

Becky me contou a respeito de sua mudança de paradigma:

Quando eu era aluna do terceiro colegial, tinha uma amiga chamada Kim. Ela era uma pessoa agradável, mas, conforme o ano foi passando, tornou-se mais difícil conviver com ela. Ofendia-se com facilidade e sempre se sentia excluída. Virou uma grande mal-humorada e a companhia dela passou a incomodar a tal ponto que minhas amigas e eu a convidamos cada vez menos para sair conosco. Na verdade, não a chamávamos para fazer mais nada.

Estive viajando durante boa parte das férias naquele ano e, quando retornei, conversei com uma grande amiga minha, para saber das novidades. Depois de me contar algumas fofocas e de falar dos romances que estavam rolando, de repente ela disse: "Oh, você já soube da Kim? Ela está passando por uma fase difícil ultimamente, porque os pais dela estão em meio a um divórcio bastante conturbado. Kim não está aceitando isso nada bem."

Quando ouvi aquilo, toda minha perspectiva mudou. Em vez de ficar incomodada com o comportamento de Kim, senti-me horrível pelo meu próprio comportamento. Percebi que a havia abandonado justo quando ela mais precisava. Ao saber daquela pequena informação, toda minha atitude com relação a ela mudou. Aquela foi realmente uma experiência reveladora.

E pensar que bastou uma nova informação para mudar o paradigma de Becky... É muito comum julgarmos as pessoas sem conhecermos todos os fatos.

Monica teve uma experiência semelhante:

Eu morava na Califórnia, onde tinha uma porção de amigos. Nunca liguei para as pessoas novas que apareciam, pois já tinha meus colegas e achava que os recém-chegados deviam lidar com a situação por conta própria. Então, quando me mudei, virei a "garota nova no pedaço" e desejei que alguém se importasse comigo e me adotasse como parte do grupo local de amigos. Agora vejo tudo de uma maneira diferente. Sei como é ruim não ter amigos.

Depois disso, Monica tratará os recém-chegados no "pedaço" de maneira muito diferente, você não acha? Ver as coisas a partir de um novo ponto de vista pode fazer uma grande diferença em nossa atitude com relação aos outros.

FRANK & ERNEST ® Por Bob Thaves

A seguinte anedota, retirada da revista *Reader's Digest* (contribuição de Dan P. Greyling), é um exemplo clássico de mudança de paradigma:

Uma amiga minha, retornando para a África do Sul, depois de uma longa estada na Europa, descobriu-se com algum tempo livre para ficar no aeroporto Heathrow, em Londres. Tendo comprado café e um pacote de biscoitos, ela se acomodou a uma mesa desocupada. Estava lendo o jornal quando ouviu alguém mexendo em sua mesa. Boquiaberta, abaixou o jornal e viu um rapaz muito bem-vestido, servindo-se de seus biscoitos. Como não queria fazer nenhuma cena, inclinou-se para a frente e serviu-se ela mesma de um biscoito. Passados menos de dois minutos, o ruído da embalagem se fez ouvir outra vez. Ele estava pegando outro biscoito.

Quando chegaram ao último biscoito do pacote, ela já estava furiosa, mas não tinha a intenção de dizer nada. Então o rapaz quebrou o biscoito ao meio, deixou metade para ela, comeu a outra metade e partiu.

Algum tempo depois, quando o sistema de alto-falantes anunciou seu voo, ela ainda estava furiosa, mas começou a procurar a passagem na bolsa para confirmar o número. Imagine só o embaraço que ela sentiu quando encontrou seu pacote de biscoitos, intacto, lá dentro. Ela comera os biscoitos do rapaz!

Considere o que essa pessoa pensava a respeito do rapaz bem-vestido, antes da reviravolta: "Mas que jovem rude e presunçoso!" Imagine o que ocorreu a ela logo depois: "Mas que embaraçoso! Quanta gentileza a dele em repartir até o último biscoito comigo!"

Então, qual é a questão principal? Apenas a seguinte: muitas vezes nossos paradigmas são incompletos, imprecisos ou completamente equivocados. Assim sendo, não deveríamos ser tão rápidos em julgar, rotular ou formar opiniões a respeito dos outros e de nós mesmos. Partindo de nossos limitados pontos de vista, é raro que possamos ver todo o contexto ou conhecer todos os fatos.

Devemos também abrir nossos corações e nossas mentes para novas informações, ideias e pontos de vista, além de nos dispormos a mudar nossos paradigmas quando ficar evidente que estes estão errados.

Acima de tudo, é óbvio que, se quisermos fazer uma grande mudança em nossa vida, a chave para tanto é a mudança de paradigmas, ou seja, dos óculos através dos quais vemos o mundo. Troque as lentes e tudo mudará!

Se você prestar atenção, descobrirá que a maioria de seus problemas (com relacionamentos, autoimagem, atitude etc.) é proveniente de um ou dois paradigmas equivocados. Por exemplo, se você tem um relacionamento ruim com, digamos, seu pai, é provável que cada um de vocês tenha um paradigma distorcido em relação ao outro. Pode ser que você o veja como alguém fora do alcance do mundo moderno. E é possível que ele o veja como uma criança mimada. Na verdade, os paradigmas de ambos devem estar incompletos, impedindo que vocês se comuniquem de verdade.

Como você pode ver, este livro vai desafiar muitos de seus paradigmas e, espero, vai ajudá-lo a criar outros, mais completos e acurados. Então, prepare-se!

PARADIGMAS DA VIDA

Além de termos paradigmas quanto a nós e quanto aos outros, temos ainda paradigmas a respeito do mundo em geral. Você pode descobrir qual é seu principal paradigma fazendo-se as seguintes perguntas: "Qual é a força motriz de minha vida?", "Em que venho pensando na maior parte do tempo?", "Por quem ou pelo que sou obcecado?". Aquilo que for mais importante será seu paradigma, seus óculos, ou, como gosto de dizer, seu "centro vital". Alguns dos centros vitais mais populares entre os adolescentes são: amigos, posses, namorado/namorada, escola, pai/mãe, esportes/passatempos, heróis, inimigos, você mesmo e trabalho. Cada um tem seus pontos positivos, mas são todos incompletos de uma maneira ou de outra e, como estou prestes a lhe mostrar, eles irão bagunçar sua vida se você se centrar neles. Por sorte, há um centro com o qual você sempre poderá contar. Mas vamos deixá-lo por último.

Centrar-se nos amigos

Não há nada melhor do que pertencer a um grande grupo de amigos, e nada pior do que se sentir excluído. Amigos são importantes, mas nunca devem se tornar seu centro. Por quê? Bem, é que, ocasionalmente, eles ficam de mal com você. De vez em quando são falsos. Às vezes fazem fofocas a seu respeito pelas costas, ou fazem novos amigos e deixam você de lado. Eles têm mudanças de humor. São pessoas volúveis.

SINTO MUITO, RAPAZES, MAS **NÃO É TUDO** QUE PODEMOS FAZER JUNTOS!

Além disso, se você basear sua identidade em ter amigos, em ser aceito e em se tornar popular com a turma, isso poderá comprometer seus valores e obrigá-lo a mudá-los a cada final de semana, para agradar aos outros.

Acredite ou não, chegará um dia em que os amigos não serão a coisa mais importante de sua vida Durante o colegial, tive um grupo fabuloso de amigos. Fazíamos de tudo juntos — nadávamos em lugares proibidos, comíamos até quase estourar em rodízios, praticávamos esqui aquático no escuro, saíamos com as namoradas uns dos outros... e tudo mais que você puder imaginar. Eu adorava aquela rapaziada! Sentia que seríamos amigos para sempre.

Entretanto, depois que nos formamos no colegial e que seguimos em frente com a vida, fiquei surpreso por nos encontrarmos tão pouco. Mudamos para longe uns dos outros, e os novos amigos, empregos e famílias tomaram todo nosso tempo. Quando adolescente, nunca imaginei que isso fosse acontecer.

Tenha tantos amigos quantos puder, mas não centre neles a construção de sua vida. Trata-se de um alicerce instável.

Centrar-se nas posses

Às vezes, vemos o mundo pelas lentes dos bens materiais, ou seja, das posses. Vivemos em um mundo materialista que nos ensina que "quem 'morre' com mais 'brinquedos' vence". Sentimos que devemos ter o carro mais rápido, as roupas mais bonitas, o aparelho de som mais moderno, o melhor penteado e muitas outras *coisas* que deveriam nos trazer felicidade. As "posses" também vêm na forma de títulos e de conquistas, como ser o líder do grupo, ser capitã ou capitão do time, ter a melhor classificação em um concurso, ser eleito representante de classe, ser escolhido para monitor ou ser a rainha da escola.

Não há nada de errado em conquistar e curtir nossas *coisas*, mas não devemos nos centrar em "posses" que, por fim, não têm valor duradouro. Nossa autoconfiança deve vir de dentro e não de fora, da *qualidade de nossos sentimentos*, e não da *quantidade de coisas* que temos. Afinal de contas, aquele que "morre" com mais brinquedos ainda assim "morre"...

Certa vez conheci uma garota que tinha as roupas mais bonitas e caras que já vi na vida. Ela raramente usava o mesmo traje duas vezes. Depois de conhecê-la melhor, comecei a notar que ela retirava grande parte de sua autoconfiança das roupas e que sofria de um caso grave de "olhos de elevador". Toda vez que estava conversando com outra garota, olhava-a de alto a baixo para ver se o traje da outra era tão bonito quanto o seu, o que costumava deixá-la com um complexo de superioridade. Ela era centrada em posses, e foi isso que me desanimou por completo.

Li um ditado, certa vez, que pode explicar isso melhor do que eu: "Se sou o que tenho e o que tenho é perdido, então quem sou eu?"

Centrar-se no namorado/namorada

Talvez esta seja a armadilha mais fácil de cair. Quero dizer, quem é que já não foi centrado no namorado ou na namorada em algum momento? Suponhamos que Brady centra a vida em Tasha, sua namorada. Observe as instabilidades que isso causa em Brady:

AÇÕES DE TASHA	REAÇÕES DE BRADY
Faz um comentário rude	*"Meu dia está arruinado."*
Paquera com o melhor amigo de Brady	*"Fui traído! Odeio meu amigo."*
"Acho que deveríamos sair com outras pessoas"	*"Minha vida acabou. Você não me ama mais."*

Se sou o que tenho e o que tenho é perdido, então que sou eu?

ANÔNIMO

A ironia é que, quanto mais você centra sua vida em alguém, menos atraente você se torna para a pessoa. Como é que é? Bem, primeiro de tudo, quando uma pessoa se centra em outra, ela se torna disponível demais. Segundo, é irritante quando alguém constrói uma vida emocional atrelada demais à sua. Já que a segurança da outra pessoa vem de você, e não de dentro dela mesma, ela sempre precisa ter aquelas conversas irritantes do tipo: "E 'nós', como é que ficamos?"

Quando conheci minha esposa, uma das coisas que mais me atraíram foi o fato de ela não centrar a vida dela em mim. Nunca esquecerei o dia em que ela dispensou (com um sorriso e sem dar nenhuma desculpa) meu convite para um encontro muito importante. Eu adorei! Ela tinha personalidade própria e muita força interior. O humor dela era independente do meu.

É fácil perceber quando os membros de um casal são centrados um no outro porque eles vivem se separando e voltando a se unir. Embora o relacionamento se deteriore, suas vidas emocionais e suas identidades ficam tão entrelaçadas que eles nunca conseguem se desligar por completo um do outro.

Acredite, você será um namorado ou uma namorada muito melhor se não for centrado no outro. Independência é muito mais atraente do que dependência. Além disso, centrar sua vida em alguém não é uma demonstração de amor, mas sim de que você depende dessa pessoa.

Tenha tantos namorados ou namoradas quantos queira, mas não se torne obcecado com isso, nem centre sua vida neles. É que, apesar de haver exceções, esses relacionamentos costumam ser tão estáveis quanto um ioiô.

Centrar-se nos estudos

Entre os adolescentes, centrar a vida na escola é mais comum do que você possa imaginar. Lisa, do Canadá, arrepende-se por haver sido centrada na escola durante tanto tempo:

Eu era tão ambiciosa e tão centrada na escola que não aproveitei minha adolescência. Aquilo não foi apenas pouco saudável para mim, foi também uma atitude egoísta, porque tudo o que me importava era eu mesma e meus objetivos.

Na sétima série, eu já estava estudando tão duro quanto alguém do colegial. Eu queria ser neurocirurgiã, só porque essa era a coisa mais difícil em que eu podia pensar. Acordava todos os dias antes das seis horas da manhã, durante todo o período de aulas, e raramente ia para a cama antes das duas da madrugada, lutando para alcançar minha meta.

Eu sentia que meus colegas e professores esperavam isso de mim. Todos se surpreendiam quando eu não tirava a nota máxima. Meus pais tentavam me fazer relaxar, mas minhas próprias expectativas eram tão grandes quanto as de meus professores e colegas.

Agora sei que poderia ter me realizado sem ter de me esforçar tanto, e que poderia ter sentido prazer ao percorrer o caminho da adolescência.

A educação é vital para nosso futuro e deve ter prioridade em nossa vida. Mas devemos ser cautelosos para não deixar que listas classificatórias, médias gerais e exames vestibulares tomem conta de tudo. Adolescentes centrados na escola costumam se tornar tão obcecados em tirar notas altas que se esquecem de que o verdadeiro propósito da escola é proporcionar aprendizado. Como milhares de adolescentes já provaram, é possível se sair muito bem na escola e manter uma vida equilibrada.

Felizmente, nosso valor não é medido por nossa média final.

Centrar-se nos pais

Seus pais podem ser sua maior fonte de amor e de orientação, e você deve respeitá-los e honrá-los. Mas centrar-se neles, e viver apenas para agradá-los acima de tudo, pode transformar sua vida em um pesadelo. (Não conte a seus pais que escrevi isso, ou eles poderão tirar o livro de você. Ei, brincadeirinha!) Leia o que aconteceu com esta garota de Louisiana:

Estudei pra valer o semestre inteiro. Eu sabia que meus pais ficariam satisfeitos — seis notas dez e um nove e meio não eram para qualquer um. Mas tudo o que vi nos olhos deles foi desapontamento. Só o que lhes interessava era saber o motivo de aquele nove e meio não haver sido um dez. O máximo que pude fazer foi não chorar. O que eles queriam de mim?

Aquele era meu segundo ano no colegial, e passei os dois anos seguintes tentando fazê-los se orgulhar de mim. Joguei basquete, esperando que eles se orgulhassem disso — mas nunca foram me ver jogar.

Ganhei todos os prêmios de "aluna-modelo" — mas, a partir de um certo ponto, esperavam que eu só tirasse notas dez. Eu queria cursar a faculdade e me tornar professora, mas isso não daria dinheiro e meus pais acharam melhor que eu estudasse para ser outra coisa — e foi o que fiz.

Toda decisão que eu tomava era precedida das questões: "O que mamãe e papai querem que eu faça? Eles ficarão orgulhosos? Eles me amarão?" Mas não importava o que eu fizesse, porque nunca parecia bom o suficiente. Eu havia baseado toda minha vida em objetivos e em aspirações que meus pais pensavam ser bons, mas aquilo não estava me deixando feliz. Passava tanto tempo tentando agradá-los que já estava me sentindo fora de controle. Sentia-me desvalorizada, inútil e insignificante.

Com o tempo, percebi que a aprovação de meus pais nunca viria e que, se eu não começasse a viver minha vida, aquilo acabaria me destruindo. Precisava encontrar um centro que fosse atemporal, imutável e verdadeiro — um centro que não pudesse gritar comigo, mostrar desaprovação nem me criticar. Então comecei a viver minha vida, pelos princípios que achei que me trariam felicidade, como a sinceridade (comigo mesma e com meus pais), a crença em uma vida mais feliz, a esperança no futuro e a fé em mim mesma. No começo, eu meio que fingi ser forte, mas depois me tornei verdadeiramente forte.

Por fim, comecei a agir por conta própria e tive uma grande discussão com meus pais. Mas isso os fez ver quem eu era e eles me amaram do mesmo jeito. Pediram desculpas por toda a pressão que fizeram e demonstraram seu amor. Eu já estava com 18 anos quando ouvi papai me dizer "eu te amo" pela primeira vez, mas foram as palavras mais doces que já escutei. A espera valeu a pena. Ainda me importo com o que meus pais pensam, e ainda sou influenciada pelas opiniões deles, mas, ultimamente, tornei-me mais responsável por minha vida e tento agradar primeiro a mim mesma, antes de qualquer outra coisa.

Outros centros possíveis

A lista de centros possíveis se estende cada vez mais. Centrar-se em *esportes/passatempos* é muito comum. Quantas vezes não se viu um jovem centrado nos esportes construir toda a vida em torno do fato de ser um bom atleta, apenas para sofrer algum tipo de acidente repentino e ter sua carreira acabada? Isso acontece todo o tempo, e a pessoa se vê obrigada a reconstruir a vida a partir do nada. O mesmo acontece com passatempos e com outros interesses, como dança, debates, teatro, música ou clubes.

E quanto a *centrar-se em heróis*? Se você construir sua vida ao redor de uma estrela do rock ou do cinema, de um atleta famoso ou de um político poderoso, o que acontecerá se essa pessoa morrer, fizer alguma idiotice fenomenal ou for parar na cadeia? Como é que você ficará?

Às vezes podemos nos tornar até mesmo *centrados em inimigos*, construindo nossa vida em torno da postura de odiar um grupo, uma pessoa ou uma ideia. Como o Capitão Gancho, cuja existência girava em torno do ódio que sentia por Peter Pan. É isso o que acontece também com as gangues e, muitas vezes, com casais que passam por separações difíceis e amargurantes. Esse é um centro bastante distorcido!

Tornar-se centrado no trabalho é uma espécie de doença que atinge geralmente os mais velhos, mas que também pode afetar os adolescentes. O "vício" de trabalhar costuma começar devido a uma necessidade compulsiva de ter mais "coisas", como dinheiro, carros, posição e reconhecimento social, que até nos trazem algum prazer momentâneo, mas que nunca nos satisfazem por completo.

Outro caso bastante comum é *centrar-se em si mesmo*, que é o mesmo que acreditar que o mundo gira a seu redor e ao redor de seus problemas. Isso sempre resulta em estar tão preocupado consigo mesmo, e com sua condição individual, que se alienará quanto aos outros "feridos" que o rodeiam.

Como se pode ver, nem esses, nem muitos outros centros vitais proporcionam a estabilidade que eu e você precisamos ter na vida. Não estou dizendo que não devamos nos esforçar para nos tornarmos excelentes em algo como dançar ou advogar, ou nos esforçarmos para desenvolver relacionamentos maravilhosos com nossos pais e amigos. Claro que devemos! Mas existe uma tênue linha entre ter uma paixão por algo e basear toda sua vida nisso. E é essa linha que nós não devemos cruzar.

Centrar-se nos princípios — *a melhor opção*

Caso você já esteja começando a desanimar, saiba que existe um caminho que funciona de verdade. Qual é ele? (Rufem os tambores, por favor!) É centrar-se nos princípios. Todos estamos familiarizados com os efeitos da gravidade. Jogue uma bola para cima e ela cairá. É uma lei natural, um princípio. Assim como há princípios que governam o mundo físico, há princípios que governam o mundo humano. Princípios não têm religião. Não são americanos nem chineses. Não pertencem a mim nem a você. Não estão abertos para discussão. Aplicam-se igualmente a todos, ricos ou pobres, reis ou serviçais, homens ou mulheres. Não podem ser comprados nem vendidos. Se decidir viver por eles, terá sucesso. Se tentar quebrá-los, só terá fracasso. É muito simples.

Aqui vão alguns exemplos: honestidade é um princípio. Servir é um princípio. Amor é um princípio. Trabalhar duro é um princípio. Respeito, gratidão, moderação, justiça, integridade, lealdade e responsabilidade são princípios. Há dezenas e dezenas deles. Não são difíceis de identificar. Assim como a bússola aponta para o norte magnético, seu coração reconhecerá princípios verdadeiros.

Pense a respeito do princípio de trabalhar duro, por exemplo. Se não fizer sua parte, poderá até conseguir se virar por algum tempo, mas na verdade isso irá atrapalhá-lo.

Lembro-me de haver sido convidado certa vez para participar de um torneio de golfe com meu treinador de futebol americano. Ele era um grande praticante do esporte e, assim como todos os outros presentes, esperava que eu também fosse um ótimo golfista. Afinal, eu estava na faculdade e todos os atletas de lá eram bons no golfe, certo? Errado! Fiquem sabendo que eu era horrível nisso. Jogara apenas algumas vezes na vida e não sabia nem como segurar um taco direito.

Eu estava nervoso com a perspectiva de todos descobrirem que eu era ruim em golfe, especialmente meu treinador. Então comecei a alimentar a esperança de que seria possível enganar a todos e fazê-los pensar que eu era bom. Logo na primeira tacada uma pequena multidão se aproximou para olhar. Por que eu tinha de ser o primeiro a jogar? Por que justo eu? Conforme me aproximei para acertar a bola, rezei ardorosamente por um milagre.

Chuaaaaasssssshhhhh. Funcionou! Milagre! Eu mal podia acreditar! Acabara de dar uma tacada longa, fazendo a bola avançar mais da metade do caminho até o buraco.

Então me virei e sorri para a pequena plateia, agradecendo os elogios como se estivesse acostumado a jogar daquele jeito. "Obrigado. Muito obrigado."

Enganara a todos eles. Mas, de fato, estava apenas enganando a mim mesmo, porque ainda faltavam dezessete buracos e meio para acertar. Na verdade, bastaram apenas mais cinco tacadas para que todos a meu redor, incluindo meu treinador, percebessem que eu era uma negação em golfe. Não demorou para que o treinador começasse a tentar me mostrar como se balançava o taco da maneira correia. Eu havia sido exposto. Ai!

Não dá para fingir que você joga golfe, que tira um som na guitarra ou que fala árabe se você não se esforçou o suficiente para ser bom nisso. Não existem atalhos. Trabalhar duro é um princípio. Como disse o grande Larry Bird, da NBA (Liga de Basquete Norte-Americana): "Se você não fizer a lição de casa, não acertará seus arremessos livres."

Os princípios nunca falham

É preciso ter perseverança para viver segundo os princípios, especialmente quando vemos pessoas próximas seguirem em frente por meio de mentiras, trapaças, conivência, manipulações e/ou sendo egoístas. O que você não vê, entretanto, é que a quebra dos princípios *sempre* as pega no final.

Tome o princípio da honestidade, por exemplo. Se você for um grande mentiroso, pode até conseguir se virar por algum tempo, talvez até por alguns anos. Mas é impossível encontrar um mentiroso que mantém o sucesso a longo prazo. Como Cecil B. DeMille cita em seu clássico filme *Os Dez Mandamentos*: "É impossível quebrarmos a lei. No máximo, quebramos a nós mesmos contra a lei."

Diferentemente de todos os outros centros que analisarmos, os princípios nunca falharão nem o abandonarão. Nunca falarão pelas suas costas. Nem simplesmente se mudarão para outro lugar. Não sofrerão acidentes que arrasam carreiras. Nunca darão preferências, baseando-se em cor de pele, em gênero, em riqueza ou em atributos físicos. Uma vida baseada em princípios é simplesmente a mais estável e inabalável fundação que se pode construir, e todos precisamos de algo assim.

Para compreender por que os princípios sempre funcionam, basta imaginar uma existência inteira baseada em seus contrários — uma vida de desonestidade, desperdícios, permissividade, ingratidão, egoísmo e ódio. Não consigo imaginar nada de bom surgindo disso. E você?

Ironicamente, colocar os princípios em primeiro lugar é a chave para se sair bem em todos os outros centros. Se você vive os princípios de servir, de respeitar e de amar, por exemplo, é provável que consiga mais amigos e um namorado ou uma namorada mais estável. Colocar os princípios em primeiro lugar também é a chave para se tornar uma pessoa de caráter.

Decida hoje mesmo por tomar os princípios como centros vitais ou paradigmas. Em qualquer situação que você se encontre, pergunte a si mesmo: "Qual é o princípio que se aplica aqui?" Para cada problema, procure o princípio que o resolva.

Se estiver se sentindo exausto e surrado pela vida, talvez você deva experimentar o princípio do equilíbrio.

Se não for capaz de encontrar ninguém em quem possa confiar, pode ser que o princípio da honestidade seja a cura de que você precisa.

Na história seguinte, de Walter MacPeek, lealdade era o princípio da vez:

> *De dois irmãos que serviam no mesmo destacamento na França, um foi atingido por uma bala alemã. O que escapou pediu permissão ao oficial superior para voltar e buscar o irmão.*

É impossível quebrarmos a lei. No máximo, quebramos a nós mesmos contra a lei.
CECIL B. DeMILLE
DIRETOR DE CINEMA

"É provável que ele já esteja morto", disse o oficial, "e não há propósito em arriscar a própria vida apenas para buscar o corpo dele". Mas, depois de muita insistência, o oficial cedeu. Assim que o soldado alcançou a trincheira com o irmão sobre o ombro, o homem ferido morreu.

"Está vendo?", falou o oficial, "arriscou sua vida por nada". "Não", respondeu Tom. "Eu fiz o que ele esperava de mim e tive minha recompensa. Quando cheguei lá e o tomei nos braços, ele disse: 'Tom, eu sabia que você voltaria — simplesmente senti que viria me buscar.'"

Nos capítulos seguintes, você descobrirá que cada um dos 7 hábitos se baseia em um ou dois princípios básicos. E é disso que eles tiram sua força. Pode-se dizer que o assunto todo se resume à *lei dos princípios*.

PRÓXIMAS ATRAÇÕES

A seguir, falaremos a respeito de como ficar rico de uma maneira que você jamais imaginou. Então, siga em frente!

Uma palavrinha a respeitos dos pequenos passos Um dos filmes favoritos de minha família é *Nosso querido Bob*, estrelado por Bill Murray e Richard Dreyfuss. É a história de um cara desequilibrado, imaturo e cheio de fobias chamado Bob, que nunca, nunca larga do pé das pessoas. Ele se apega ao dr. Marvin, um renomado psiquiatra que, por querer se livrar de Bob, dá-lhe um livro de sua própria autoria, chamado *Pequenos passos*. Ele explica para Bob que a melhor maneira de resolver os problemas é não tentar solucionar tudo de uma vez, mas apenas dar "pequenos passos" em direção ao objetivo. Bob ficou maravilhado! Ele não tinha mais de se preocupar em como iria percorrer todo o caminho desde o consultório do dr. Marvin até sua casa, o que era um grande desafio para ele. Em vez disso, Bob tinha apenas de dar pequenos passos até o lado de fora do consultório, então dar pequenos passos até o elevador, e assim por diante.

Por isso, eu vou sugerir alguns "pequenos passos" no final de cada capítulo, começando por este aqui — passos pequenos e fáceis que podem ser dados de imediato, para ajudá-lo a aplicar o que você acabou de ler. Embora pequenos, esses passos podem se tornar ferramentas poderosas para auxiliá-lo a alcançar objetivos maiores. Então faça como Bob (ele se torna até agradável depois que aceitamos o fato de que nada pode afastá-lo) e dê pequenos passos.

PEQUENOS PASSOS

1 Da próxima vez que se olhar no espelho, diga algo positivo a seu respeito.

2 Demonstre apreciação ainda hoje pelo ponto de vista de alguém. Diga algo como: "Ei, que ideia legal!"

3 Pense em um paradigma limitador que você tenha sobre si mesmo, como por exemplo: "Não sou extrovertido." Agora faça algo, ainda hoje, que contradiga esse paradigma.

4 Pense em uma pessoa à qual você quer bem e que esteja agindo de maneira estranha nos últimos tempos. Pondere a respeito do que pode estar levando-a a agir dessa maneira.

5 Quando você não está fazendo nada, o que ocupa sua mente? Lembre-se: aquilo que for mais importante para você acabará se tornando seu paradigma, seu centro vital.

O que ocupa meu tempo e minha energia?...

....

6 A Regra de Ouro diz: "Comece hoje a fazer aos outros o que deseja que façam a você." Não seja impaciente, pare de reclamar por ninharias e não fale mal dos outros, a menos que deseje receber o mesmo tratamento de volta.

7 Em algum momento próximo, encontre um lugar isolado, onde você possa ficar sozinho. Pense a respeito do que é mais importante para você.

8 Preste atenção nas letras das músicas que você ouve com mais frequência. Avalie se elas estão em harmonia com os princípios nos quais você acredita.

9 Quando fizer suas tarefas no trabalho ou em casa, hoje à noite, tente usar o princípio de trabalhar duro. Vá um pouco além e faça mais do que é esperado de você.

10 Da próxima vez em que estiver em uma situação difícil e não souber o que fazer, pergunte a si mesmo: "Qual é o princípio que devo aplicar neste caso (honestidade, amor, lealdade, trabalhar duro, paciência)?" Então siga esse princípio e não olhe para trás.

PARTE II

A vitória interior

A Conta Bancária Pessoal
Começando com o homem no espelho

Hábito 1 — Seja proativo
Eu sou a força

Hábito 2 — Comece com o objetivo em mente
Controle seu próprio destino ou alguém o fará por você

Hábito 3 — Primeiro o mais importante
O poder do "sim" e o poder do "não"

A Conta Bancária Pessoal

COMEÇANDO COM O HOMEM NO ESPELHO

Antes que se possa vencer nas arenas públicas da vida, é necessário que se vençam as batalhas pessoais dentro de si mesmo. Toda mudança começa em você. Nunca me esquecerei do modo como aprendi essa lição.

— O que há de errado com você? Está me desapontando. Onde está o Sean que conheci no colegial? — disse o treinador, encarando-me. — Você quer mesmo entrar em campo?

Aquilo me pegou de surpresa.

— Sim, claro.

— Ora, dê um tempo, sim? Está apenas cumprindo a rotina e não está colocando a alma no jogo. É melhor voltar a jogar bem, senão os zagueiros mais novos vão superá-lo e você nunca chegará a jogar aqui.

Aquele era meu primeiro ano na Brigham Young University (BYU), e estávamos nos preparando para a temporada de futebol americano. Ao sair do colegial, fui aprovado em diversas universidades, mas escolhi a BYU devido a sua tradição em formar os melhores zagueiros dos Estados Unidos, como Jim McMahon e Steve Young, sendo que ambos se tornaram profissionais e levaram

> Começo pelo homem no espelho, pedindo-lhe que mude seu modo de ser. E nenhuma mensagem poderia ser mais clara: se você quiser transformar o mundo em um lugar melhor, olhe para si mesmo e mude.
>
> POR SIEDAH GARRETT E GLEEN BALLARD

seus times a muitas vitórias nos campeonatos. Mesmo sendo um zagueiro menos importante na época, eu queria me tornar a próxima estrela do esporte.

O treinador disse que eu estava embromando em campo e aquela afirmação me atingiu como um murro no estômago. O que mais me abalou, porém, foi o fato de aquilo ser verdade. Mesmo tendo passado horas praticando, eu não estava realmente comprometido com o jogo. Estava me contendo e sabia disso.

Tinha uma decisão difícil para tomar — deveria abandonar o futebol americano ou triplicar meu comprometimento. Durante as semanas seguintes, travei uma batalha interna dentro de minha mente e me coloquei face a face com muitos medos e muitas dúvidas sobre mim mesmo. Eu realmente tinha o que era necessário para ser o zagueiro principal? Aguentaria a pressão? Eu era grande o suficiente? Logo consegui perceber que estava era com medo. Com medo de competir, de estar sob as luzes da ribalta, de tentar e de talvez vir a falhar. E todos esses medos estavam me bloqueando e me impedindo de dar o melhor de mim.

Li uma ótima frase de Arnold Bennett, que descreve bem o que finalmente decidi fazer a respeito de meu dilema. Ele escreveu: "A verdadeira tragédia é a de um homem que nunca, em toda a vida, assume o risco de se empenhar em um esforço supremo — ele nunca desenvolve sua plena capacidade, nunca se ergue até sua máxima estatura."

> A verdadeira tragédia é a de um homem que nunca, em toda a vida, assume o risco de se empenhar em um esforço supremo – ele nunca desenvolve sua plena capacidade, nunca se ergue até sua máxima estatura.
>
> ARNOLD BENNETT

Já que nunca gostei de tragédias, decidi me empenhar em um esforço supremo. Assumi o compromisso de me dedicar ao máximo. Decidi parar de me conter. Iria dar o melhor de mim e pronto. Não fazia a menor ideia se conseguiria chegar a ser a estrela do time, mas pelo menos estava disposto a entrar na dança pra valer.

Ninguém me ouviu dizer "eu me comprometo". Não houve aplausos. Foi apenas uma batalha pessoal que disputei comigo mesmo e que venci, dentro de minha mente, ao longo de algumas semanas.

Quando me comprometi, tudo mudou. Comecei a aproveitar oportunidades e a fazer grandes progressos em campo. Minha alma estava naquilo... e o treinador notou.

Quando a temporada começou e os jogos foram acontecendo, eu continuava começando as partidas sentado no banco de reservas. Mesmo frustrado, prossegui trabalhando duro e melhorando cada vez mais.

No meio da temporada aconteceria o grande jogo do ano. Nós iríamos enfrentar o time da Força Aérea, campeão nacional, na frente de 65 mil fãs. Como se não bastasse, o evento seria coberto pelo canal de esportes ESPN. Uma semana antes do jogo, o treinador me chamou e disse que eu seria o zagueiro principal. Glup! Nem preciso dizer que aquela foi a semana mais longa de minha vida.

O dia do jogo finalmente chegou. Quando o chute inicial foi dado, minha boca estava tão seca que eu mal conseguia falar. Mas, depois de alguns minutos, eu me acalmei e levei nosso time à vitória. Fui até escolhido pela ESPN como o "melhor jogador em campo". Depois disso, muitas pessoas me parabenizaram pela vitória e por meu desempenho. Aquilo foi muito gentil, mas eles não entenderam a realidade.

Eles não conheciam a verdadeira história. Todos pensavam que aquela vitória acontecera ali, no campo, aos olhos do público. Mas eu sabia que ela ocorrera meses antes, dentro de minha mente. Quando decidi confrontar meus medos, parei de me conter e passei a me dedicar a um esforço supremo. Vencer o time da Força Aérea foi um desafio muito menor do que superar a mim mesmo. A Vitória Interior vem sempre antes da Vitória em Público. Como diz o ditado: "Encontramos o inimigo. E o inimigo somos nós mesmos."

DE DENTRO PARA FORA

Nós engatinhamos antes de andar. Aprendemos aritmética antes de álgebra. Devemos endireitar a nós mesmos antes de podermos endireitar os outros. Se quiser fazer uma mudança em sua vida, o melhor ponto de partida é começar com você mesmo, não com seus pais, nem com seu namorado/namorada ou com seu professor. Toda mudança começa a partir de você. E de dentro para fora, não de fora para dentro. Isso me lembra dos escritos de um bispo anglicano:

> *Quando eu era jovem e livre e minha imaginação*
> *não tinha limites, sonhava em mudar o mundo;*
>
> *Conforme envelheci e me tornei mais sábio,*
> *concluí que o mundo não mudaria.*
>
> *Decidi encurtar um pouco minha perspectiva*
> *e mudar apenas meu país. Mas este parecia imutável.*
>
> *Quando cheguei aos meus anos de penumbra, em uma última*
> *e desesperada tentativa, ansiei por mudar somente minha família,*
> *aqueles próximos a mim, mas nem mesmo eles aceitaram algo assim.*

E aqui estou eu, em meu leito de morte, concluindo (talvez pela primeira vez) que se eu houvesse começado mudando a mim mesmo primeiro, então, talvez pelo exemplo, pudesse ter influenciado minha família e, com o apoio e o encorajamento deles, pudesse ter melhorado o país e, quem sabe, houvesse até mudado o mundo.

É disso que este livro trata. Mudar de dentro para fora e começar com o homem ou a mulher no espelho. Este capítulo ("A Conta Bancária Pessoal") e os que se seguem nos hábitos 1, 2 e 3 lidam com você e com seu caráter, a vitória interior. Os quatro capítulos seguintes, "A Conta Bancária de Relacionamento" e os hábitos 4, 5 e 6, lidam com relacionamentos, a vitória em público.

Antes de mergulhar no Hábito 1, vamos dar uma olhada em como se pode começar a adquirir autoconfiança e alcançar a vitória interior.

A Conta Bancária Pessoal O modo como você se sente a seu próprio respeito é semelhante a uma conta bancária. Vamos chamá-la, então, de Conta Bancária Pessoal (CBP). Como em uma conta-corrente ou em uma caderneta de poupança em um banco, você pode efetuar depósitos ou retiradas de sua CBP conforme aquilo que pensa, faz ou diz. Por exemplo, quando cumpro um compromisso que assumi comigo mesmo, sinto-me no controle. É um depósito. Ding! Por outro lado, quando quebro uma promessa pessoal, sinto-me desapontado e efetuo uma retirada.

Agora deixe que eu lhe faça algumas perguntas:

Como está sua CBP? Quanta confiança e fé você tem em si mesmo? Sua conta está repleta ou zerada? Os sintomas abaixo deverão ajudá-lo a avaliar como está sua situação.

Possíveis sintomas de uma CBP pobre
- Você cede com facilidade à pressão do grupo.
- Você se debate contra sentimentos de depressão e de inferioridade.
- Você se preocupa demais com o que os outros pensam a seu respeito.
- Você age de maneira arrogante, para esconder suas inseguranças.
- Você se autodestrói, envolvendo-se seriamente com drogas, pornografia, vandalismo ou gangues.
- Você fica com inveja facilmente, principalmente quando alguém próximo consegue ter sucesso.

Possíveis sintomas de uma CBP rica
- Você se sustenta e resiste à pressão do grupo.
- Você não se preocupa demais em ser aceito.
- Você vê a vida como uma experiência positiva em geral.
- Você confia em si mesmo.
- Você é motivado por objetivos.
- Você fica feliz com o sucesso dos outros.

Se sua Conta Bancária Pessoal está com saldo baixo, não desanime por causa disso. Simplesmente comece hoje mesmo a fazer depósitos de R$ 1,00, R$ 5,00, R$ 10,00 ou R$ 25,00. Você conquistará a autoconfiança de volta. Pequenos depósitos ao longo de um grande período de tempo é o modo de se conseguir uma CBP rica e rentável.

Com a ajuda de vários grupos de adolescentes, compilei uma lista de seis depósitos-chave que podem ajudá-lo a construir sua CBP. É claro que, para cada depósito, existe também uma retirada igual e oposta.

DEPÓSITOS NA CBP	RETIRADAS NA CBP
Cumprir promessas feitas a si mesmo	Descumprir promessas pessoais
Fazer pequenas gentilezas	Ser egoísta
Ser gentil consigo mesmo	Torturar a si mesmo
Ser honesto	Ser desonesto
Renovar-se	Manter-se estagnado
Voltar-se para seus talentos	Negligenciar seus talentos

MANTENHA PROMESSAS PESSOAIS

Você já teve amigos ou colegas de quarto que nunca faziam o que se esperava deles? Que diziam que iriam ligar, mas não o faziam? Que prometiam passar para apanhá-lo antes do jogo, mas se esqueciam? Depois de algum tempo, você passou a não confiar mais neles, certo? A palavra deles não valia mais nada. O mesmo ocorre quando você quebra muitas promessas que faz para si mesmo, como: "Vou me levantar às seis da manhã", ou "Vou fazer minhas tarefas da escola assim que chegar em casa". Depois de algum tempo, você não confia mais em si mesmo.

Deveríamos tratar os compromissos que assumimos conosco com a mesma seriedade com que encaramos aqueles que assumimos com as pessoas mais importantes de nossas vidas. Se você está sentindo que perdeu o controle de sua vida, concentre-se na única coisa que pode realmente controlar: você mesmo. Faça uma pequena promessa a si mesmo e cumpra-a. Comece com pequenos compromissos de R$ 10,00, que você tenha certeza de que poderá cumprir, como prometer que irá comer apenas alimentos saudáveis durante o dia de hoje, por exemplo. Depois que houver desenvolvido alguma confiança em si mesmo, parta para os depósitos de R$ 100,00, que são mais difíceis, como decidir acabar um relacionamento com um namorado abusivo, ou não ficar brava com sua irmã por ela haver usado suas roupas novas.

● FAÇA PEQUENAS GENTILEZAS

Lembro-me de haver lido uma afirmação de um psiquiatra que dizia que, toda vez que alguém estivesse deprimido, a melhor atitude seria fazer algo por outra pessoa. Por quê? Porque isso o mantém focado no externo, não no interno. É difícil ficar deprimido quando se está servindo alguém. Ironicamente, um subproduto de ajudar os outros é você sentir-se muito bem pelo que fez.

Lembro-me de estar certa vez em um aeroporto, sentado em um canto, enquanto esperava o chamado para meu voo. Estava agitado, pois a companhia havia trocado minha passagem por outra, de primeira classe. E na primeira classe os assentos são maiores, a comida é aceitável e as comissárias de bordo chegam até mesmo a ser gentis. Na verdade, eu estava com o melhor lugar de todo o avião. Poltrona 1A. Antes de embarcar, reparei em uma jovem senhora que tinha diversas bolsas de mão e que estava carregando um bebê que não parava de chorar. Tendo acabado de ler um livro que falava a respeito de fazer pequenas gentilezas aleatórias, minha consciência falou comigo: "Seu mesquinho! Deixe-a ficar com sua poltrona!" Combati aquela ideia por algum tempo, mas acabei cedendo:

— Desculpe-me, mas tenho a impressão de que você faria melhor uso desta passagem de primeira classe do que eu. Sei como é difícil viajar com crianças. Por que não trocamos nossos bilhetes?

— Tem certeza?

— Oh, sim. Para mim não faz diferença. De qualquer modo, vou acabar trabalhando todo o tempo mesmo...

— Ora, muito obrigada. É muita gentileza de sua parte — concluiu ela, enquanto trocávamos as passagens.

Conforme embarcamos, fiquei surpreso com o bem-estar que senti ao vê-la sentar-se na poltrona 1A. De fato, sob aquela circunstância, o assento 24B, ou qualquer outro que eu estivesse ocupando, não me pareceria tão mau assim. Em certo momento, durante o voo, senti-me tão curioso para ver como ela estava se saindo que não pude me conter. Levantei-me do assento, na classe econômica, andei até a seção da primeira classe e espiei pela cortina que separava os compartimentos. Lá estava a mulher com o bebê, ambos dormindo profundamente na grande e confortável poltrona 1A. Senti-me como se houvesse ganhado 1 milhão de dólares. Ding! Puxa, preciso continuar fazendo esse tipo de coisa.

A terna história a seguir, contada por uma adolescente chamada Tawni, é outro exemplo do prazer de servir:

Há uma garota em nossa vizinhança que mora em um conjugado com os pais, e eles são pessoas bem pobres. Ao longo dos últimos três anos, conforme fui crescendo e minhas roupas não foram mais me servindo, mamãe e eu as doamos a ela. Para ser mais delicada, eu sempre disse coisas como: "Talvez você goste disso", ou "Gostaria de vê-la usando isso".

Quando ela usava alguma coisa que eu havia lhe dado, eu achava muito legal. Ela dizia coisas do tipo: "Obrigada pela nova blusa." E eu respondia: "Essa cor ficou ótima em você!", ou algo do gênero. Sempre tentei ser sutil para não deixá-la embaraçada nem dar a impressão de que eu pensava que ela era muito pobre. Saber que a estava ajudando a ter uma vida melhor fazia com que eu me sentisse muito bem.

Mude sua rota para dizer "olá" à pessoa mais solitária que você conhece. Escreva um bilhete de agradecimento para alguém que fez diferença em sua vida, como um amigo, um professor ou um treinador. Servir não revitaliza apenas os outros, mas também a nós mesmos. Adoro este trecho de *The Man Nobody Knows* [O homem que ninguém conhece], de Bruce Barton, que ilustra esse tópico muito bem:

Há dois mares na Palestina. Um é vivo e cheio de peixes. Moitas verdejantes adornam suas margens. Árvores estendem seus galhos acima dele e encravam ali suas raízes para sorver as águas curativas.

(...) O rio Jordão forma esse mar com a água reluzente que traz das montanhas. Então ele ri sob o sol. E os homens constroem seus lares em suas margens, os pássaros seus ninhos, e toda forma de vida é mais feliz porque ele está ali. O rio Jordão flui ao sul para outro mar.

Ali não há espalhafato de peixes, nem folhagens verdejantes, nem canto de pássaros, nem risadas de crianças. Os viajantes escolhem outra rota, a menos que tenham urgência em chegar do outro lado. O ar jaz pesado sobre suas águas, e nem homem, nem fera, nem pássaro algum dele bebe. O que faz existir tamanha diferença entre esses dois mares vizinhos? Não o rio Jordão. Este desagua a mesma boa água em ambos. Não o solo onde se formam, nem a terra que os cerca.

Eis a diferença. O mar da Galileia recebe mas não retém o Jordão. Para cada gota que entra, outra gota sai. O dar e receber prossegue em igual medida. O outro mar é egoísta, armazenando com voracidade tudo o que recebe. Não se deixa tentar por nenhum impulso de generosidade. Cada gota que recebe, ele guarda.

O mar da Galileia dá e vive. Esse outro mar não dá nada, e é chamado de Morto. Há dois tipos de pessoa neste mundo. Há dois mares na Palestina.

SEJA GENTIL CONSIGO MESMO

Ser gentil tem muitos significados. Significa não deixar para ser perfeito amanhã de manhã. Se você é uma pessoa imatura, como muitos de nós, tenha paciência e permita-se tempo suficiente para crescer.

Significa aprender a rir das coisas estúpidas que você faz. Eu tenho um amigo chamado Chuck que é extraordinário quando se trata de rir dele mesmo e não levar a vida tão a sério. Eu sempre fico espantado em ver como seu otimismo atrai as pessoas, quase magneticamente.

Ser gentil também significa perdoar-se quando fizer algo errado. Afinal, quem não erra? Devemos aprender com nossos erros, mas não devemos nos penitenciar por eles. O passado é exatamente isso: passado. Reflita sobre o que deu errado e por quê. Aprenda e faça as pazes se for necessário. Em seguida, deixe o erro para trás e siga em frente.

"Um dos segredos para a felicidade", segundo Rita Mae Brown, "é ter memória fraca".

Um navio que está há muitos anos no mar acumula milhares de cracas, que vão se juntando à embarcação e eventualmente fazem peso, tornando-se uma ameaça a sua segurança. A maneira mais fácil de se livrar desse peso é abrigar o navio em um porto de água doce, livre de água salgada, onde as cracas vão se desprender sozinhas e cair. O navio poderá então retornar ao mar, livre de sua carga.

Seja sempre uma versão de primeira categoria de si mesmo, em vez de uma versão de segunda categoria de outra pessoa.

JUDY GARLAND
CANTORA E ATRIZ

Você está carregando cracas em forma de erros, arrependimentos e dores do passado? Talvez precise se permitir mergulhar na água doce por um tempo. Aperte o botão de atualizar. Livrar-se de um fardo e se dar uma segunda chance pode ser exatamente o que você precisa agora.

Como na canção de Bruno Mars, "a vida é curta demais para se arrepender... Só se tem uma vida para viver, então faça o melhor".

● SEJA HONESTO

Outro dia procurei no Google o significado da palavra "honesto" e estas são algumas acepções que encontrei: íntegro, incorruptível, moral, dotado de princípios, amante da verdade, firme, verdadeiro, autêntico, certo, bom, assertivo, genuíno. Não é uma associação de palavras tão ruim, não acha?

A honestidade se manifesta de várias formas; primeiro com a honestidade consigo mesmo. Quando as pessoas olham para você, elas veem como você é de verdade, ou você se mostra através de uma cortina de fumaça? Acho que, se sempre sou falso e tento parecer o que não sou, sinto-me inseguro e faço uma retirada da minha CBP. Adoro a fala da cantora Judy Garland: "Sempre seja uma versão de primeira categoria de si mesmo, em vez de uma versão de segunda categoria de outra pessoa."

Deve haver honestidade em nossos atos. Você é honesto na escola, com seus pais e com seu chefe? Se foi desonesto no passado, e acho que todos nós já fomos, tente ser honesto e notar como isso o fará sentir-se bem. Lembre-se: não se pode ir pelo caminho errado e acertar. A história de Jeff é um bom exemplo disso:

Quando eu estava no segundo colegial, havia três rapazes que não iam bem nas aulas de geometria. Eu, por outro lado, era muito bom naquilo. Cobrava R$ 5,00 de cada um deles, por cada prova que eu os ajudasse a fazer. Os testes eram de múltipla escolha, então eu anotava as letras das respostas corretas em um pequeno pedaço de papel e passava para eles.

A princípio achei que estava ganhando dinheiro fácil, como se fosse um ótimo negócio. Não pensei em quanto aquilo poderia magoar a todos nós. Depois de algum tempo, porém, concluí que não poderia continuar fazendo aquilo, pois não os estava ajudando de verdade. Eles não estavam aprendendo nada, e as coisas iriam ficar mais difíceis com o passar do tempo. Passar cola com certeza não estava me ajudando em nada.

É preciso coragem para ser honesto quando as pessoas a seu redor vivem "colando" nas provas, mentindo para os pais e roubando no trabalho. Mas lembre-se: cada ato de honestidade é um depósito em sua CBP e vai torná-lo mais forte. Como diz o ditado: "Minha força equivale à de dez porque meu coração é puro." Honestidade é sempre a melhor política, mesmo quando não é a "onda do momento".

RENOVE-SE

Você precisa tirar um tempo para si mesmo, para se renovar e relaxar. Se não fizer isso, perderá a paixão pela vida.

Parece que metade do planeta assistiu *Avatar*. Ele bateu recordes de bilheteria e continua entre um dos filmes mais vistos da história do cinema. Mas por que o longa-metragem foi tão bem-sucedido? Além de contar com efeitos especiais sofisticados e com uma equipe extremamente capacitada trabalhando na produção, acredito que a história fez sucesso porque a mensagem fundamental do filme é acessível e precisa ser aplicada cotidianamente por todos nós.

O enredo se passa no ano de 2154, em Pandora — uma lua coberta por uma densa floresta localizada no sistema da estrela Alpha Centauro — e gira em torno do personagem Jack Sully, um fuzileiro naval veterano paraplégico, que se tornou ensimesmado e insatisfeito depois do acidente que o colocou nessa condição. A possibilidade de ter uma vida por meio de seu avatar — uma réplica dos nativos de Pandora, seres de pele azul e 3 metros de altura — em um primeiro momento o revitaliza; agora, ele pode correr e experimentar sensações com seu corpo, ainda que isso ocorra apenas em sua mente. Entretanto, essa possibilidade logo se torna algo muito mais significativo. Conhecendo melhor os habitantes de Pandora, Jake se apaixona por Neytiri, uma "mulher" Na'vi. Quanto mais tempo ele passa ao lado de Neytiri e seu povo, mais ele consegue ver beleza, paz e poder em seu mundo — um mundo que terráqueos violentos e sedentos por recursos naturais vieram pilhar e saquear.

A mensagem que fica, portanto, é sobre como nos revitalizarmos, sobre nos desligarmos, sobre ter tempo para ouvir a natureza que nos cerca. É sobre nos permitirmos "um tempo" de vez em quando.

Felizmente, você não precisa se tornar um humanoide azul de 3 metros como Jake Sully para encontrar a paz, mas é essencial conseguir seu lugar secreto para escapar, seu próprio santuário ou algo do tipo. Vá e sente-se em um lugar tranquilo para observar as nuvens. Encontre um toco de árvore e escute o vento ou os pássaros, ou ainda as batidas do seu coração. Se você não pode se conectar a uma Árvore da Vida enorme, maneiríssima e brilhante como Jake podia, talvez consiga apreciar o silêncio de um telhado, um banco de jardim, um gramado qualquer ou apenas um lugar confortável em que você possa estar sozinho e seguro. Dizendo assim pode soar um pouco piegas, mas, confie em mim, atualmente os seres humanos vivem em um turbilhão constante de informações e tudo de que precisamos, na maioria das vezes, é respirar profundamente e nos desconectarmos para renovar nosso espírito.

Toda vez que estava estressado ou quando não estava me entendendo com meus pais, eu ia para o quintal, onde deixava minha bola de futebol. Havia uma parede de concreto contra a qual eu chutava a bola e descarregava minhas frustrações. Depois de meia hora eu entrava em casa, já mais calmo. Isso ajudou muito a melhorar meu desempenho no futebol, mas ajudou ainda mais a manter boas relações com minha família.

Arian também me contou a respeito de seu refúgio. Quando ele estava muito estressado, entrava em segredo no grande auditório do colégio, pela porta dos fundos. Completamente só e em meio ao silencioso, escuro e espaçoso recinto, sentia estar longe de toda agitação e podia soltar um bom grito ou então apenas relaxar.

Allison, por sua vez, encontrou um "jardim" todo dela:

Meu pai morreu em um acidente de trabalho, quando eu ainda era pequena. Não sei bem os detalhes porque sempre tive medo de perguntar muitas coisas a respeito disso para minha mãe. Talvez seja por eu haver criado uma imagem perfeita dele. Não quero que isso mude. Para mim, ele é o ser humano perfeito, que me protegeria de todo perigo que houvesse aqui. Eu o tenho comigo o tempo todo em meus pensamentos, e fico imaginando como ele agiria para me ajudar se estivesse comigo.

Quando preciso muito dele, subo no escorregador do parquinho da escola e me sento lá em cima. Tenho uma tola sensação de que, se eu for para o lugar mais alto que houver por perto, serei capaz de senti-lo. Então subo no escorregador e me sento lá. Falo com ele em meus pensamentos e posso senti-lo falando em minha mente. Eu gostaria que ele me tocasse, mas claro que sei que ele não pode. Vou para lá todas as vezes que há algo realmente me incomodando e compartilho meus problemas com ele.

Além de encontrar um lugar de refúgio, há muitas outras formas de se renovar e de construir sua CBP. Exercícios físicos podem ajudar, como sair para uma caminhada, correr, dançar ou esmurrar um saco de pancadas em uma academia. Alguns adolescentes sugeriram assistir a filmes antigos, tocar um instrumento musical, pintar com os dedos ou falar com amigos que levantem seu astral. Alguns outros sugeriram ainda que escrever em seus diários fez maravilhas no sentido de ajudá-los a se equilibrar.

VEJA, CONSIGO EMPILHAR VINTE LATINHAS, UMA EM CIMA DA OUTRA!

CARA, BEM QUE EU GOSTARIA DE TAMBÉM TER UM TALENTO.

O Hábito 7, Afine o instrumento, é todo dedicado à reserva de um tempo para renovar o corpo, as emoções, a mente e a alma. Falaremos mais a respeito disso quando chegarmos lá. Portanto, aguente firme com a curiosidade!

VOLTE-SE PARA SEUS TALENTOS

Identificar e desenvolver um talento, um passatempo ou algo do gênero é um dos maiores depósitos que você pode fazer em sua CBP.

Mas por que é que, quando pensamos em talentos, sempre nos limitamos a considerar as opções tradicionais, como ser um bom atleta, uma bailarina ou um gênio na escola? A verdade é que os talentos se manifestam de diversas formas. Não pense pequeno. Você pode ter uma inclinação para ler, escrever ou falar. Talvez tenha o dom de ser criativo, de aprender depressa ou de aceitar as pessoas com facilidade. Pode ter habilidades organizacionais, musicais ou de liderança. Não interessa onde seu talento possa estar, quer seja jogar xadrez, fazer teatro ou colecionar borboletas. Quando você faz algo de que gosta e que envolve seu talento, é simplesmente delicioso! É uma forma de expressão pessoal. E, conforme atesta esta garota, constrói sua autoestima:

Você vai morrer de rir quando eu lhe contar que tenho uma verdadeira paixão por ervas. E não estou falando daquele tipo que as pessoas fumam, mas de ervas daninhas e daquelas pequenas flores que crescem em qualquer lugar. Esse é o meu talento. Percebi que sempre as admirei, enquanto os outros só querem saber de eliminá-las.

Então comecei a colhê-las e a prensá-las a ferro — e eventualmente a fazer belos quadros, cartões-postais e objetos de arte com elas. Tornei-me até capaz de animar algumas almas tristes com meus cartões personalizados. Frequentemente algumas pessoas me pe-

dem para fazer arranjos de flores e para compartilhar meu conhecimento a respeito da pre-servação de plantas prensadas. O simples fato de saber que tenho um dom especial, e que gosto de algo que a maioria das pessoas ignora, deu-me muito prazer e autoconfiança. Mas minha satisfação vai ainda além disso, pois concluí que se há tanto para aprender com meras ervas daninhas, quanto não haverá em tudo mais na vida? Isso me fez ir mais longe. Transformou-me em uma exploradora. Mas, no fundo, sou apenas uma garota normal.

Meu cunhado, Bryce, contou-me quanto investir em um talento o ajudou a desenvolver a autoconfiança e a encontrar uma carreira na qual ele poderia fazer alguma diferença. A história dele gira em torno da cadeia de montanhas Teton, que se eleva nas planícies de Idaho e Wyoming. O Grand Teton, o mais alto dos picos da região, eleva-se a 4.200 metros acima do nível do mar.

Quando garoto, Bryce tinha o perfil ideal para se tornar um grande jogador de beisebol. Até sofrer um trágico acidente. Enquanto brincava com uma espingarda de chumbo um certo dia, ele acertou um tiro de chumbinho no próprio olho, por acidente. Temendo que uma operação pudesse levá-lo a perder a visão por completo, os médicos resolveram deixar a bala de chumbinho onde estava.

Meses depois, quando Bryce retomou ao beisebol, descobriu que era impossível acertar a bola com o taco. Ele perdera o senso de profundidade, pois a vista atingida quase não funcionava mais. Bryce disse: "Eu, que era um jogador de primeira linha no ano anterior, naquele momento nem sequer conseguia acertar a bola. Tive a certeza de que jamais conseguiria fazer coisa alguma outra vez. Foi um grande abalo em minha autoconfiança."

Seus dois irmãos mais velhos eram bons em muitas coisas, então ele começou a pensar no que poderia fazer, devido a sua deficiência. Como morava perto das montanhas Teton, decidiu tentar escalar um pouco. Então ele foi até a loja de suprimentos local e comprou uma corda de náilon, pinos, cravos, anéis passantes e outros acessórios de alpinismo. Consultou livros a respeito do assunto e estudou bastante, aprendendo como dar nós seguros, como enganchar um arnês e como fazer uma descida controlada. Sua primeira experiência real com alpinismo foi descer pelo lado de fora da chaminé da casa de um amigo. Logo ele estava começando a escalar as montanhas mais baixas ao redor do Grand Teton.

Bryce não demorou a perceber que tinha um grande talento para aquilo. Diferentemente de seus companheiros de escalada, seu corpo era forte e ágil, perfeito para escalar montanhas.

Depois de treinar por muitos meses, ele finalmente escalou o Grand Teton inteiro, por conta própria. Alcançar aquele objetivo ajudou muito a aumentar sua autoconfiança.

Era difícil conseguir parceiros de escalada, então Bryce começou a treinar sozinho. Ele dirigia até as montanhas, corria até a base do Grand Teton, fazia a escalada e descia de novo. Repetiu tantas vezes o circuito que ficou muito bom naquilo. Um certo dia, Kim, um amigo dele, disse: "Ei, você deveria tentar quebrar o recorde do Grand Teton."

Então ele contou a Bryce mais detalhes a respeito do assunto. Um alpinista chamado Jock Glidden havia conquistado um recorde por chegar ao topo daquela montanha e depois voltar, completando o percurso em quatro horas e onze minutos. "Mas isso é absolutamente impossível!", pensou Bryce. "Eu gostaria de conhecer esse cara algum dia." Entretanto, conforme ele continuou a fazer aquela escalada, suas marcas de tempo foram ficando cada vez melhores, e Kim continuava a insistir: "Você precisa tentar quebrar o recorde. Sei que pode fazê-lo."

Em uma certa ocasião, Bryce finalmente conheceu Jock, o super-humano do recorde insuperável. Bryce e Kim estavam sentados na tenda de Jock quando Kim, que já era um alpinista de certa fama, falou para o recordista: "Este cara aqui está pensando em quebrar seu recorde."

Jock olhou para o biótipo franzino de Bryce e soltou uma risada sonora, como se dissesse: "Vê se se enxerga, nanico!" Aquilo o arrasou, mas logo ele se recuperou, pois Kim continuou repetindo: "Você pode fazer isso!"

Bem cedo, na manhã de 26 de agosto de 1981, carregando uma mochila de cor alaranjada e uma jaqueta leve, Bryce chegou ao topo do Grand Teton e voltou, fazendo o circuito em três horas, 47 minutos e quatro segundos. Ele parou apenas duas vezes: uma para tirar pedras do sapato e outra para assinar o registro no topo, provando que estivera lá. Aquilo o fez sentir-se incrível! Ele havia realmente quebrado o recorde!

Alguns anos depois, Bryce recebeu um telefonema-surpresa de Kim. "Bryce, já ouviu a notícia? Seu recorde acabou de ser quebrado!" E claro que ele continuou: "Você precisa conquistá-lo de volta! Sei que pode fazê-lo!" Um homem chamado Creighton King, que havia ganhado pouco antes a aclamada maratona de Pike's Peak, no Colorado, chegara ao topo do Grand Teton e voltara em três horas, trinta minutos e nove segundos.

Em 26 de agosto de 1983, dois anos depois de sua última corrida vertical pela montanha, e apenas dez dias depois de haver tido seu recorde quebrado, Bryce chegou ao estacionamento Lupine Meadows, ao pé do Grand Teton, usando tênis novos de corrida e ansioso para superar a marca de King. Levara consigo alguns amigos, a família, Kim e uma equipe de reportagem de uma emissora local de televisão, que filmaria a escalada. Como antes, ele sabia que a parte mais difícil da escalada seria o aspecto mental. Bryce não pretendia se tornar um dos dois ou três alpinistas que morriam a cada ano, tentando escalar aquele pico.

O jornalista esportivo Russel Weeks descreve a escalada pelo Grand Teton da seguinte maneira: "Do estacionamento você encara uma trilha de aproximadamente 15 ou

16 quilômetros ziguezagueando para cima, através de um desfiladeiro, por cima de duas geleiras, dois penhascos, um vão entre dois picos e uma escalada vertical de mais de 320 metros na face oeste da montanha, levando ao pico mais elevado. A subida e a descida entre Lupine Meadows e o topo somam uma variação de altitude de mais de 6.800 metros. O *Climber's Guide to the Teton Range* [Guia de escalada da Cordilheira Teton], de Leigh Ortenburger, lista os últimos 320 metros, apenas, como uma escalada de pelo menos três horas, isoladamente."

Bryce começou a correr. Conforme subia cada vez mais pela montanha, seu coração pulsava mais forte e suas pernas pareciam queimar. A concentração era intensa. Escalando os últimos 320 em doze minutos, chegou ao topo em uma hora e 53 minutos e colocou seu cartão de verificação embaixo de uma pedra. Ele sabia que, se quisesse quebrar o recorde de King, teria de fazê-lo na volta. A descida começou tão íngreme que a maioria dos passos se transformou em saltos de cinco ou oito metros. Ele passou por alguns amigos que depois lhe contaram que seu rosto ficara rubro por causa da falta de oxigênio. Outro grupo de alpinistas aparentemente percebeu que ele estava correndo pelo recorde, pois, conforme saíram do caminho para sua passagem, gritaram: "Vai! Vai!"

Em meio a muita ovação, Bryce retornou a Lupine Meadows com os joelhos sangrando, o par de tênis destruído e uma terrível dor de cabeça, três horas, seis minutos e 25 segundos depois de haver partido dali. Ele fizera o impossível!

A história se espalhou depressa e Bryce ficou conhecido como o melhor alpinista das redondezas. "Aquilo me deu uma identidade", diz ele. "Todos querem ser reconhecidos por algum motivo, e eu também queria. Minha habilidade para escalar me deu algo pelo que trabalhar e foi uma grande fonte de autoestima. Era uma maneira de me expressar."

Atualmente, Bryce é fundador e presidente de uma bem-sucedida empresa que fabrica mochilas de alto desempenho para alpinismo e para todo tipo de escalada. Mais importante do que isso, porém, é que ele está vivendo de fazer o que mais gosta e aquilo em que é melhor. Está usando seu talento para abençoar a própria vida e a de muitas outras pessoas.

Oh, a propósito, o recorde ainda não foi quebrado... (Ei, nada de ideias malucas!) E Bryce ainda tem a bala de chumbinho no olho.

Então, se você precisa de uma dose de confiança, comece a efetuar alguns depósitos em sua CBP ainda hoje. Você perceberá os resultados de imediato. Mas lembre-se: você não precisa escalar uma montanha para efetuar um depósito. Há um milhão de meios mais seguros de fazê-lo.

★ ★ ★

PRÓXIMAS ATRAÇÕES

Mais adiante vamos falar sobre muitas coisas que diferenciam você de seu cachorro.
Continue lendo e descobrirá do que estou falando.

PEQUENOS PASSOS

Cumpra promessas pessoais

1. Levante-se no horário planejado três dias seguidos.

2. Identifique uma tarefa simples, que precise ser feita hoje, como recolher a roupa suja ou ler um livro para um trabalho de escola. Decida quando irá fazê-lo. Agora, mantenha sua palavra e cumpra a promessa.

Faça pequenos atos de generosidade

3. Hoje, em algum momento, faça uma gentileza anônima, como escrever um bilhete de agradecimento, levar o lixo para fora ou arrumar a cama de alguém.

4. Olhe a seu redor e encontre algo que você possa realizar e que faça diferença, como limpar uma praça de sua vizinhança, ser voluntário para ajudar em um asilo de idosos ou ler para alguém que não possa fazê-lo sozinho.

Volte para seus talentos

5. Relacione um talento que você gostaria de desenvolver este ano. Anote os passos necessários para chegar lá.

Talento que quero desenvolver este ano:_____

Como conseguirei isso: _____

_____

_____

_____

6. Faça uma lista dos talentos que você mais admira em outras pessoas.

Pessoas: Talentos que admiro:

_____   _____

_____   _____

_____   _____

_____   _____

_____   _____

_____   _____

Seja gentil consigo mesmo

Pense a respeito de uma área de sua vida na qual você se sinta inferior. Agora respire profundamente e diga a si mesmo: "Isso não é o fim do mundo!"

Tente passar um dia inteiro sem se depreciar. Cada vez que se flagrar se colocando para baixo, substitua isso por três pensamentos positivos a seu respeito.

Renove-se

Escolha uma atividade divertida, que levante seu astral, e faça-a hoje. Aumente o volume da música e dance, por exemplo.

Está se sentindo letárgico? Pois levante-se agora mesmo e dê uma volta rápida pelo quarteirão!

Seja honesto

Da próxima vez que seus pais lhe perguntarem o que você está fazendo, conte toda a história. Não deixe de mencionar nenhuma informação na tentativa de ludibriar ou de dar uma falsa impressão.

Por um dia, tente não exagerar nem enfeitar as histórias!

HÁBITO ①

Seja proativo

Eu sou a força

Crescer em minha casa era, às vezes, uma chatice. Sabe por quê? Porque meu pai sempre me fazia assumir a responsabilidade por tudo em minha vida.

Toda vez que eu dizia algo como: "Papai, minha namorada me deixa furioso", a resposta dele era invariavelmente algo do tipo: "Ora, não me venha com essa, Sean. Ninguém pode deixá-lo furioso, a não ser que você permita. A escolha é sua. Você optou por ficar furioso."

> As pessoas só são tão felizes quanto se predispõem a ser.
>
> ABRAHAM LINCOLN
> PRESIDENTE DOS
> ESTADOS UNIDOS

Se eu dizia: "Meu novo professor de biologia não presta. Nunca vou aprender coisa alguma com ele", meu pai respondia: "Por que não procura seu professor e dá algumas sugestões a ele? Ou então troque de professor. Arrume um professor particular, se achar necessário. Se você não aprender biologia, a culpa será sua e não de seu professor."

Ele nunca me dava uma folga nessas horas. Estava sempre me desafiando, certificando-se de que eu jamais culpasse os outros pelo meu modo de agir. Ainda bem que minha mãe me deixava culpar os outros de vez em quando pelos meus problemas, ou eu teria me tornado um psicótico!

Era comum eu gritar em resposta a ele: *Você está errado, papai!* Foi ela, ela, ELA quem me deixou furioso! Largue do meu pé e me deixe em paz, sim?"

Como você pode ver, a ideia de papai de que cada um é responsável por sua vida era um remédio amargo para mim na adolescência. Mas, olhando para trás, consigo ver a sabedoria do que ele estava fazendo. Ele queria que eu aprendesse que há dois tipos de pessoas no mundo — as proativas e as reativas —, aquelas que assumem a responsabilidade por suas vidas e aquelas que apenas culpam; aquelas que fazem acontecer e aquelas que deixam acontecer.

O Hábito 1 (Seja proativo) é a chave para destravar todos os outros hábitos, e é por isso que ele vem em primeiro lugar. O Hábito 1 diz: "Eu sou a força! Sou o dono da minha vida. Posso escolher minha atitude. Sou responsável por minha própria felicidade ou infelicidade. Estou no assento do motorista de minha vida, não sou apenas um passageiro."

Ser proativo é o primeiro passo para alcançar a vitória pessoal. Você consegue imaginar alguém aprendendo álgebra antes de aprender adição e subtração? Não dá. O mesmo acontece com os 7 hábitos. Não dá para viver os hábitos 2, 3, 4, 5, 6 e 7 antes de conquistar o Hábito 1. Isso porque, até que você sinta que está no controle de sua vida, nada mais será possível, não é mesmo?

Hmmmm...

Proativo ou reativo   Todos os dias, eu e você temos pelo menos umas cem chances de escolher entre sermos proativos ou reativos. Um certo dia qualquer, o clima está ruim, você não consegue encontrar emprego, sua irmã sai vestida com sua blusa, o maior idiota da turma ganha de você na votação para representante de classe, seu melhor amigo fala mal de você pelas costas, alguém xinga você, seus pais não emprestam o carro (sem nenhum motivo para isso), você recebe uma multa de estacionamento em frente à escola e zera em uma prova. O que você faz a respeito de tudo isso? Costuma reagir a essas coisas cotidianas ou costuma ser proativo? A escolha é sua. Sua mesmo. Não é necessário fazer o que a maioria faz, nem é preciso agir de acordo com a opinião dos outros.

Quantas vezes você está dirigindo pela rua quando, de repente, alguém que lhe dá uma fechada, obrigando-o a brecar com brusquidão? O que você faz nessas situações? Começa a gritar palavrões? Faz "aquele gesto obsceno" com o dedo? Deixa que isso arruíne sua vida? Faz xixi na calça?

Apenas deixa pra lá? Ri do que aconteceu? Segue em frente?

A escolha é sua.

Pessoas reativas fazem escolhas baseadas em impulsos. São como latinhas de refrigerante. Basta chacoalhá-las um pouco para aumentar a pressão interna e fazê-las explodir de repente ao abrir.

"Ei, seu idiota! Saia da minha faixa!"

Pessoas proativas tomam decisões baseando-se em valores. Elas pensam antes de agir. Reconhecem que não podem controlar tudo o que lhes acontece, mas que podem controlar o que fazem a respeito destes acontecimentos. Diferentemente das pessoas reativas, que são cheias de efervescência, as pessoas proativas são como a água. Pode-se chacoalhá-las quanto quiser, abrir a tampa e nada. Sem chiado, sem bolhas e sem pressão. Elas são calmas, tranquilas e estão no controle.

"Não vou deixar aquele cara me irritar e arruinar meu dia."

Um bom jeito de entender a postura proativa é comparar as reações proativas e as reativas em situações que acontecem todo o tempo.

Cena um:

Você ouve sua melhor amiga falando mal de você junto a um grupo de pessoas. Ela não sabe que você está ouvindo a conversa. E não faz mais do que cinco minutos que esta mesma amiga estava conversando amavelmente a seu lado. Você se sente magoada e traída.

Opções reativas

- Chamá-la para fora e bater nela.
- Entrar em depressão profunda por estar se sentindo mal pelo que ela disse.
- Concluir que ela é uma mentirosa de duas caras e "dar gelo" nela por dois meses.
- Espalhar fofocas a respeito dela. Afinal, foi isso que ela lhe fez.

Opções proativas

- Perdoá-la.
- Confrontá-la com calma e dizer como está se sentindo.
- Ignorar o ocorrido e dar uma segunda chance. Concluir que ela tem um defeito, assim como você, que vez ou outra fala mal dela pelas costas, sem a menor intenção de prejudicá-la.

Cena dois:

Você tem trabalhado em uma loja por mais de um ano e se tornou bastante respeitado em seu emprego. Três meses atrás, um funcionário novo entrou para a equipe. Recentemente, deram a ele o cobiçado turno de sábado à tarde, justamente o turno com o qual você vinha sonhando.

Opções reativas

- Gastar metade do seu tempo reclamando com todo mundo a respeito da injustiça da decisão.
- Examinar minuciosamente o funcionário e encontrar cada defeito dele.
- Convencer-se de que seu supervisor armou uma conspiração e está querendo sua cabeça.
- Começar a relaxar quando estiver trabalhando em seu turno.

Opções proativas

- Conversar com seu supervisor sobre o motivo de o novo funcionário haver conseguido o melhor turno.
- Continuar a ser um funcionário que trabalha duro.
- Aprender o que pode ser feito para melhorar seu desempenho.
- No caso de descobrir que o emprego se tornou um beco sem saída, procurar outro emprego.

Ouça sua linguagem

Normalmente você pode notar a diferença entre as pessoas proativas e as reativas pelo tipo de linguagem que elas usam. A linguagem reativa geralmente soa assim:

"Eu sou assim. Esse é meu jeito de ser." Mas o que elas estão dizendo, na verdade, é: *não sou responsável pelo meu modo de agir. Não posso mudar. Fui predestinado a ser desse jeito.*

"Se meu professor não fosse um canalha, as coisas seriam bem diferentes." Na verdade, o que elas estão dizendo é: *a escola é a causa de todos os meus problemas, não eu.*

"Muito obrigado. Você arruinou meu dia." O que elas estão dizendo, na verdade, é: *não estou no controle de meu estado de humor. É você quem está.*

"Se pelo menos eu tivesse frequentado uma outra escola, tido melhores amigos, ganhado mais dinheiro, morado em outro apartamento, tido outro namorado (...) então eu seria feliz." Na verdade, o que essas pessoas estão dizendo é: *não estou no controle da minha felicidade, mas sim essas "coisas". Preciso "ter" para ser feliz.*

Note que a linguagem reativa afasta a força de você e a transfere a algo ou a alguém. Como meu amigo John Bytheway explica em seu livro *What I Wish I'd Known in High School* [o que eu gostaria de ter sabido no colegial], quando você é reativo, é como dar o controle remoto de sua vida para outra pessoa qualquer e dizer: "Pegue, mude meu humor quando bem quiser!" A linguagem proativa, por outro lado, devolve o controle remoto de volta às suas mãos. Então você está livre para escolher em qual canal você quer estar.

LINGUAGEM REATIVA	LINGUAGEM PROATIVA
Vou tentar	*Vou fazer*
É assim que eu sou	*Posso fazer melhor do que isso*
Não posso fazer nada	*Vamos verificar todas as alternativas*
Eu tenho de	*Eu escolho*
Não consigo	*Deve haver um jeito*
Você arruinou meu dia	*Não deixarei que seu mau humor me derrube*

● O VÍRUS DA VÍTIMA

Algumas pessoas sofrem de uma doença contagiosa que eu costumo chamar de "vitimismo". Talvez você já tenha até visto algum caso. As pessoas infectadas com o vitimismo acreditam que todos têm algo contra ela e que o mundo lhes deve algo, o que não é o caso, de forma alguma. Gosto do modo como o autor Mark Twain coloca isso: "Não ande por aí dizendo que o mundo lhe deve uma existência. O mundo não lhe deve nada. Chegou aqui primeiro."

Eu joguei futebol no colegial com um cara que, infelizmente, ficou infectado por esse vírus. Os comentários dele me deixavam maluco:

"Eu deveria ser o zagueiro principal, mas o treinador tem algo contra mim."

"Eu estava prestes a interceptar a bola, mas alguém me cortou."

"Eu teria corrido mais rápido para alcançar a bola, mas minha chuteira afrouxou."

"Sim, claro...", sempre tive vontade de responder, "e se meu pai não fosse careca, eu seria presidente da república". Para mim não foi surpresa alguma o fato de ele nunca haver sido titular. Na mente dele, o problema estava "lá fora". Nunca considerou que o problema pudesse ser a atitude dele.

Adreana, uma condecorada estudante de Chicago, cresceu em uma casa infestada de vitimismo:

Sou negra e tenho orgulho disso. Minha cor nunca foi obstáculo para mim e aprendi tanto com meus professores brancos quanto com os negros. Mas em minha própria casa a história é bem diferente. Minha mãe, que domina a família, tem 50 anos e veio de uma região onde havia muita escravidão. Ela ainda age como se a escravatura houvesse sido abolida ontem. Vê meu bom desempenho na escola como um desrespeito, como se eu estivesse me associando ao "povo branco". Ela ainda usa uma linguagem do tipo: "O branco está nos impedindo de fazer isso ou aquilo. Ele está nos isolando e não nos deixará fazer nada."

Sempre rebato com: "Nenhum branco a está impedindo de fazer coisa alguma. É você mesma quem faz isso, porque continua pensando dessa maneira." Até meu namorado costuma cair nesta história de dizer que "o homem branco está me limitando". Há pouco tempo, quando ele estava tentando comprar um carro e o negócio não deu certo, ele declarou com frustração: "O homem branco não quer que tenhamos nada." Então perdi as estribeiras e o confrontei, mostrando como aquela ideia era idiota. Mas isso só serviu para deixá-lo com a impressão de que eu estava ficando "do lado do homem branco".

Porém, continuo convencida de que a única coisa que pode impedir uma pessoa de ter sucesso é ela mesma.

Além de se sentirem como vítimas, as pessoas reativas:
- Ofendem-se com facilidade
- Culpam os outros
- Ficam bravas e dizem coisas das quais se arrependem depois

- Lamentam-se e reclamam
- Esperam que as coisas lhes aconteçam
- Mudam somente quando essa é a única opção

COMPENSA SER PROATIVO

As pessoas proativas são uma linhagem diferente. Elas:
- Não se ofendem com facilidade
- Assumem responsabilidade por suas escolhas
- Pensam antes de agir
- Levantam-se novamente quando algo ruim lhes acontece
- Sempre encontram uma maneira de fazer as coisas acontecerem
- Dedicam-se às ações que estão a seu alcance e não se preocupam com aquilo que está fora de sua alçada

Lembro-me de começar a trabalhar em um novo emprego com um cara chamado Randy. Não sei qual era o problema dele, mas por algum motivo Randy não gostava de mim e queria que eu soubesse disso. Dizia coisas rudes e me insultava. Estava sempre falando mal a meu respeito pelas minhas costas e tentando fazer com que os outros se unissem a ele contra mim. Lembro-me de voltar das férias certa vez e um amigo dizer: "Sean, meu chapa, se você soubesse o que Randy tem dito a seu respeito... Acho melhor tomar cuidado."

Houve momentos em que senti vontade de dar um soco no cara, mas, de alguma maneira, consegui me manter tranquilo e ignorar aqueles ataques bobos. Toda vez que ele me insultava, eu desafiava a mim mesmo a tratá-lo bem em resposta. Tinha fé na ideia de que as coisas se resolveriam se eu agisse dessa forma.

De fato, em questão de poucos meses, a situação começou a mudar. Randy percebeu que eu não entraria no jogo dele e começou a pegar mais leve. Certa vez, chegou até a me dizer: "Tentei ofendê-lo, mas você não se ofendeu." Depois de um ano na empresa, acabamos nos tomando amigos e aprendemos a nos respeitar mutuamente. Se eu houvesse reagido aos ataques, levado pelo meu instinto animal, tenho certeza de que não seríamos amigos hoje em dia. Normalmente, basta uma pessoa querer para que surja uma amizade.

Mary Beth descobriu por conta própria os benefícios de ser proativa:

Tive uma aula na escola durante a qual conversamos sobre proatividade, o que me fez pensar em onde eu poderia aplicar isso de verdade. Certo dia, estava passando as mercadorias de um cara pelo caixa quando, de repente, ele disse que os produtos que eu acabara de registrar não eram dele. Minha primeira reação foi querer resmungar "seu idiota", e então puxar as mercadorias dele para o lugar onde ele deveria tê-las colocado, separando-as das do cliente de trás. "Por que não me avisou antes?" Então tive de es-

tornar todos os registros e chamar o supervisor para aprovar as alterações, enquanto o cara ficou ali, divertindo-se com a trabalheira toda. Nesse meio-tempo, o clima foi ficando tenso e eu mais irritada do que nunca. Como se não bastasse, ele teve o descaramento de questionar o preço que cobrei pelos brócolis.

Mas, para meu horror, descobri que ele estava certo. Eu havia colocado o código errado ao registrar os brócolis. Então fiquei superirritada e tentada a soltar os cachorros em cima dele para encobrir meu erro. Mas logo surgiu esta ideia em minha mente: "Seja proativa!"

Eu disse: "O senhor tem razão. O erro foi meu. Vou corrigir o preço. Vai demorar só alguns segundos." Lembrei-me também de que ser proativa não significava ser um capacho, então o informei educadamente que, para evitar tais transtornos no futuro, ele deveria colocar as compras dele no local indicado e cuidar para que o cliente de trás não invadisse seu espaço.

Eu me senti ótima. Havia me desculpado, mas também havia dito o que queria. Foi uma coisa muito simples, mas isso me deu muita convicção interna e confiança nesse hábito.

A essa altura, você já deve estar pronto para me apontar o dedo e dizer: "Não me venha com essa, Sean, isso não é assim tão fácil!" Não vou discutir com você. Ser reativo é mesmo muito mais fácil. É fácil perder a calma. Não requer nenhum controle. É fácil espernear e reclamar. Sem dúvida, ser proativo significa subir uma ladeira para um caminho mais elevado.

Mas lembre-se: você não precisa ser perfeito. Na verdade, eu e você não somos nem completamente proativos, nem completamente reativos, mas é provável que estejamos em algum ponto intermediário. A chave é criar o hábito de ser proativo para poder ficar no piloto automático e não precisar se preocupar com isso. Se você tem optado por ser proativo vinte vezes em cada cem oportunidades durante o dia, tente chegar a trinta vezes em cada cem. Depois quarenta. Nunca subestime a grande diferença que as pequenas mudanças podem proporcionar.

● SÓ PODEMOS CONTROLAR UMA COISA

A verdade é que não podemos controlar tudo o que nos acontece. Não podemos escolher a cor de nossa pele, quem vai ganhar a Copa do Mundo, o lugar onde nascemos, quem são nossos pais, a mensalidade da escola no próximo semestre, nem como os outros irão nos tratar. Mas há uma coisa que podemos controlar: o modo como reagimos ao que nos acontece. E é isso o que importa! É por isso que precisamos parar de nos preocupar com as coisas que não podemos controlar e começar a nos preocupar com as que podemos.

Desenhe dois círculos. O círculo interno é nosso círculo de controle. Ele inclui coisas sobre as quais temos controle, como nós mesmos, nossas atitudes e nossa reação ao que quer que nos aconteça. Ao redor do círculo de controle está o círculo de não controle. Ele inclui milhares de coisas a respeito das quais não podemos fazer nada.

Agora, o que acontecerá se gastarmos nosso tempo e energia nos preocupando com as coisas que não podemos controlar, como um comentário rude, um erro do passado ou o clima? Isso mesmo! Nós nos sentiremos ainda mais fora de controle, como se fôssemos vítimas. Por exemplo, se sua irmã pega no seu pé e você vive reclamando dos defeitos dela (algo sobre o que você não tem controle), isso não contribuirá em nada para que o problema seja resolvido. Fará apenas com que você a culpe por seus problemas e perca a própria força.

Renata me contou uma história que ilustra bem essa questão. Uma semana antes de um importante jogo de vôlei, Renata soube que a mãe de uma jogadora do time adversário estava fazendo piadas a respeito de sua habilidade em jogar. Em vez de ignorar os comentários, ela ficou furiosa e gastou o resto da semana esquentando a cabeça com isso. Quando chegou o dia do jogo, seu único objetivo era provar àquela mulher que ela era uma boa jogadora. Para resumir a história, Renata jogou mal, passou a maior parte do tempo no banco e seu time perdeu o jogo. Ela estava tão centrada em algo sobre o qual não tinha controle (o que fora dito a seu respeito), que perdera o controle sobre a única coisa que poderia controlar: ela mesma.

Pessoas proativas, por outro lado, centram-se em outras coisas... Naquilo que podem controlar. Fazendo isso, sentem uma grande paz interior e ganham mais controle sobre sua vida. Aprendem a sorrir com espontaneidade e a conviver bem com muitas coisas sobre as quais nada podem fazer. Elas podem até não gostar dessas coisas, mas sabem que não adianta se preocupar.

TRANSFORMANDO OBSTÁCULOS EM TRIUNFOS

A vida frequentemente nos oferece situações desagradáveis, e cabe a nós controlar o modo como reagimos a elas. Cada vez que encontramos um obstáculo, temos a oportunidade de transformá-lo em um triunfo, como ilustra Brad Lemley, da revista *Parade*:

"Não interessa o que lhe acontece durante a vida, mas o que faz a respeito disso", é o que diz também W. Mitchell, milionário, requisitado conferencista, ex-prefeito, caiaquista de corredeiras e paraquedista. E ele se tornou tudo isso depois de sofrer acidentes!

Se você vir Mitchell, achará difícil de acreditar. O rosto dele parece uma colcha de retalhos devido aos vários tons de enxertos de pele, os dedos de suas mãos não passam de cotos, e suas pernas paralíticas jazem finas e atrofiadas sob o tecido da calça. Ele conta que, às vezes, as pessoas tentam adivinhar como ele se machucou tanto. Acidente de carro? Guerra do Vietnã? Mas a história verdadeira é muito mais incrível do que se possa imaginar. Em 19 de junho de 1971, Mitchell estava nas nuvens. No dia anterior, havia comprado uma linda motocicleta nova. Naquela manhã, fizera seu primeiro voo solo em um avião. Era jovem, saudável, benquisto e conhecido por todos.

"Naquela tarde, montei na motocicleta e segui rumo ao trabalho", lembra ele, "mas um caminhão de lavanderia colidiu comigo em um cruzamento. A moto caiu, esmagou meu cotovelo e fraturou minha bacia. Estava vazando gasolina do tanque e o calor do motor tombado a incendiou, queimando mais de 65% do meu corpo". Por sorte, um homem de raciocínio rápido de um estacionamento próximo se aproximou com um extintor de incêndio e apagou as chamas, salvando-lhe a vida.

Mesmo assim, o rosto de Mitchell ficou todo queimado, seus dedos ficaram pretos, queimados e retorcidos, e suas pernas ficaram em carne viva. Era comum que visitantes que o vissem pela primeira vez desmaiassem. Ele permaneceu inconsciente por duas semanas antes de acordar.

Durante quatro meses, recebeu 13 transfusões de sangue, foi submetido a 16 operações de implante de pele, além de outros tipos de intervenções cirúrgicas. Quatro anos mais tarde, depois de meses de reabilitação e de anos aprendendo a se adaptar às deficiências, o impensável aconteceu: Mitchell foi vítima de um incomum acidente de avião e ficou paralisado da cintura para baixo. "Quando conto que foram dois acidentes separados", diz ele, "as pessoas mal conseguem acreditar".

Mitchell se lembra de haver conhecido um paciente com 19 anos no pátio do hospital, depois de se tornar paralítico por causa do acidente de avião. "O cara também havia ficado paralisado. Havia sido alpinista e esquiador, um tipo bastante ativo, mas estava convencido de que a vida dele havia acabado. Por fim, eu me aproximei dele e disse: 'Ei, sabe de uma coisa? Antes disso aqui me acontecer, havia 10 mil coisas que eu podia fazer. Agora há apenas 9 mil. Eu poderia passar o resto da minha vida lamentando as 10 mil que perdi, mas optei por me concentrar nas 9 mil que me restaram.'"

Segundo Mitchell, seu segredo tem duas partes. A primeira é o amor e o encorajamento dos amigos e da família. A segunda é uma filosofia de vida que ele coletou de diversas fontes. Mitchell percebeu que não precisava aceitar a noção da sociedade de que uma pessoa precisava ser bonita e saudável para ser feliz. "Estou no controle de minha própria nave espacial", afirma ele, de maneira enfática. "A ascensão ou a queda são minhas. Eu poderia encarar a situação como um obstáculo ou como um ponto de partida."

Gosto da maneira como Hellen Keller coloca isso: "Tenho recebido tanto que não tenho tempo para pensar no que me foi negado." Embora a maioria de nossos contratempos não seja tão grave quanto o de Mitchell, todos nós temos nossa justa parte. Você pode haver sido dispensado por uma namorada, pode ter perdido a eleição de representante de classe, pode haver tomado uma surra de uma gangue, pode haver sido reprovado no vestibulinho ou no vestibular para a instituição de sua escolha, ou pode ter ficado muito doente. Mas espero e acredito que você será proativo e forte o suficiente nesses momentos de definição.

VEJA ISSO COMO UMA OPORTUNIDADE DE CRESCIMENTO!

Lembro-me de um grande contratempo pelo qual passei. Dois anos depois de me tomar o zagueiro principal do time, na faculdade, machuquei seriamente o joelho, fiquei para trás e, em seguida, perdi minha posição. Lembro-me claramente de o treinador me chamar ao escritório dele, pouco antes de a temporada começar, e me notificar de que a posição seria de outro jogador.

Fiquei arrasado. Havia trabalhado a vida toda para ganhar aquela posição. Era meu quarto ano na faculdade e não era possível que aquilo estivesse acontecendo.

Como jogador secundário, eu tinha de fazer uma opção. Poderia reclamar, falar mal do novo jogador e sentir pena de mim mesmo. Ou... poderia tirar algo de bom da situação.

Por sorte, decidi lidar com a segunda opção. Eu não estava mais marcando pontos, mas poderia ajudar de outra maneira. Então engoli meu orgulho e comecei a dar apoio ao novo zagueiro principal e ao resto da equipe. Trabalhei duro e me preparei para cada jogo como se eu fosse o número 1. E, mais importante ainda, optei por manter a cabeça erguida.

Se foi fácil? De jeito nenhum! Volta e meia eu me sentia um fracassado. Ficar de fora, jogo após jogo, depois de haver sido o principal jogador em campo, era humilhante demais. Manter uma atitude positiva era uma batalha constante.

Se foi a escolha certa? Com certeza! Mesmo tendo ficado com meu traseiro no banco de reservas durante a maior parte do ano, contribuí com o time de outras maneiras. Mais importante ainda, assumi a responsabilidade por minha atitude. Nem sei como expressar quanta diferença positiva essa simples decisão fez em minha vida.

● SUPERANDO O ABUSO (MAUS-TRATOS)

Um dos mais difíceis de todos os obstáculos é lidar com maus-tratos. Nunca me esquecerei da manhã que passei com um grupo de adolescentes que haviam sofrido abuso sexual na infância, que foram vítimas de estupro ou que haviam sido agredidos de maneira similar, física ou emocionalmente.

Heather me contou sua história:

Sofri abuso sexual aos 14 anos. Aconteceu durante uma exposição. Um rapaz da escola se aproximou de mim e disse: "Preciso muito falar com você, saia comigo por alguns minutos." Não suspeitei de nada porque ele era meu amigo e sempre fora muito gentil comigo. Levou-me para uma longa caminhada e acabamos chegando a uma área isolada e solitária do prédio do colegial. Foi então que ele me estuprou.

Ele ficava falando: "Se contar a alguém, não acreditarão no que disser. Além do mais, você queria que isso acontecesse." Ele também disse que meus pais iriam morrer de vergonha de mim. Fiquei em silêncio a respeito daquilo durante dois anos.

Por fim, estava participando de uma sessão de terapia, na qual pessoas que haviam sofrido algum tipo de abuso contavam suas histórias, quando uma garota contou uma experiência semelhante à minha. Quando ela falou o nome do cara que abusara dela, comecei a chorar. Era o mesmo que havia me estuprado! No final, seis de nós havíamos sido vítimas dele.

Felizmente, Heather está a caminho de se recuperar desse trauma e encontra muita força no fato de fazer parte de um grupo de adolescentes que está tentando ajudar outras vítimas de abuso. Ao se manifestar, ela também impediu que outras garotas fossem estupradas pelo mesmo rapaz.

A história de Bridgett, infelizmente, é muito comum:

Quando eu tinha 5 anos, sofri abuso sexual por um membro da família. Com medo de contar o ocorrido, tentei enterrar minha mágoa e meu ódio. Agora, tendo conseguido ficar em paz com o que aconteceu, olho para o passado e vejo como isso afetou tudo em minha vida. Ao tentar esconder algo terrível, acabei escondendo a mim mesma. Demorou treze anos, após o ocorrido, para eu confrontar meu pesadelo de infância.

Muitas pessoas passaram pelo mesmo problema que eu, ou por algo parecido. A maioria esconde os fatos. Por quê? Alguns temem pela própria vida. Outros querem proteger a si mesmos ou alguém. Mas, qualquer que seja o motivo, esconder-se não é a melhor solução. Isso só deixa uma ferida profunda na alma, que parece ser incurável. A confrontação é o único meio de curar essa ferida. Encontre alguém com quem falar, alguém que o faça sentir-se confortável e em quem você possa confiar. É um processo demorado e difícil, mas somente depois de resolver isso é que você poderá começar a viver de verdade.

Se você sofreu algum tipo de abuso, a culpa não é sua. A verdade precisa ser dita. Abusos acontecem em segredo. Ao contar para outra pessoa, você divide seu problema pela metade de imediato. Fale com um parente ou com um amigo ou uma amiga, entre para algum grupo de terapia ou procure ajuda profissional. Se a primeira pessoa com quem você compartilhar seus problemas não for receptiva, não desista — continue procurando até encontrar alguém que o escute. Compartilhar seu segredo com alguém é um passo importante no processo de cura e de perdão. Seja proativo. Tome a iniciativa para fazê-lo. Você não precisa conviver com esse fardo por nem mais um dia. (Por favor, utilize algum dos telefones de assistência listados no final do livro para encontrar ajuda ou informação.)

TORNANDO-SE UM AGENTE DE MUDANÇA

Certa vez, perguntei a um grupo de adolescentes: quais são as pessoas que vocês têm como principais modelos de vida? Uma garota mencionou a mãe, um garoto mencionou o irmão, e assim por diante. Um rapaz estava calado demais. Perguntei-lhe quem ele admirava e ouvi uma resposta tímida: "Não tenho um modelo a seguir." Tudo o que ele queria era ter certeza de que não ficaria parecido com as pessoas que deveriam estar servindo como seus modelos de vida. Infelizmente, esse é o caso de muitos adolescentes. Eles vêm de famílias complicadas e podem não ter alguém que lhes sirva de modelo.

O mais assustador é que os maus hábitos como abusos em geral, alcoolismo e dependência de drogas costumam ser passados de pais para filhos e, como resultado, as famílias desajustadas continuam a se repetir. Se você sofre algum abuso na infância, por exemplo, as estatísticas mostram que você tende a se tornar um agressor do mesmo tipo. Algumas vezes tais problemas atravessam gerações. Você pode vir de uma longa linhagem de alcoólatras ou de usuários de drogas. Ou talvez de uma família na qual ninguém tenha se graduado na faculdade, quem sabe nem mesmo no colégio.

Mas a boa-nova é que você pode quebrar o ciclo! Por ser proativo, você pode impedir que esses hábitos sejam passados adiante. Pode se tornar um "agente de mudança" e passar bons hábitos para as gerações futuras, começando por seus próprios filhos.

Uma garota muito perspicaz, chamada Hilda, contou-me como ela se tornou uma agente de mudança na família. O estudo nunca foi valorizado em sua casa, e ela conseguia ver as consequências disso. Hilda conta: "Minha mãe trabalhava como costureira em uma fábrica, ganhando muito pouco, e meu pai tinha um salário ínfimo. Eu sempre os ouvia discutindo sobre a falta de dinheiro e sobre como iriam pagar o aluguel. O máximo que eles haviam alcançado na escola fora a sexta série do primeiro grau."

Quer eu fracasse ou tenha sucesso, o feito não pertencerá a ninguém, exceto a mim mesma. Eu sou a força.

ELAINE MAXWELL

Ela ainda lembra que, quando era menina, o pai não conseguia ajudá-la nas lições de casa porque não conseguia ler direito. Aquilo fora difícil para Hilda. Quando ela chegou ao final do ginásio, a família decidiu deixar a Califórnia e voltar para o México. Não demorou para ela notar que suas opções de estudo ali seriam muito limitadas, então pediu para voltar aos Estados Unidos, para morar com uma tia. Ao longo dos anos seguintes, Hilda fez sacrifícios enormes para se manter na escola.

"Era duro dividir o quarto apertado com minha prima", diz ela, "e ter de dividir a cama, além de trabalhar para conseguir pagar o aluguel e poder ir para a escola, mas valeu a pena".

"Mesmo tendo me casado e tido um filho durante o colegial, continuei frequentando a escola e trabalhando duro para me formar. Eu queria provar a meu pai que, não importava o que acontecesse, ele estava errado ao dizer que ninguém em nossa família seria capaz de se tornar um profissional graduado."

Hilda logo estará se formando na universidade e quer passar seus valores educacionais para o filho: "Hoje em dia, sempre que posso, quando não estou nem trabalhando, nem na escola, sento no sofá e leio para meu filho. Eu o estou ensinando a falar inglês e espanhol. Estou tentando guardar dinheiro para a educação dele. Um dia ele precisará de ajuda com a lição de casa, e eu quero poder ajudá-lo."

Entrevistei outro garoto de 16 anos chamado Shane, do Meio-Oeste america-no, que também se tornou um agente de mudança na família. Shane vive com os pais e os dois irmãos em uma parte pobre da cidade, em um prédio público para a população carente. Embora seus pais ainda estejam juntos, eles brigam o tempo todo e se acusam mutuamente de estarem tendo casos. Seu pai é caminhoneiro e nunca está em casa. Sua mãe fuma maconha com sua irmã de 12 anos. Seu irmão mais velho repetiu duas vezes de ano, no colegial, e acabou desistindo. Em algum ponto dessa trajetória, Shane perdeu a esperança.

Mas justamente quando pensara haver chegado ao fundo do poço, ele se en-volveu em um curso de desenvolvimento de personalidade (onde se ensinavam os 7 hábitos) em sua escola, e começou a ver que havia coisas que ele podia fazer para retomar o controle de sua vida e criar um grande futuro para si mesmo.

Felizmente, o avô de Shane era dono do apartamento que ficava acima daquele em que a família dele vivia, então o rapaz se mudou para lá, pagando um aluguel equivalente à quantia de R$ 180,00 por mês ao avô. Agora ele tem um santuário para si mesmo, onde consegue se isolar sem ter de fazer parte do que ocorre no andar de baixo. Shane diz: "Agora as coisas estão melhores para mim. Estou me cuidando melhor e tendo mais respeito por mim mesmo. Minha família não se respeita. Embora ninguém na família tenha chegado à faculdade, já fui aceito por três uni-versidades diferentes. Tudo o que faço agora é pelo meu futuro. Ele será diferente. Sei que não vou me sentar em frente a minha filha de 12 anos para fumar maconha."

Você tem o poder dentro de si para se erguer acima de qualquer valor distor-cido que lhe tenha sido passado. Mesmo não tendo a opção de se mudar para o apartamento de cima, como fez Shane, ainda é possível mudar o ambiente dentro de sua mente. Não importa quão ruim seja sua situação, você pode se tornar um agente de mudança e criar uma nova vida para si mesmo e para qualquer um que vier em seguida.

DESENVOLVENDO SEUS MÚSCULOS PROATIVOS

O poema a seguir é um grande resumo do que significa tomar a responsabili-dade pela própria vida e de como uma pessoa pode mudar gradualmente de uma postura mental reativa para uma proativa.

AUTOBIOGRAFIA EM
Cinco pequenos capítulos

De *There's a Hole in My Sidewalk*
Por Portia Nelson

I
Eu caminho pela rua.
Há um buraco profundo na calçada.
Eu caio.
Eu estou perdido... Estou indefeso.
Mas não é culpa minha.
Demoro uma eternidade para encontrar uma saída.

II
Eu caminho pela mesma rua.
Há um buraco profundo na calçada.
Eu finjo que não o vejo.
Eu caio novamente.
Não posso acreditar que estou no mesmo lugar.
Mas não é culpa minha.
Ainda demoro muito tempo para sair.

III
Eu caminho pela mesma rua.
Há um buraco profundo na calçada
Eu o vejo lá.
Ainda caio mais uma vez. É um hábito.
Meus olhos estão abertos.
Sei onde estou.
É culpa minha. Eu saio imediatamente.

IV
Eu caminho pela rua.
Há um buraco profundo na calçada.
Eu o contorno.

V
Eu caminho por outra rua.

Você também pode assumir a responsabilidade por sua vida e ficar longe de buracos, exercitando seus músculos proativos. É um hábito "decisivo" que salvará seu traseiro mais vezes do que você imagina!

NADA PODE FERIR O "HOMEM PROATIVO"!

• POSSO FAZER

Ser proativo na verdade significa duas coisas. Primeiro, assumir a responsabilidade por sua vida. Segundo, assumir uma postura de "posso fazer" é muito diferente de "não posso fazer". Dê só uma olhada.

PESSOAS "POSSO FAZER"	PESSOAS "NÃO POSSO FAZER"
Tomam a iniciativa para	Esperam que algo lhes aconteça
Pensam a respeito de soluções e opções	Pensam a respeito de problemas e barreiras
Agem	Deixam que os outros ajam por elas

Quando se pensa "posso fazer" e se é criativo e persistente, é impressionante o que se pode realizar. Durante a faculdade, lembro-me de me dizerem que, para completar minha carga teórica de linguagem, eu "teria de" fazer um curso pelo qual eu não tinha o menor interesse e que seria irrelevante para mim. Em vez de fazer aquele curso, entretanto, decidi criar o meu próprio método. Fiz uma lista de livros que iria ler e de trabalhos que deveria fazer e encontrei um professor para me orientar. Então fui até o coordenador de ensino da escola para expor meu caso. Ele aceitou minha ideia e eu completei meu currículo em linguagem fazendo um curso que eu mesmo elaborei.

A aviadora americana Elinor Smith disse certa vez: "Faz tempo que me chamou a atenção o fato de as pessoas de realização raramente se recostarem e deixarem que as coisas lhes aconteçam. Elas se adiantam e acontecem às coisas."

É uma grande verdade. Para alcançar seus objetivos, é preciso tomar iniciativa. Se você está se sentindo mal por não ser convidada ou convidado para sair, não fique aí fazendo cara feia. Tome uma atitude! Descubra maneiras de conhecer pessoas. Seja amigável e sorria bastante. Faça você mesmo os convites. Os outros podem nem saber quanto você é legal.

HÁBITO 1

Não espere que aquele emprego perfeito caia no seu colo, vá atrás dele! Mande seu currículo, estabeleça contato, ofereça-se para trabalhar de graça.

Se você está em uma loja e precisa de ajuda, não espere que o vendedor o encontre, vá atrás dele!

Algumas pessoas confundem o "posso fazer" com ser inconveniente, agressivo ou ofensivo. Errado! O "posso fazer" é corajoso, persistente e esperto. Outros acham que as pessoas "posso fazer" torcem as regras e fazem as próprias leis. Não é bem assim. Quem pensa "posso fazer" é criativo, investidor e cheio de recursos.

Pia, uma sócia minha no trabalho, contou a seguinte história. Embora ela tenha ocorrido muito tempo atrás, o princípio do "posso fazer" está muito evidente:

Eu era uma jovem jornalista em uma grande cidade da Europa, trabalhando em tempo integral, como repórter para a United Press International. Eu não tinha experiência e estava sempre nervosa, temendo não ser capaz de superar as expectativas de uma equipe de imprensa muito mais velha e machista. Os Beatles estavam chegando à cidade e, para minha surpresa, fui designada para cobrir a estada deles. (Meu editor não sabia que eles eram tão importantes.) Eles eram a maior sensação da Europa naquela época. Garotas desmaiavam às centenas com a mera presença deles, e lá estava eu, indo cobrir aquela coletiva de imprensa.

A coletiva foi o máximo e eu fora escolhida para estar lá, mas concluí que todos teríamos a mesma história — eu precisava de algo mais, algo mais substancioso, que pudesse ir parar na primeira página. Não poderia desperdiçar aquela oportunidade. Um a um, todos os repórteres mais experientes voltaram a suas redações para escrever, e os Beatles subiram para seus quartos. Então fiquei para trás. "Preciso dar um jeito de chegar até esses caras", pensei. E não havia tempo a perder.

Andei até o saguão do hotel, peguei o telefone mais próximo e disquei para a cobertura. Imaginei que eles estariam lá. O empresário deles atendeu. "Aqui é Pia Jensen, da United Press International. Eu gostaria de conversar um pouco com os Beatles", disse eu, em um tom confiante. (O que eu tinha a perder?).

Para minha surpresa, ele disse: "Certo, pode subir."

Tremendo, e com a sensação de que acertara na loteria, entrei no elevador e fui para as suítes reais do hotel. Fui levada para um lugar tão grande quanto todo um andar — e lá estavam todos eles, sentados: Ringo, Paul, John e George. Engoli meu nervosismo e minha inexperiência em seco e tentei agir como uma jornalista de primeira.

Passei as duas horas seguintes rindo, ouvindo, falando, escrevendo e tendo os melhores momentos de minha vida. Eles me trataram com muita cordialidade e me deram toda atenção do mundo.

Minha história apareceu na primeira página do jornal mais importante do país na manhã seguinte. E minhas entrevistas mais longas com cada um dos Beatles apareceram como atração na maioria dos jornais do mundo nos dias que se sucederam. Quando os

Rolling Stones vieram à cidade, depois disso — adivinhem quem mandaram para a cobertura? Eu, uma jovem repórter sem experiência! Usei a mesma aproximação com eles e deu certo de novo. Logo percebi o que poderia conseguir se fosse delicadamente persistente. Um padrão se formara em minha mente e eu estava convencida de que tudo era possível. Com essa postura, geralmente eu conseguia a melhor história e minha carreira jornalística ganhou uma nova dimensão.

George Bernard Shaw, escritor inglês, sabia tudo sobre o "posso fazer". Veja só o que ele disse: "As pessoas estão sempre culpando as circunstâncias pelo que elas são. Não acredito em circunstâncias. As pessoas que vencem neste mundo são aquelas que se levantam e que procuram as circunstâncias que querem e que, quando não conseguem encontrá-las, as fazem."

Preste atenção em como Denise foi capaz de criar as circunstâncias que ela queria:

Sei que é estranho para uma adolescente querer trabalhar em uma biblioteca, mas eu queria muito o emprego — mais do que eu jamais quisera alguma coisa antes, mas eles não estavam contratando ninguém. Eu simplesmente ia à biblioteca todos os dias e lia, ficava ali com meus amigos e me mantinha longe de casa. Que lugar melhor existe para trabalhar do que aquele onde você já fica? Mesmo não tendo um emprego lá, fiquei conhecendo os empregados do escritório e me ofereci para ajudar em eventos especiais. Logo me tornei uma das voluntárias permanentes. Isso se pagou. Quando finalmente abriram uma vaga, eu fui a primeira opção. Assim consegui um dos melhores empregos que já tive.

APENAS PRESSIONE A TECLA DE PAUSA

Por isso, quando alguém é rude com você, de onde pode tirar força para resistir ao impulso de ser rude em resposta? Para começar, pressione a tecla de pausa. Isso, apenas levante o dedo e aperte o botão de pausa da sua vida, como se faz com o controle remoto. (Se não me engano, a tecla de pausa fica em algum lugar bem no meio de sua testa...)

Às vezes, a vida segue tão acelerada que reagimos instantaneamente a tudo, por mero hábito. Se você puder aprender a dar uma pausa, assumir o controle e pensar a respeito de como quer responder, tomará decisões mais inteligentes. Sim, sua infância, seus pais, seus genes e seu ambiente *influenciam você* a agir de

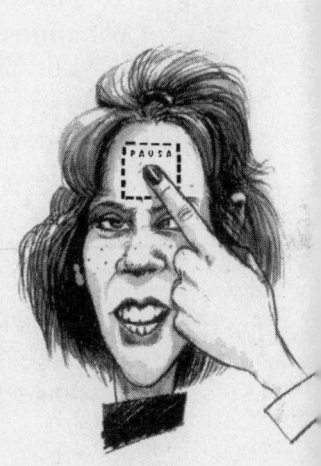

uma certa maneira, mas nada disso pode obrigá-lo a fazer algo. Você não está pre-destinado. Na verdade, é livre para fazer suas escolhas.

Enquanto sua vida está na pausa, abra sua caixa de fer-ramentas (aquela com a qual você nasceu) e use suas quatro ferramentas humanas para ajudá-lo a decidir o que fazer. Os animais não têm essas ferramentas, e é por isso que você é mais esperto do que seu cachorro. Essas ferramentas são: autoconsciência, consciência, imaginação e força de vonta-de. Você pode chamá-las de suas "ferramentas poderosas".

 **AUTOCONSCIÊNCIA:** *Posso me distanciar de mim mesmo e observar meus pensamentos e minhas ações.*

 CONSCIÊNCIA: *Posso ouvir minha voz interior para distinguir o certo do errado.*

 IMAGINAÇÃO: *Posso visualizar novas possibilidades.*

 FORÇA DE VONTADE: *Tenho poder para escolher.*

Vamos ilustrar essas ferramentas imaginando uma garota chamada Rosa e seu cachorro, Woof, enquanto eles saem para um passeio:

"Aqui, garoto, o que acha de darmos uma volta?", diz Rosa, enquanto Woof pula e abana o rabo.

Foi uma semana difícil para Rosa. Não somente por ela haver acabado o na-moro com Eric, mas por ela e a mãe mal estarem se falando.

Conforme segue pela calçada. Rosa começa a meditar sobre a semana que passou. "Sabe de uma coisa?", pensa, "terminar com Eric foi mesmo difícil para mim. Deve ser por isso que tenho sido tão rude com mamãe. Estou descarregando minhas mágoas nela".

Está vendo o que Rosa está fazendo? Está se distanciando de si mesma para medir e avaliar suas ações. Esse processo é chamado de autoconsciência. É uma ferramenta inata em todos os humanos. Usando a autoconsciência, Rosa foi capaz de reconhecer que está dei-xando seu rompimento com Eric afetar seu relacionamento com a mãe. Tal observação é o primeiro passo para ela mudar o modo como vinha tratando a mãe.

Nesse meio-tempo, Woof vê um gato logo à frente e dispara instintivamente atrás dele.

Embora Woof seja um cão leal, ele não tem o menor senso de autoconsciência. Ele nem mesmo sabe que é um cão. É incapaz de se distanciar de si mesmo e dizer: "Sabe de uma coisa? Desde que Suzy (a cadela da casa vizinha) se mudou, tenho descarregado minha frustração em cima de todos os gatos da vizinhança."

Conforme continua sua caminhada, os pensamentos de Rosa começam a mudar de rumo. Ela mal pode esperar pelo concerto na escola, no dia seguinte, no qual fará um solo. Música é a sua vida. Rosa se imagina cantando no concerto. Consegue se ver encantando a audiência, depois se curvando para agradecer os estrondosos aplausos de todos os seus amigos e professores... e, é claro, de todos os caras bonitões.

Nesta cena, Rosa está usando outra de suas ferramentas humanas, a **imaginação**. *Esse é um dom formidável. A imaginação nos permite escapar da circunstância presente e criar novas possibilidades em nossa mente. Dá-nos a oportunidade de visualizar nossos futuros e de sonhar com o que gostaríamos de nos tornar.*

Enquanto Rosa está tendo visões de grandeza, Woof está ocupadíssimo escavando a terra e tentando pegar uma minhoca.

A imaginação de Woof é tão vivaz quanto a de uma pedra. Zero. Ele não consegue pensar além do momento presente. Não é capaz de visualizar novas possibilidades. Você consegue imaginar Woof pensando: "Algum dia ainda farei a Lassie morrer de inveja de mim?"

De repente, Rosa sente seu celular vibrar no bolso. Ela recebeu uma mensagem de sua nova amiga, Taylor.

"Oi, Rosa. O que está fazendo?"

"Oh, olá, Taylor", responde Rosa, trazendo os pensamentos de volta à Terra. "Você me assustou! Estou levando Woof para dar uma volta."

Quando ela recebe outra mensagem: "Ei, ouvi falar de você e de Eric. Que chato, hein?"

Rosa fica incomodada com o comentário. Aquilo não diz respeito a ela. Porém, mesmo sentindo-se tentada a ser rude com a garota, ela sabe que Taylor é só está tentando fazê-la se sentir melhor. Rosa sente que ser amável e amigável é o mais certo a fazer.

"Sim, terminar com Eric foi difícil. Então, como vão as coisas com você, Taylor?"

Rosa acabou de usar a ferramenta humana chamada **consciência**. *A consciência é uma "voz interior" que sempre nos ensina o que é certo e o que é errado. Cada um de nós tem uma consciência. E ela irá crescer ou encolher, conforme seguirmos ou não seus alertas.*

Nesse meio-tempo, Woof está se aliviando na recém-pintada cerca branca da casa do sr. Newman.

Woof não tem o menor senso moral de certo e errado. Afinal de contas, ele é apenas um cão. E cães fazem qualquer coisa que seus instintos os induzam a fazer.

O passeio de Rosa e de Woof chega ao final. Quando abre a porta da frente da casa, ela escuta a mãe gritar, de outro aposento: "Rosa, onde esteve? Procurei você por toda parte!

Rosa já tinha se decidido a não perder a calma com a mãe. Então, em vez de gritar de volta: "Vê se larga do meu pé!", ela responde calmamente:

— Fui apenas levar Woof para dar uma volta, mãe...

— Woof! Woof! Volte aqui! — grita Rosa, ao ver Woof partir em disparada pela porta entreaberta, para perseguir o entregador de jornais em sua bicicleta.

Enquanto Rosa está usando a quarta ferramenta humana da **força de vontade** *para controlar sua raiva, Woof, que fora instruído para não perseguir o entregador, foi superado por seus instintos. Força de vontade é o poder de agir. Ele diz que nós temos o poder de escolher, de controlar nossas emoções e de sobrepujar nossos instintos e hábitos.*

Como você pode ver no exemplo acima, nós usamos ou deixamos de usar nossas quatro ferramentas humanas a cada dia de nossas vidas. Quanto mais as usamos, mais elas ficam fortes e temos mais força para sermos proativos. Entretanto, se deixamos de usá-las, tendemos a **reagir** por instinto, como um cão, e não a **agir** por escolha, como um ser humano.

● FERRAMENTAS HUMANAS EM AÇÃO

Dermell Reed me disse certa vez que sua resposta proativa para uma crise familiar mudou sua vida para sempre. Dermell foi criado em uma das vizinhanças mais mal frequentadas do leste de Oakland, e era o quarto filho em uma família de sete crianças. Ninguém na família dele terminara o colegial e Dermell também não parecia estar rumando para ser o primeiro a conseguir. Ele estava inseguro quanto ao próprio futuro. A família estava passando por dificuldades. Sua rua estava cheia de gangues e de traficantes de drogas. Poderia ele sair dali algum dia? Em uma noite quente de verão, quando ele estava no final do penúltimo ano do colegial, encontrava-se em casa, sem ter muito o que fazer, quando ouviu uma série de tiros.

"Era uma coisa cotidiana ouvir tiros, e eu não prestei muita atenção àquilo", disse Dermell.

De repente, um de seus amigos, que havia sido baleado na perna, entrou correndo pela porta e disse que o irmão mais novo de Dermell, Kevin, acabara de ser baleado e morto em um tiroteio próximo dali.

"Fiquei revoltado, furioso e magoado. Acabara de perder alguém que amava e jamais voltaria a ver na vida", declarou Dermell.

"Ele tinha apenas 13 anos e foi baleado em uma pequena confusão que aconteceu na rua. Não sei como explicar o modo como a vida prosseguiu dali em diante. Foi um declínio geral e constante para toda a família."

A reação imediata de Dermell foi querer matar o assassino. Afinal, Dermell fora criado nas ruas e aquela era a única forma verdadeira com a qual ele poderia vingar a morte do irmão. A polícia ainda estava tentando descobrir quem era o culpado, mas Dermell já sabia. Em uma quente e úmida noite de agosto, poucas semanas depois da morte de Kevin, Dermell conseguiu um revólver de calibre .38 e foi para as ruas, a fim de se vingar de Tony "Gordo" Davis, o traficante de crack que matara seu irmão.

"Estava escuro. Davis e seus amigos não podiam me ver. Lá estava ele sentado, rindo e se divertindo. E aqui estava eu, a pouco mais de 20 metros dele, agachado atrás de um carro, com uma arma carregada. Eu fiquei abaixado ali, pensando: 'Bastaria puxar este gatilho para matar o cara que matou meu irmão.'"

Era uma decisão importante.

Naquele ponto, Dermell pressionou a tecla de pausa e se conteve. Usando a **imaginação** ele pensou a respeito de seu passado e de seu futuro. "Pensei a respeito de toda minha vida em questão de segundos. Pesei as possibilidades de eu escapar dali sem ser pego, de a polícia tentar descobrir quem eu era. Pensei nas vezes em que Kevin fora me ver jogar futebol. Ele sempre me disse que eu iria me tornar jogador profissional. Pensei a respeito do meu futuro e de ir para a faculdade, a respeito do que eu queria fazer da minha vida."

Pausando, Dermell ouviu sua **consciência**. "Estou segurando uma arma, trêmulo, e acho que meu lado bom está me dizendo para me levantar, voltar para casa e ir à escola. Se eu me vingar, estarei jogando fora meu futuro. Não serei melhor do que o cara que baleou meu irmão." No ano seguinte, ele se formou no colegial com ótimas notas. As pessoas da escola mal puderam acreditar.

Cinco anos depois, Dermell Reed se tornou um astro do futebol e se formou na faculdade.

Como ele, cada um de nós irá encarar um ou dois enormes desafios ao longo do caminho, e poderemos escolher se iremos nos elevar acima desses desafios ou se deixaremos que eles nos vençam.

Elaine Maxwell resume toda a questão muito bem: "Quer eu fracasse ou tenha sucesso, o feito não pertencerá a ninguém, exceto a mim mesma. Eu sou a força.

Posso remover qualquer obstáculo do meu caminho, ou posso me perder no labirinto. É minha escolha, minha responsabilidade. Vencendo ou fracassando, somente eu tenho a chave do meu destino."

É mais ou menos como dizia um antigo comercial da Volkswagen: "Na estrada da vida há motoristas e passageiros... Precisa-se de motoristas!"

Então, deixe-me perguntar: você está no assento do motorista de sua vida ou é um mero passageiro? Está conduzindo sua sinfonia ou sendo conduzido? Está agindo como uma lata de refrigerante ou como uma garrafa de água?

Afinal, depois de tudo o que foi dito e feito, *a escolha é sua!*

PRÓXIMAS ATRAÇÕES

No capítulo que se segue, vou levá-lo para um passeio que você jamais esquecerá, chamado de "A grande descoberta". Venha comigo. Será uma aventura por minuto!

PEQUENOS PASSOS

1. Da próxima vez que alguém o provocar, responda com o sinal de "paz e amor".

2. Ouça atentamente às suas palavras no dia de hoje. Conte quantas vezes você usa linguagem reativa, do tipo: "Você me fez...", "Tenho de...", "Por que eles não podem...", "Não posso...".

Linguagem reativa que eu mais uso: _____

_____

3. Faça algo hoje que você queria fazer mas que nunca ousou. Saia de sua zona de conforto e parta para a ação. Convide alguém para sair, erga a mão para pedir a palavra durante a aula ou entre em um time.

4. Escreva um lembrete para si mesmo em seu smartphone ou em um post-it: "Eu não deixarei _____

_____

_____

decidir como me sentirei." Olhe-o com frequência.

5. Na próxima festa que você for, não fique apenas encostado na parede, esperando que a diversão venha ao seu encontro. Vá atrás dela! Endireite-se e se apresente a alguém novo.

6. Da próxima vez que receber uma nota que não achar justa, não saia xingando nem comece a chorar. Marque um horário com o professor para discutir o assunto e então veja o que pode conseguir.

7. Se você se envolver em uma discussão com seu pai, com sua mãe ou com algum amigo, seja o primeiro a pedir desculpas.

8 Identifique algo em seu círculo de não controle que o aborrece muito. Decida mudar essa postura.

Coisa que não consigo controlar e que sempre me aborrece:

_____

_____

9 Pressione o botão de pausa antes de reagir diante de alguém que trombou com você no corredor, que lhe fez alguma ofensa ou que furou a fila.

10 Use sua ferramenta da autoconsciência agora mesmo, perguntando a si mesmo: "Qual é meu hábito menos saudável?" Assuma uma postura de fazer algo a respeito disso.

Meu hábito menos saudável: _____

_____

O que vou fazer a respeito: _____

_____

_____

HÁBITO 2

Comece com o objetivo em mente

Controle

seu

destino

OU ALGUÉM O FARÁ POR VOCÊ

"Por favor: você poderia me dizer por qual caminho devo seguir a partir daqui?" "Isso depende muito de aonde você quer chegar", disse o Gato. "Mas não me importo muito com isso...", falou Alice. "Nesse caso, não faz diferença que caminho você tomará", respondeu o Gato.

DE *ALICE NO PAÍS DAS MARAVILHAS*

É um dia chuvoso e você está preso em casa. Você e um amigo decidem ouvir música e montar um quebra-cabeça para relembrar os velhos tempos. O primeiro passo é pegar todas as mil peças e espalhar sobre uma grande mesa, virando as faces para cima. Então você pega a tampa da caixa para olhar o que irá montar. Mas não há figura! Está em branco! Como será possível montar um quebra-cabeça sem saber com o que ele se parece? Se pelo menos fosse possível dar uma rápida olhada no que ele deveria ser... Seria tudo de que você precisaria. Que diferença isso faria! Sem a imagem, não se tem a menor ideia de por onde começar.

Agora pense a respeito de sua vida e de suas mil peças. Você tem um objetivo em mente? Você tem uma imagem clara do que quer ser daqui a um ano? Daqui a cinco anos? Ou não faz a menor ideia?

O Hábito 2, Comece com o objetivo em mente, significa desenvolver uma imagem clara de aonde você quer chegar com sua vida. Significa definir quais são seus valores e estabelecer metas. O Hábito l diz que você é o motorista de sua vida, não o passageiro. O Hábito 2 diz: "Já que você é o motorista, decida para onde quer ir e trace um mapa para chegar lá."

"Ei, mas espere um minutinho aí, Sean", você deve estar pensando. "Eu sou muito jovem para ter um objetivo em mente. Eu não sei o que vou ser quando crescer e, francamente, nesse momento, eu não me importo." Se isso o faz sentir-se melhor, eu sou adulto e ainda não sei o que quero ser! Quando digo "começar com o objetivo em mente", não estou me referindo a decidir cada detalhe de seu futuro, como escolher uma carreira ou decidir com quem irá se casar. Só estou falando sobre pensar sobre algo além do dia de hoje e decidir que rumo você quer dar a sua vida; assim, cada passo que der o levará sempre na direção correta.

Comece com o objetivo em mente — o que isso significa? Você pode não perceber, mas faz isso o tempo todo. Quer dizer, começar com o objetivo em mente. Você faz uma planta antes de construir uma casa. Lê uma receita antes de fazer um bolo. Cria um rascunho antes de escrever uma redação (pelo menos espero que o faça!). Faz parte da vida.

Façamos uma experiência de "Começar com o objetivo em mente" agora mesmo, usando sua ferramenta da imaginação. Encontre um lugar onde você possa ficar sozinho, sem ser interrompido.

Pronto. Agora esvazie sua mente por completo. Não se preocupe com as redes sociais, nem com essa espinha na sua testa. Apenas focalize sua atenção comigo, respire de maneira profunda e abra sua mente.

Em sua tela mental, visualize alguém se aproximando de você, a meio quarteirão de distância. A princípio, é impossível ver de quem se trata. A pessoa se aproxima cada vez mais, e de repente você percebe que, por mais que pareça incrível, ela é você mesmo. Mas não é o "você" de hoje. É você como gostaria de ser daqui a um ano.

Agora reflita profundamente.

O que você fez da sua vida no último ano?

Como se sente por dentro?

Com o que se parece?

Que características possui? (Lembre-se, este é você como gostaria de ser daqui a um ano.)

Agora pode voltar à realidade. Se você foi sincero e tentou mesmo fazer a experiência, deve ter entrado em contato com seu eu mais profundo. Teve um vislumbre do que é importante para você e do que gostaria de alcançar no próximo ano. Isso se chama começar com o objetivo em mente. E não dói nem um pouco.

Como Jim descobriu, começar com o objetivo em mente é uma poderosa maneira de transformar seus sonhos em realidade:

Quando me sinto frustrado ou fico deprimido, tenho feito algo que me ajuda de verdade. Vou para algum lugar isolado, onde possa ficar sozinho, fecho meus olhos e visualizo mentalmente o que quero ser e onde quero estar quando for adulto. Tento ver toda a imagem de meu sonho de vida — e então começo automaticamente a pensar no que será necessário para chegar lá e no que preciso mudar. Comecei a usar essa técnica quando estava no primeiro colegial e hoje estou prestes a transformar algumas daquelas visualizações em realidade.

Na verdade, pensar para além do dia atual pode mesmo ser bastante interessante e, como confirma este formando do colegial, pode ajudá-lo a assumir a responsabilidade por sua vida:

Nunca planejei nada na vida. Apenas fazia as coisas conforme elas apareciam. A ideia de que se deveria ter um objetivo em mente nunca entrou na minha cabeça. Foi muito interessante aprender a fazê-lo, porque de repente eu estava pensando a respeito do futuro. Agora não estou planejando apenas meus estudos, mas penso também em como pretendo criar meus filhos, como quero ensinar minha família e no tipo de vida que deveríamos ter. Estou assumindo a responsabilidade por mim mesmo — e não mais vagando ao vento!

Por que é tão importante ter um objetivo em mente? Vou lhe dar duas boas razões. A primeira é que você está em uma encruzilhada crítica da vida e os caminhos que escolher agora irão afetá-lo para sempre. A segunda é que, se você não decidir seu futuro, alguém o fará por você.

● AS ENCRUZILHADAS DA VIDA

Vamos dar uma olhada nessa primeira boa razão. Aí está você. Jovem, livre, com toda a vida diante de si. Está parado na encruzilhada da vida e precisa escolher que caminho seguir:

Pretende fazer um curso técnico ou ir para a faculdade?

Você quer viajar?

Aprender um outro idioma?

Você deveria tentar jogar naquele time?

Que tipo de amigos quer ter?

Você vai matar aula de novo?

Com quem vai namorar?

Fará sexo antes do casamento?

Irá beber, fumar, usar drogas?

Que valores escolherá?

Que tipo de relacionamentos quer ter com sua família?

Qual será sua atitude diante da vida?

Quais serão suas bases?

Como vai contribuir com sua comunidade?

Os caminhos que você escolher hoje poderão moldá-lo para sempre. É excitante, e ao mesmo tempo assustador, que precisemos tomar tantas decisões vitais quando somos tão jovens e cheios de hormônios, mas a vida é assim mesmo.

E quanto aos amigos?

Tome sua escolha de amigos como exemplo. Que poderosa influência eles podem exercer sobre sua atitude, sua reputação e seus objetivos! A necessidade de ser aceito e de ser parte de um grupo é muito poderosa. Mas com frequência escolhemos nossos amigos por eliminação, aceitando quem quer que nos aceite. E nem sempre isso é bom. Para ser aceito por garotos que usam drogas, por exemplo, tudo o que é preciso fazer é se drogar também.

O grupo errado de amigos pode levá-lo a todo tipo de caminho que você não vai querer estar. E retraçar sua trajetória pode ser uma tarefa árdua. Às vezes é melhor ficar sozinho, sinceramente. Se você tiver problemas em fazer bons amigos, lembre-se de que seus amigos não precisam ter a sua idade. Certa vez conversei com um garoto que tinha poucos amigos na escola, mas que tinha um avô que o ouvia sempre e era seu grande companheiro. Isso parecia preencher a lacuna de amizades que havia na vida dele.

Você pode tentar se empoderar conectando-se com pessoas por meio da internet e de aplicativos, especialmente quando está tentando fazer amigos mas ainda tem muita dificuldade. O relato de Ben é sobre isso mesmo:

> No outono passado, comecei a jogar on-line, e essa era uma forma maravilhosa de me conectar com as pessoas que gostavam das mesmas coisas que eu. Pessoas que todos os outros costumavam chamar de nerds. Eu não conhecia muita gente na minha escola nova, mas me sentia completamente integrado a essa maravilhosa comunidade virtual.
>
> Havia fóruns nos quais todos os usuários, algumas pessoas bem interessantes inclusive, comentavam. Eu me sentia seguro para finalmente começar a conversar com jovens que não faziam piadas sobre mim por gostar tanto de jogos eletrônicos, por isso fiquei muito tentado a ir a um encontro presencial do grupo.
>
> Mas, pensando melhor, me lembrei de ter ouvido histórias sobre cyberstalkers e assédio virtual e fiquei bastante receoso. Eu precisava ser cauteloso — quero dizer, todas aquelas pessoas pareciam legais e inofensivas, mas eu sabia que não deveria compartilhar nenhuma informação pessoal com elas ou encontrá-las pessoalmente,

porque, na verdade, eu não fazia ideia de quem elas eram! Eu disse ao grupo que não me sentia confortável com aquele encontro. A maioria concordou que era bastante prudente da minha parte e seguimos com a amizade virtual. Apenas uma vez algo realmente bizarro aconteceu — um usuário perguntou pelo meu endereço de e-mail e pediu uma foto, mas antes que eu me estressasse, me dei conta de que poderia con-

trolar facilmente a situação. Eu o bloqueei e nunca mais tivemos contato. De fato, ter uma comunidade on-line me deu mais confiança e me ajudou a fazer amigos em minha nova escola.

Você precisa ser muito cuidadoso ao compartilhar informações pessoais on-line, e Ben parece ter entendido isso bem cedo. Mesmo que você faça uma chamada de vídeo com alguém e essa pessoa pareça legal ou atraente no Instagram, não é possível saber se você está falando com um psicopata. Que tal enviar textos provocantes ou *selfies* sensuais para alguém que você mal conhece ou mesmo para alguém que você já conhece e confia? Pode parecer divertido na hora, mas os destinos que a pessoa pode dar a esse material são extremamente preocupantes. E se o seu namorado — ou a sua namorada — quebrar a sua confiança e compartilhar suas fotos e textos para magoar você ou fazer algum tipo de chantagem? Que horror! Praticamente todo dia vemos alguma celebridade ou político tendo problemas assim. Se você se mantiver focado e evitar essas situações, de alguma maneira terá um risco menor de aparecer alguém querendo tirar vantagem. O resumo da ópera: seja sábio na escolha de seus amigos, porque muito de seu futuro dependerá das pessoas com quem você se associa.

E quanto ao sexo?

E a respeito de sexo? Isso é que é decisão importante e com enormes consequências! Se você esperar até a "hora H" para tomar a decisão, será tarde demais. Sua decisão já foi tomada. Você precisa se decidir agora. O caminho que escolher afetará sua saúde, sua autoimagem, a rapidez de seu crescimento, sua reputação, com quem você irá se casar, seus futuros filhos e muito mais. Pense muito, e com todo carinho, a respeito dessa decisão. Uma maneira de fazer isso é imaginar como espera se sentir no dia de seu casamento. Como espera que seu futuro parceiro ou parceira esteja levando a vida nesse exato momento?

Em uma pesquisa recente, ir ao cinema foi cotado como o passatempo preferido dos adolescentes. Adoro filmes, portanto estou nessa com você. Mas eu seria cuidadoso com relação aos valores que eles enfatizam. Os filmes mentem, especialmente no que diz respeito a assuntos como sexo. Eles exaltam a ideia de ir para a cama com todo mundo e de ter casos a torto e a direito, sem se preocupar com riscos e consequências. Os filmes não mostram a perturbadora realidade de contrair uma doença como a aids ou outra DST (doença sexualmente transmissível), nem as mudanças de vida que uma gravidez, com todas suas consequências, pode causar. Eles não falam o que é viver com uma renda mínima porque se teve de largar os estudos antes mesmo de completar o colegial (e o pai da criança desapareceu há muito e não manda nenhum dinheiro), nem o que é passar seus finais de semana lavando fraldas e cuidando de um bebê em vez de ir se divertir, dançar e ser uma típica adolescente.

Nós somos livres para escolher nosso caminho, mas não podemos escolher as consequências que vêm com ele. Você já brincou em um tobogã aquático? É possível escolher apenas por qual escorregador você vai descer, mas, depois que começa a descer, não dá mais para parar. É preciso aguentar as consequências... até o final. Uma adolescente de Dimois conta a seguinte história:

Tive um ano ruim — meu primeiro ano no colegial —, pois fiz de tudo, incluindo beber, usar drogas, sair com rapazes mais velhos e com más companhias, principalmente porque eu estava frustrada e infeliz. Durou apenas um ano, mas ainda estou pagando pelos erros do passado. Ninguém esquece, e é difícil ter de lidar com um passado do qual você não se orgulha. Sinto como se ele fosse me perseguir para sempre. Ainda hoje, todo mundo chega para meu namorado e diz: "Ouvi dizer que sua namorada bebe, fuma e é uma garota fácil", e outras coisas do tipo. Mas o pior é que, toda vez que tenho um problema, penso logo: "Talvez, se eu não houvesse feito aquilo, tudo estaria bem."

E quanto à escola?

O que você faz a respeito de seus estudos pode moldar seu futuro de uma maneira mais ampla. A experiência de Krista mostra como começar sua carreira educacional com um objetivo em mente é algo que vale a pena.

Quando eu estava no segundo ano do colégio, decidi fazer cursos complementares para me preparar melhor para os simulados e as autoavaliações de vestibular que pretendia fazer no final do ano.

Ao longo do ano, o professor de história de um desses cursos nos bombardeou com lições de casa. Era difícil cumprir todas as tarefas, mas eu estava determinada a me sair bem em todas as aulas e a ter um resultado aceitável nas provas. Mantendo esse objetivo em mente, foi fácil dar tudo de mim em cada tarefa.

Um trabalho em particular consumiu tempo demais: o professor pediu que cada um dos estudantes acompanhasse um documentário em capítulos, que passaria na televisão, e mandou que nós fizéssemos resumos individuais de cada segmento. O documentário

durou dez dias e cada parte tinha duas horas de duração. Foi difícil encontrar tempo para cumprir tal missão, mas eu consegui. Quando entreguei o relatório com os resumos, descobri que fui uma das poucas que haviam cumprido a tarefa.

O dia do vestibular mais importante finalmente chegou e me inscrevi como "treineira", já que não estava no último ano do colegial e não poderia fazer as provas a sério. Quando o fiscal disse "comecem", eu respirei fundo e abri o caderno de questões. Eram de múltipla escolha. A cada questão, fui ganhando mais confiança. Eu SABIA as respostas! Completei o exame muito antes de dizerem "o tempo acabou".

Na segunda fase, a prova era dissertativa e terminava com uma redação abordando um tema histórico. Fiquei calma e confiante do começo ao fim.

Alguns dias depois, verifiquei a lista publicada no jornal. Eu ainda estava no segundo ano e teria passado com ótima colocação!

● QUEM ESTÁ NA LIDERANÇA?

A outra razão para criar uma meta é que, se você não fizer isso, alguém o fará no seu lugar. Como Jack Weich, homem de negócios, costuma dizer: "Controle seu destino ou outra pessoa o fará."

"Quem?", você poderia perguntar.

Talvez seus amigos, seus pais ou a mídia. Você quer que seus amigos lhe digam o que fazer? Seus pais podem ser legais, mas você quer que eles tracem o mapa de sua vida? Os interesses deles podem ser bem diferentes dos seus. Por acaso quer adotar os valores mostrados em novelas, filmes, revistas ou no cinema?

Neste momento você deve estar pensando: "Não gosto de pensar tanto a respeito do futuro. Gosto de viver o momento e deixar a coisa rolar." Concordo com a parte de *viver o momento*. Devemos desfrutar cada instante, sem deixar a cabeça nas nuvens. Mas discordo da ideia de *deixar a coisa rolar*. Se você decidir simplesmente deixar rolar, acabará chegando ao mesmo lugar onde tudo o que rola solto sempre vai parar: morro abaixo, terminando geralmente em um poço de lama e com uma vida de infelicidades. Você acabará fazendo o que todos fazem, e que pode não ter *nada a ver* com o seu objetivo pretendido. "Um caminho para um lugar qualquer é, na verdade, uma vida para lugar nenhum." Você precisa decidir a direção certa para você. Nunca é cedo demais.

Sem um objetivo próprio em mente, ficamos geralmente tão aptos a seguir qualquer um que anseie liderar que acabamos indo por caminhos que não nos levam muito longe. Isso me lembra uma experiência que tive em uma corrida de rua de 10 quilômetros. Eu e alguns outros corredores estávamos esperando a largada, mas nenhum de nós sabia onde era a linha de partida. Então alguns corre-

dores começaram a caminhar rua abaixo, como se soubessem. Todos, inclusive eu, começaram a segui-los. Simplesmente concluímos que eles sabiam aonde estavam indo. Depois de andar por mais de 1,5 quilômetro, todos percebemos repentinamente que, como um rebanho de ovelhas, estávamos seguindo algum cabeça-oca que não fazia a menor ideia de para onde ia. Por fim, a linha de partida era exatamente o lugar do qual havíamos partido.

Nunca conclua que o rebanho sabe para onde está indo, porque geralmente ele não sabe.

Uma Então, se é tão importante ter um objetivo em mente, como é que se faz
missão isso? O melhor meio que encontrei foi escrever uma missão pessoal. Uma
pessoal missão pessoal é como um lema ou um credo particular que especifica do que trata sua vida. É como um mapa vital. Os países têm constituições, que funcionam como declarações de missão. E a maioria das empresas, como a Microsoft e a Coca-Cola, têm missões. Mas acho que estas funcionam melhor com pessoas.

Sendo assim, por que não escrever sua missão pessoal? Muitos adolescentes já o fizeram. Como você verá, elas podem ser de todo tipo e variedade. Algumas são longas, outras são curtas. Algumas são poemas, outras são músicas. Alguns adolescentes usaram sua frase feita predileta como missão. Outros usaram uma figura ou uma foto.

Deixe-me compartilhar algumas missões de adolescentes com você.

A primeira contribuição é de uma adolescente chamada June Haire:

Primeiro e antes de mais nada, serei sempre fiel a Deus.
Não subestimarei o poder da união da família.
Não abandonarei os verdadeiros amigos, mas também
terei um tempo para mim mesma.
Atravessarei as pontes em meu caminho quando as alcançar
(dividir e conquistar).
Enfrentarei todos os desafios com otimismo,
em vez de dúvida.
Manterei sempre uma autoimagem positiva e minha
autoestima em alta, sabendo que todas as minhas intenções
começam com uma autoavaliação.

June Sylvester tirou sua missão pessoal de uma frase de sua cantora favorita, Taylor Swift:

*Para mim, coragem não é a ausência do medo.
Não é ser completamente destemido. Para mim, coragem é ter medo.
Coragem é ter dúvidas. Muitas dúvidas. Para mim, coragem é viver
apesar de todos os pavores que te assombram.*

Steven Strong enviou a dele:

Religião
Educação
Sinceridade
Produtividade
Exercício
Imparcialidade
Ternura
Objetividade

Conheci um adolescente chamado Adam Sosne, da Carolina do Norte, que conhecia os 7 hábitos e estava animadíssimo a respeito de seus planos futuros. Não me surpreendeu que ele tivesse uma missão pessoal, que ele acabou nos enviando:

MISSÃO

- Ter confiança em si mesmo e em todos a sua volta.
- Ser gentil, cortês e respeitoso com todas as pessoas.
- Determinar metas alcançáveis.
- Nunca perder essas metas de vista.
- Nunca considerar as coisas simples da vida como garantidas.
- Apreciar as diferenças entre as pessoas e ver as diferenças como grandes vantagens.
- Fazer perguntas.
- Lutar a cada dia para alcançar a interdependência.
- Lembrar-se de que para poder mudar alguém é preciso mudar a si mesmo primeiro.
- Falar por meio de ações, não por meio de palavras.
- Arranjar tempo para ajudar aqueles que são menos afortunados do que você ou aqueles que estão tendo um dia difícil.
- Ler os 7 hábitos todos os dias

Ler esta missão todos os dias.

O que é que escrever uma missão pode fazer por você? Muito! A coisa mais significativa é que isso abrirá seus olhos para o que é realmente importante e o ajudará a tomar decisões mais ponderadas. Uma estudante do último ano do colegial contou como escrever sua missão fez uma grande diferença em sua vida:

Durante o primeiro colegial, eu não conseguia me concentrar em nada porque tinha um namorado. Eu queria fazer tudo para deixá-lo feliz, então naturalmente o assunto "sexo" veio à tona — eu não estava preparada para isso, o que se tornou um incômodo constante em meus pensamentos. Sentia que não estava mesmo pronta e que não queria fazer sexo, mas todos viviam dizendo: "Faça!"

Então participei de um curso sobre aprimoramento de caráter, na escola, onde me ensinaram a escrever uma missão pessoal. Comecei a escrevê-la e fui adicionando cada vez mais itens à lista. Aquilo me deu rumo e foco, fazendo com que eu sentisse que tinha um objetivo e uma razão para agir como estava agindo. E me ajudou a manter meus padrões e a não fazer aquilo para o que eu ainda não estava preparada.

Uma missão pessoal é como uma árvore com raízes profundas. É estável e não vai a lugar algum, mas ainda assim está viva e continua crescendo.

Você precisa de uma árvore de raízes profundas para conseguir sobreviver a todas as tempestades que a vida colocar em seu caminho. Como você já deve ter notado, a vida é tudo, menos estável. Pense a respeito. As pessoas são volúveis. Seu namorado te ama neste instante, mas termina tudo no momento seguinte. Alguém é seu melhor amigo em um dia e está falando mal de você no outro.

Pense em todos esses eventos que não se pode controlar. Você precisa se mudar para outro lugar. Perde o emprego. Seu país entra em crise. Pessoas da sua família morrem.

Modismos vêm e vão. Calças justas estão na moda em um ano e são motivo de piada no ano seguinte. Vampiros são o máximo! Vampiros são um lixo!

Enquanto tudo a sua volta muda, a missão pessoal pode ser sua árvore bem enraizada que nunca muda. É mais fácil lidar com mudanças se você tiver algo bem firme em que se segurar.

DESCOBRINDO SEUS TALENTOS

Uma parte importante do desenvolvimento da missão pessoal é descobrir em que você é bom. Uma coisa de que tenho certeza é que todo mundo tem algum talento, um dom, algo que saiba fazer muito bem. Alguns talentos, como ter a voz de um anjo para cantar, atraem muita atenção. Mas há muitos outros talentos, talvez não tão chamativos, mas tão importantes quanto, se não até mais — coisas como ter a habilidade de escutar, fazer as pessoas rirem, ser generoso, perdoar, desenhar ou apenas ser gentil.

Outra verdade é que todos nós amadurecemos em momentos diferentes. Então, se você é do tipo que amadurece tarde, relaxe. Poderá demorar um pouco para descobrir seus talentos.

Depois de esculpir uma linda escultura, Michelangelo ouviu as pessoas lhe perguntarem como conseguira fazer algo tão belo. Ele respondeu que a escultura já estava no bloco de granito desde o começo, e que ele tivera apenas de aparar tudo o que se encontrava ao redor dela.

De maneira semelhante, Victor Frankl, um famoso psiquiatra judeu-austríaco que sobreviveu aos campos de concentração da Alemanha nazista, ensina que não devemos inventar nossos talentos, mas sim detectá-los. Em outras palavras, você já nasceu com talentos, precisa apenas descobri-los.

Nunca me esquecerei da experiência de descobrir um talento que eu jamais imaginara ter. Eu estava no primeiro colegial quando o sr. William nos incumbiu de fazer uma redação original e criativa. Animado, escrevi um texto chamado "O velho e o peixe". Era a mesma história que meu pai contara várias vezes ao longo de minha infância. Concluí que ele a havia inventado. Ele não se dera ao trabalho de dizer que havia "tomado emprestado" o roteiro do premiado livro *O velho e o mar*. Fiquei chocado quando minha redação foi devolvida cheia de observações, do tipo: "Faltou originalidade. Parece a história de *O velho e o mar*, de Ernest Hemingway." Então me perguntei: "Mas quem é esse tal de Hemingway, e como ele plagiou meu pai?" Foi essa minha péssima estreia nas aulas de língua inglesa do colegial, que me pareciam tão interessantes quanto olhar uma samambaia crescer.

De fato, foi apenas na faculdade, quando tive aula com um professor incrível, que comecei a detectar minha paixão por escrever. Acredite ou não, acabei me graduando em língua inglesa. O sr. Williams teria vontade de morrer se soubesse.

A grande descoberta A grande descoberta é uma atividade desenvolvida para ajudá-lo a entrar em contato com seu eu profundo, enquanto você prepara sua missão pessoal. Conforme avançar por ela, responda às perguntas com sinceridade. Pode escrever suas respostas no livro, se quiser. Se não quiser escrevê-las, apenas pense nelas com intensidade. Quando houver terminado, creio que terá uma noção muito mais clara do que o inspira, do que você gosta de fazer, de quem admira e de qual rumo quer dar a sua vida.

A GRANDE DESCOBERTA!

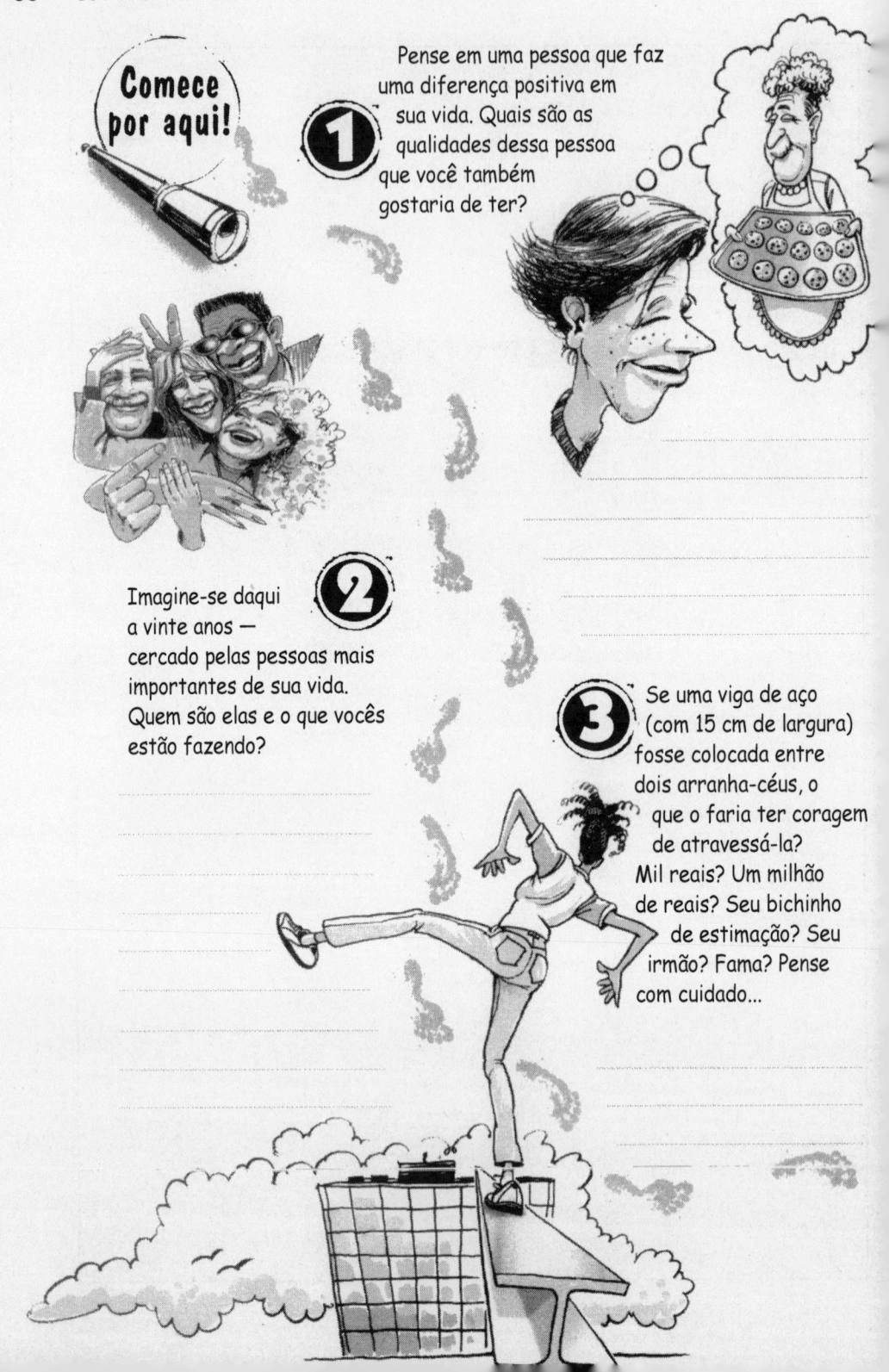

Comece por aqui!

1 Pense em uma pessoa que faz uma diferença positiva em sua vida. Quais são as qualidades dessa pessoa que você também gostaria de ter?

2 Imagine-se daqui a vinte anos — cercado pelas pessoas mais importantes de sua vida. Quem são elas e o que vocês estão fazendo?

3 Se uma viga de aço (com 15 cm de largura) fosse colocada entre dois arranha-céus, o que o faria ter coragem de atravessá-la? Mil reais? Um milhão de reais? Seu bichinho de estimação? Seu irmão? Fama? Pense com cuidado...

 Descreva um momento em que você se sentiu profundamente inspirado.

_____
_____
_____
_____
_____

 Escreva 10 coisas que você adora fazer. Pode ser cantar, dançar, navegar no Pinterest, desenhar, ler, comer pratos tradicionais de outros países, fazer rap, sonhar acordado. Qualquer coisa que você realmente adore fazer!

1 _____
2 _____
3 _____
4 _____
5 _____
6 _____
7 _____
8 _____
9 _____
10 _____

 Se você pudesse passar um dia em uma grande biblioteca, estudando qualquer assunto, o que você estudaria?

7 Daqui a cinco anos, o maior site de notícias resolve fazer uma matéria a seu respeito e eles querem entrevistar três pessoas; um de seus pais, um irmão ou uma irmã e um amigo seu. O que você gostaria que eles dissessem a seu respeito?

Pense em algo que **8** o represente: uma rosa, uma música, um animal... Por que isso o representa?

9 Se você pudesse passar uma hora com qualquer pessoa que já se foi, quem você escolheria? Por que essa pessoa? O que você perguntaria a ela?

EI, VEJA O QUE EU DESCOBRI!

Lidar com números
Lidar com palavras
Pensar com criatividade
Atletismo
Fazer as coisas acontecerem
Perceber necessidades   Falar
Mecânica   Escrever
Artes   Dançar
Trabalhar com pessoas   Escutar
Memorizar   Contar
Tomar decisões   Ter bom humor
Construir   Compartilhar
Aceitar os outros   Música
Prever o que vai acontecer Trivialidades

10 Todo mundo tem um ou mais talentos.
Em quais dos listados acima você é bom?
Se quiser escreva outros não listados.

ESTÁ QUASE LÁ!

Começando sua missão Agora que você teve um tempo para caminhar pela grande descoberta, está com uma boa base para desenvolver sua missão. Abaixo, eu listei quatro métodos que o ajudarão a começar a escrevê-la. Você pode tentar colocar um deles em prática ou combinar os quatro da maneira que melhor lhe servir. Estas são apenas sugestões, portanto sinta-se livre para encontrar seu próprio método.

Método #1: A coleção de citações. Escreva de uma a cinco de suas citações preferidas em um papel. A soma dessas citações se tornará sua missão. Para algumas pessoas, as grandes citações são muito inspiradoras e esse método funciona bem para elas.

Método #2: O fluxo mental. Escreva rapidamente sobre sua missão durante dez minutos. Não se preocupe com o que estiver sendo escrito. Não elabore muito sua escrita. Apenas continue escrevendo sem parar. Coloque todas as suas ideias no papel. Se você "empacar", pense nas respostas que deu durante a grande descoberta. Isso colocará sua imaginação para funcionar. Quando seu cérebro houver esgotado as ideias, reserve mais vinte minutos para redigir melhor o que você escreveu durante o fluxo mental.

Em apenas meia hora, você terá um rascunho de sua missão. Então, durante as semanas seguintes, poderá revisá-la, acrescentar dados, explicá-la melhor ou fazer o que for preciso para transformá-la em uma fonte de inspiração.

Método #3: O retiro. Reserve um bom espaço de tempo, uma tarde inteira, por exemplo, e vá para um lugar que você adora e onde possa ficar sozinho. Pense cuidadosamente em sua vida e no que você quer fazer com ela. Reveja suas respostas à grande descoberta. Examine os exemplos de missão deste livro, para se inspirar nas ideias. Aproveite o tempo e elabore sua missão usando o método ao qual você mais se adaptar.

Método #4: A grande preguiça. Se você estiver com aquela preguiça, use o *slogan* do Exército americano "Seja tudo o que você pode ser" como sua missão pessoal. (Ei, mas pegue leve!)

Um grande erro que os adolescentes cometem quando estão escrevendo uma missão é que eles passam tanto tempo pensando em como torná-la perfeita que nem chegam a escrevê-la. É muito melhor que você faça um rascunho imperfeito e vá aprimorando-o depois.

Outro grande erro é que os adolescentes tentam fazer suas missões parecidas com as de outras pessoas. Isso não funciona. As missões surgem de muitas formas

— um poema, uma música, uma citação, uma figura, muitas palavras, uma única palavra, uma colagem com figuras de revista. Não existe uma maneira única e certa de fazê-la. Você não a está elaborando para nenhuma outra pessoa além de si mesmo. Não a está escrevendo para seu professor de português, e ela não será avaliada para a nota. Ela é seu documento secreto. Então faça-a de uma vez! A pergunta mais importante que você deve se fazer é: "Isso me inspira?" Se a resposta for "sim", então você conseguiu.

Assim que terminar de escrevê-la, coloque-a em um lugar ao qual você possa ter acesso fácil, como em seu telefone ou em seu espelho. Ou então mande reduzi-la, plastifique-a e coloque-a em sua carteira ou na bolsa. Examine-a com frequência ou, melhor ainda, memorize-a.

Aqui estão mais dois exemplos de missões de adolescentes, cada uma delas muito diferente no estilo e na extensão:

WHITNEY NOZISKA
MISSÃO

Cuidar
– DO MUNDO
– DA VIDA
– DAS PESSOAS
– DE MIM MESMA

Amar
– A MIM MESMA
– A MINHA FAMÍLIA
– O MUNDO
– O CONHECIMENTO
– O APRENDIZADO
– A VIDA

Lutar
– PELAS MINHAS CRENÇAS
– PELAS MINHAS PAIXÕES
– PARA CONSEGUIR
– PARA SER BOA
– PARA SER SINCERA COMIGO MESMA
– CONTRA A APATIA

Resistir
– AO ENTRAR NUM BARCO E DIRIGI-LO, NÃO DEIXAR QUE ELE ME DIRIJA
– SER FIRME COMO UMA ROCHA

PARA SER LEMBRADA

Esta foi escrita por Katie Hall. É curta, mas, para ela, significa tudo:

MINHA
MISSÃO

NADA MENOS.

● TRÊS CUIDADOS

Enquanto você se esforça para começar com o objetivo em mente e desenvolve uma missão pessoal, tome cuidado com os perigos que podem surgir no caminho!

Cuidado #1: Rótulos negativos. Alguma vez você já foi rotulado de uma maneira negativa? Pela sua família, pelos professores ou pelos colegas?

"Vocês que moram nesta região da cidade são todos iguais. Estão sempre se metendo em encrencas."

"Você é preguiçoso!"

"Lá vem a Suzy. Ouvi dizer que ela é a maior *'babaca'*."

Tenho certeza de que sua escola tem seus próprios rótulos. Na minha, tínhamos os Caubóis, os Geniozinhos, os Cabeças-Ocas, os Gostosões, os Maria-Vai-Com-As-Outras, os Infantis, as Gostosonas, os Bitolados, os Grandalhões Burros, os Viajandões e muitos outros grupos. Eu fui rotulado na categoria dos Grandalhões Burros, claro. O termo "Grandalhão Burro" significa que você é aquele sujeito musculoso, desportista, centrado no próprio ego e que tem o cérebro do tamanho de um amendoim.

Os rótulos são uma forma muito feia de preconceito. Se você separar a palavra preconceito, qual é o resultado? Pré-conceito. Não é interessante? Quando você rotula uma pessoa, está pré-julgando-a; que é o mesmo que tirar conclusões a respeito de uma pessoa sem conhecê-la. Não sei quanto a você, mas não suporto quando sou julgado injustamente por alguém que não sabe nada a meu respeito.

Você e eu somos complexos demais para sermos encaixados com precisão em uma categoria, como roupas em uma loja de departamentos, ou como se fôssemos apenas um punhado de tipos diferentes de pessoas no mundo, em vez de bilhões de indivíduos únicos.

Dá até para sobreviver ao fato de se ter sido rotulado injustamente. Mas o perigo real acontece quando você mesmo começa a acreditar nos rótulos, porque eles são exatamente como os paradigmas. O que se vê é o que se obtém. Se você for rotulado de preguiçoso, por exemplo, e começar a acreditar nisso, ser preguiçoso se tornará uma crença autossustentável em você. Você começará a agir como manda o rótulo. Portanto, lembre-se de que você não é nenhum rótulo.

Cuidado #2: A síndrome do "Está tudo acabado". Outra coisa com a qual preciso ter cautela é quando você comete um ou dois erros e sente-se tão mal por causa disso que diz a si mesmo: "Está tudo acabado. Eu falhei. Quem se importa com o que acontecer de agora em diante?" Nesse ponto, você de fato começa a se autodestruir e deixa tudo desmoronar.

Pois deixe-me dizer apenas uma coisa: nunca há um fim. Muitos adolescentes passam por um período em que se sentem perdidos, e em que experimentam e fazem uma porção de coisas das quais não se orgulham depois. É quase como se eles estivessem testando os limites da vida. Se você cometeu erros, você é normal. Todo adolescente os comete. E todo adulto também. Apenas se esforce para retomar o rumo certo o mais rápido possível e tudo ficará bem.

> Muitas vezes, em nossa ânsia de sermos populares e de "pertencermos à turma", perdemos a noção de coisas muito mais importantes...

Cuidado #3: Muro errado. Alguma vez você já trabalhou duro para conseguir uma coisa que queria e depois sentiu-se vazio ao obtê-la? Muitas vezes, em nossa ânsia de sermos populares e de "pertencermos ao grupo", perdemos a noção de coisas muito mais importantes, como o autorrespeito, as verdadeiras amizades e a paz de espírito. Geralmente vivemos tão preocupados em subir a escada do sucesso que nunca temos tempo de ver se nossa escada está encostada no muro certo. Não ter um objetivo em mente é um problema, mas ter em mente um objetivo que nos conduz a uma direção errada pode ser um problema ainda maior.

Certa vez joguei futebol com um cara que era incrível. Ele tinha tudo a seu favor, inclusive o fato de ser o capitão do time e de ter um corpo perfeito. A cada jogo, ele deixava as fãs loucas com seus feitos heroicos e com suas espetaculares façanhas atléticas. Elas gritavam o nome dele, e até os garotos mais jovens o admiravam. Ele tinha tudo.

Pelo menos era o que parecia.

No entanto, embora ele brilhasse quando estava em campo, não andava agindo direito fora dele. E sabia disso. Eu também, porque havia crescido junto com ele. Quando sua fama aumentou, observei-o deixar os princípios de lado e realmente perder o rumo. Ele ganhou a admiração da torcida, mas comprometeu algo muito mais significativo: seu caráter. De fato, não importa quão rápido você esteja indo ou se tem uma boa aparência se estiver indo na direção errada.

Como você pode saber se sua escada está apoiada no muro certo? Pare agora mesmo e pergunte a si próprio: "A vida que estou levando está me conduzindo na direção certa?" Seja totalmente sincero ao parar e escutar sua consciência, a voz interior. O que ela está lhe dizendo?

Nossas vidas nem sempre precisam de mudanças de direção de 180 graus. É mais comum que precisemos apenas de pequenas mudanças. Porém, pequenas mudanças podem acarretar grandes mudanças de rumo. Imagine o seguinte: se você quisesse voar de Nova York para Tel Aviv, em Israel, mas fizesse uma mudança de um grau na direção norte, terminaria em Moscou, em vez de Tel Aviv.

● ESTABELEÇA O OBJETIVO

Depois de elaborar sua missão, você estabelecerá os objetivos. Estes são mais específicos do que a missão e podem ajudá-lo a partir sua missão em "pedaços mais digeríveis". Se sua missão pessoal fosse comer uma pizza inteira, seu objetivo seria cortá-la em fatias.

Às vezes, quando ouvimos a palavra objetivo, ficamos com sentimento de culpa. Lembramo-nos de todos os objetivos que deveríamos ter estabelecido e dos que ignoramos. Pois esqueça todos os erros que você cometeu no passado. Siga o conselho de George Bernard Shaw, que disse: "Quando eu era jovem, observei que nove em cada dez coisas que eu fazia davam errado. Eu não queria viver cometendo erros, por isso comecei a trabalhar dez vezes mais."

Aqui estão cinco chaves para o estabelecimento de objetivos.

CHAVE Nº 1: *Calcule o custo*

Quantas vezes estabelecemos objetivos quando estamos de bom humor e depois não temos ânimo para cumpri-los? Por que isso acontece? Acontece porque não calculamos o custo.

Suponhamos que você estabeleça o objetivo de tirar notas melhores na escola este ano. Até aí, maravilha. Mas agora, antes de começar, calcule o custo. Quanto será necessário? Por exemplo, você terá de passar mais tempo estudando matemática e gramática, e menos tempo passeando com seus amigos. Terá de ficar acordado até tarde algumas vezes. Encontrar mais tempo para os trabalhos da escola pode significar desistir de assistir à TV ou então estudar sexta à noite.

Agora, depois de calcular o custo, considere os benefícios. O que as boas notas lhe trarão? Uma sensação de conquista? Uma bolsa para a faculdade? Um bom emprego? Agora pergunte a si mesmo: "Estou disposto a fazer o sacrifício?" Se não, então não faça. Não se comprometa a fazer coisas que você não poderá cumprir, porque isso significará efetuar retiradas de sua Conta Bancária Pessoal.

Um método melhor é estabelecer um objetivo mais ameno. Em vez de ter o objetivo de melhorar as notas em todas as matérias, você pode estabelecer o de se aprimorar apenas em duas. Depois, no semestre seguinte, dê outro passo adiante. Calcular o custo sempre acrescentará a dose necessária de realismo a seus objetivos.

CHAVE N° 2: *Ponha tudo na ponta do lápis*

Foi dito que "Um objetivo não escrito é apenas um desejo".

Não há "se" nem "mas" a respeito disso, um objetivo escrito possui dez vezes mais poder de realização. Uma jovem chamada Tammy contou-me como o fato de ela escrever seus objetivos ajudou-a a escolher a pessoa certa para se casar. Durante vários anos, Tammy havia estado em um relacionamento emocionalmente abusivo com um rapaz chamado Tom. Ela se sentia aprisionada. Havia se tornado dependente dele e estava sofrendo por isso. Porém, a visita de uma amiga especial finalmente lhe deu a centelha interior de que ela precisava para encarar uma mudança. Este é o relato que consta no diário de Tammy, na época em que ela estava com 18 anos:

Ontem reuni força e coragem suficientes para deixar Tom e o ambiente do qual fiz parte durante os últimos dois anos e meio. Precisei fazer uma mudança de 180 graus para encontrar força interna suficiente para ter êxito. Elaborei uma imagem mental de onde eu queria estar daqui a cinco anos, e de como queria estar me sentindo. Tive a visão de ser eu mesma, de ter coragem para tomar decisões na vida e, acima de tudo, de estar com alguém em um relacionamento bom e saudável. Pensei em uma lista das qualidades que queria ter em um relacionamento e acho que vou escrevê-las agora, para referência futura.

Qualidades para um relacionamento/Futuro cônjuge:

1. Respeito
2. Amor incondicional
3. Honestidade
4. Lealdade
5. Apoio nas minhas buscas/nos meus objetivos na vida
6. Ser justo (natureza espiritual)
7. Ser divertido/Ter senso de humor
8. Fazer-me rir todos os dias
9. Fazer com que eu me sinta completa — não arrasada
10. Ser um bom pai/gostar de crianças
11. Ser bom ouvinte
12. Ter tempo para mim e querer o melhor para minha vida

Agora que tenho essa lista registrada, pelo menos posso ter uma noção do que o futuro pode guardar. Quando eu a leio, sinto esperança, porque ela me lembra uma maneira melhor de viver.

Algum tempo depois, Tammy conheceu e se casou com um cara muito legal que preencheu todos os seus quesitos. Quem disse que não existem finais felizes?

Como Tammy descobriu, ocorre algo mágico quando escrevemos nossos objetivos. O ato de escrever nos força a ser específicos, o que é muito importante no estabelecimento de um objetivo. Uma atriz chamada Lily Tomlin disse certa vez: "Eu sempre quis ser alguém, mas deveria ter sido mais específica."

CHAVE Nº 3: *Apenas faça!*

Certa vez ouvi uma história sobre Cortês e sua expedição para o México. Com mais de quinhentos homens e onze navios, Cortês partiu de Cuba para o litoral de Yucatán, em 1519. Ao chegar a terra firme, ele fez algo que nenhum outro líder de expedição havia feito até então: incendiou os navios. Ao eliminar todos os meios de fuga, Cortês centrou todas as suas forças e ele próprio em sua causa. Seria conquistar ou sucumbir.

"Para tudo existe um tempo", diz a Bíblia. Um tempo para dizer "Vou tentar" e um tempo para dizer "Vou fazer". Um tempo para dar desculpas e um tempo para incendiar seus navios. Claro que há momentos em que apenas tentar é o melhor que podemos fazer. Mas eu acredito que também haja um tempo para fazer. Você emprestaria dois mil reais para um sócio que dissesse: "Tentarei devolver o dinheiro"? Você se casaria se seu parceiro, ao pé do altar, dissesse "Vou tentar"? Entendeu aonde estou querendo chegar?

Certa vez ouvi uma história a respeito de um capitão e de um tenente:

— Tenente, despache esta carta para mim, por gentileza.

— Farei o possível, senhor.

— Não, não quero que faça o possível. Quero que despache a carta.

— Farei isso nem que tenha de morrer, senhor.

— Você não entendeu, tenente. Não quero que morra. Quero que despache esta carta.

Por fim, o tenente entendeu a ideia e disse:

— Vou despachá-la, senhor.

Quando nos comprometemos completamente a realizar uma tarefa, nosso poder de fazê-lo aumenta. "Se você fizer, terá poder", diz Ralph Waldo Emerson. Todas as vezes que me atrelo a um objetivo, parece que encontro uma fonte preciosa de determinação, de habilidade e de criatividade que eu nem pensava possuir. Aqueles que se comprometem sempre encontram uma saída.

A passagem seguinte, escrita por W. H. Murray, é uma das minhas preferidas de todos os tempos. Ela descreve o que acontece dentro de nós quando dizemos "Vou fazer".

Até que se esteja comprometido, existe a hesitação, a chance de voltar atrás, sempre a ineficácia. Há uma verdade elementar, a ignorância daquilo que mata inúmeras ideias e planos esplêndidos, que no momento em que nos comprometemos definitivamente a providência também se move. Começam a ocorrer coisas que nunca aconteceriam por outros meios, e toda uma cadeia de eventos sucede a decisão, levantando a nosso favor toda sorte de imprevistos e de assistência material, que ninguém sequer sonharia em adquirir dessa maneira. Desenvolvi um profundo respeito por um dos dísticos de Goethe:

Para tudo que você faça ou ainda sonhe fazer,
A ousadia tem a genialidade, a magia e o poder.

Nas palavras de Yoda, o grande mestre Jedi: "Faça ou não faça. Tentativa não há."

CHAVE Nº 4: *Use os "momentos momentosos"*

Certos momentos da vida contêm *momentum* e poder. A chave é aproveitar esses momentos para o estabelecimento de objetivos. Coisas que começam e terminam, ou os começos e os fins em si mesmos, carregam consigo uma dose de *momentum*. Por exemplo, um Ano-Novo representa um começo. Romper, por outro lado, representa um fim. Ainda me lembro de quanto fiquei arrasado quando terminei um namoro de dois anos. Mas também me lembro da empolgação ao elaborar uma nova lista das garotas com as quais eu iria poder sair.

A seguir está uma lista de momentos que podem lhe fornecer *momentum* para o estabelecimento de novos objetivos:

- Um novo ano letivo
- Uma experiência de mudança de vida
- Um rompimento
- Um novo emprego
- Um novo relacionamento
- Uma segunda chance
- Nascimento
- Morte
- Um aniversário
- Um triunfo
- Um contratempo
- Mudança para uma nova cidade
- Uma nova estação do ano
- Graduação
- Casamento
- Divórcio
- Um novo lar
- Uma promoção
- Um rebaixamento
- Um novo visual
- Um novo dia

Geralmente as experiências difíceis possuem *momentum*. Você já ouviu falar no mito da ave fênix? Depois de cada período de vida de 500 a 600 anos, a bela ave fênix se incendiava completamente. Depois renascia a partir das próprias cinzas. De maneira semelhante, também podemos renascer das cinzas das experiências ruins. Contratempos e tragédias podem nos servir de trampolim para a mudança.

Aprenda a aproveitar o poder dos momentos-chave, a estabelecer objetivos e a realizar compromissos quando você está com disposição para fazê-lo. Tenha certeza também de que essa disposição passará. Mantê-la consigo quando você não está com vontade é o verdadeiro teste para seu caráter. Como alguém disse certa vez:

O caráter é a disciplina que se dá por meio de resoluções, muito depois que o espírito por meio do qual elas foram geradas já se foi.

CHAVE Nº 5: *Amarre-se à corda*

Meu cunhado alpinista certa vez me levou junto com um amigo meu para escalar os 4.200 metros do pico Grand Teton. Foi incrível! Enquanto subíamos, a montanha ficou na vertical. Naquele ponto, nós nos "prendemos", ou seja, amarramo-nos uns aos outros com cordas, para nos ajudar na escalada, e também para salvar nossas vidas, no caso de algum de nós cair. De fato, em dois momentos aquela corda evitou que eu caísse de alturas de mais de 300 metros direto para a morte. Acredite, adorei aquela corda como nunca havia adorado uma corda antes. Ajudando-nos mutuamente e apoiando-nos nas cordas, finalmente chegamos ao topo em segurança.

Você conseguirá muito mais na vida se conseguir "prender-se à corda" e compartilhar sua força com os outros. Suponhamos que você estabeleça o objetivo de ficar em ótima forma física. Agora pare e pense: como se "amarrará à corda"? Bem, talvez você encontre um amigo que tenha o mesmo objetivo, assim vocês poderão trabalhar juntos e incentivar um ao outro. Ou talvez você possa contar seu objetivo a seus pais e obter o apoio deles. Ou talvez, ainda, você possa compartilhar seu objetivo com um treinador de atletismo ou com seu professor de educação física e pedir conselhos. Seja criativo. Amarre-se à corda com amigos, irmãos, irmãs, namoradas, pais, conselheiros, avós, religiosos ou com quem quer que você possa fazê-lo. Quanto mais cordas você tiver, maior será a chance de sucesso.

● **OBJETIVOS EM AÇÃO**

Quando eu estava no segundo ano do colégio, pesava 82 quilos. Meu irmão David, que estava no primeiro ano, pesava minguados 41 quilos. Tínhamos apenas um ano de diferença de idade, e eu pesava o dobro dele. Mas David sempre teve um espírito muito forte e fez coisas incríveis para alcançar seus objetivos. Aqui está a história dele:

Nunca me esquecerei de quando entrei para o time de futebol americano no primeiro ano do Provo High. Com 1,57 metro e pesando minguados 41 quilos, eu era menor do que o costumeiro estereótipo do magrelo de 45 quilos. Não encontrava nenhum uniforme de futebol que me servisse porque tudo ficava grande demais. Deram-me o menor capacete que havia, mas, ainda assim, eu tinha de colocar três protetores de orelha de cada lado para ele se ajustar à minha cabeça. Eu mais parecia um mosquito com uma bexiga na cabeça.

Eu tinha horror aos treinamentos, principalmente quando tínhamos de "bater cabeças" com a turma do segundo ano. Costumávamos ficar em fila, encarando o pessoal do segundo ano, e mantendo uma distância de nove metros entre nós. Quando o juiz tocava o apito, você tinha de enfrentar o oponente até que o apito soasse novamente.

Eu costumava contar os jogadores da minha fila para ver quando seria minha vez, depois contava os jogadores da fila do segundo ano, para ver quem teria o privilégio de me ensinar a voar. Parecia que eu sempre terminava tendo de encarar o maior deles. "Estou perdido!", era meu pensamento mais constante. Era seguir na fila, esperar pelo apito e, em questão de segundos, estar voando de um lado para outro.

Naquele inverno, fui para a equipe de luta. Entrei na divisão dos que pesavam 45 quilos. Entretanto, mesmo vestido com todas as roupas de inverno e depois de uma generosa refeição, eu não conseguia nem alcançar a marca dos 45 quilos. De fato, fui o único cara da equipe que não teve de perder peso para lutar. Meus irmãos pensaram que eu seria um bom lutador porque, ao contrário do futebol, a luta me permitiria competir com rapazes do meu peso. Mas, para encurtar a história, eu ia parar no chão em quase todas as lutas.

Na primavera, entrei no time de atletismo. Mas, como o destino já previa, eu era um dos mais baixinhos da equipe. Não era de admirar — minhas pernas mais pareciam duas canetas!

Um dia, depois do treinamento de atletismo, não aguentei mais aquilo. "Chega!", disse a mim mesmo. "Estou cheio disso!" Naquela noite, na privacidade do meu quarto, escrevi alguns objetivos que eu queria alcançar durante o colegial. Para ter sucesso no atletismo, eu sabia que teria de ficar mais alto e mais forte; por isso, primeiro estabeleci objetivos nessas áreas. Quando chegasse ao último ano do colégio, meu objetivo seria estar com 1,85 metro, pesando 80 quilos e conseguindo levantar um peso de 115 quilos.

HÁBITO 2

No futebol, tracei a meta de jogar em uma das principais posições no time oficial do colégio. E, na luta, estabeleci o objetivo de passar por todas as categorias. Também me vi como capitão tanto no time de futebol quanto no de atletismo.

Você diria que eram muitos sonhos, não? Naquele momento, porém, eu comecei a encarar a realidade. E com todos os seus 80 quilos. Mas mantive meu plano desde o primeiro até o quarto ano do colégio.

Deixe-me explicar melhor: como parte do meu processo para ganhar peso, criei a regra de que meu estômago nunca ficaria vazio. Por isso eu comia constantemente. O desjejum, o almoço e o jantar eram três meras refeições em uma rotina de oito refeições. Fiz um acordo secreto com Cary, um jogador iniciante no time de futebol do Provo High, que tinha 1,87 metro e pesava 105 quilos. Ele me prometeu que, se eu o ajudasse com as lições de álgebra, ele me deixaria almoçar com ele todos os dias por "razões de aumento de peso e de proteção pessoal".

Eu estava determinado a comer a mesma quantidade que ele, por isso todos os dias comprava dois lanches grandes, três copos de leite e quatro enroladinhos. Devia ser hilário nos ver juntos! Eu também comia minha proteína para Aumento Rápido de Peso junto com a comida. Misturava aquele pó horroroso em cada porção de leite e quase vomitava cada vez que o bebia.

Durante o segundo ano, comecei a trabalhar com meu bom amigo Eddie, que também estava ansioso para ficar alto e forte. Ele acrescentou outros itens importantes a minha lista de alimentos: dez colheres de pasta de amendoim e três copos de leite todas as noites, antes de dormir. A cada semana, teríamos de aumentar mais ou menos um quilo. Se não "ganhássemos o peso" com a rotina normal do dia, teríamos de comer ou beber água até alcançarmos o peso predeterminado naquele dia.

Minha mãe leu um artigo que dizia que, se um jovem dormisse dez horas por noite em um quarto completamente escuro e bebesse três copos extras de leite por dia, poderia crescer de dois a cinco centímetros a mais do que cresceria normalmente. Acreditei nisso e segui o método rigorosamente. Afinal, eu precisava alcançar meu objetivo de ficar com 1,85 metro, e o metro e setenta e sete de meu pai não iria me ajudar muito no intento. "Papai", eu disse, "quero o quarto mais escuro da casa". E o tive. Então coloquei toalhas no vão embaixo da porta e na janela. Nenhuma luz iria incidir sobre mim!

Depois estabeleci um tempo de sono: iria para a cama às 20h45 e levantaria por volta das 7h15. Isso me daria dez horas e meia de sono. Por fim, tomei todo o leite que consegui.

Também comecei a praticar levantamento de pesos, a correr e a jogar futebol. Todos os dias eu me exercitava durante pelo menos duas horas. Depois que Eddie e eu levantávamos pesos no salão de ginástica, íamos examinar as camisetas de número extragrande, na esperança de que um dia pudéssemos preenchê-las. A princípio, eu conseguia levantar apenas 35 quilos, pouco mais do que a barra.

Com o passar dos meses, porém, comecei a ver resultados. Pequenos resultados. Lentos resultados. Mas resultados. Quando fui para o segundo ano, estava com 1,65 metro e pesando cerca de 54 quilos. Eu havia crescido oito centímetros e havia engordado 13 quilos. E também estava muito mais forte.

Em certos dias, sentia-me como alguém lutando sozinho contra o mundo. Detestava quando as pessoas me perguntavam: "Como consegue ser assim tão magro? Por que não come mais?" Eu tinha vontade de responder: "Tem ideia do preço que estou pagando por isso, seu idiota?"

Quando cheguei ao terceiro ano do colégio, estava com 1,73 metro e pesando 66 quilos. Continuei com o programa de aumento de peso, a corrida, o levantamento de pesos e o desenvolvimento das minhas habilidades. Nos treinamentos de atletismo, estabeleci o objetivo de nunca esmorecer, nem mesmo em uma única corrida. Nunca perdi um treinamento, nem quando estava doente. Até que, de repente, o sacrifício realmente começou a dar resultados. Fiquei forte e ágil. De fato, cresci tão rápido que fiquei com marcas de alongamento no peito, como se houvesse sido atacado por um urso ou coisa do gênero.

Quando finalmente cheguei ao quarto ano, no Provo High, havia atingido meu objetivo de ficar com 1,85 metro e fiquei apenas dois quilos abaixo da minha meta de 80 quilos. Tornei-me um jogador de destaque no time de futebol e fui até eleito capitão do time.

Meu último ano foi ainda mais recompensador no atletismo. Também fui eleito capitão do time, tornei-me o corredor mais rápido da equipe e um dos mais rápidos de todo o estado.

No final do último ano do colégio, pesando 80 quilos e conseguindo levantar 115 quilos, fui eleito pelas garotas do quarto ano como aquele que tinha o "Corpo Mais Atlético", o prêmio que mais me agradou.

Eu consegui! Realmente consegui! Atingi os objetivos que havia traçado naquela noite, no meu quarto, anos antes. De fato, como Napoleon Hill escreveu: "Aquilo que a mente do homem consegue conceber e acreditar, a mão do homem consegue alcançar."

● TRANSFORMANDO AS FRAQUEZAS EM PONTOS FORTES

Observe como David usou as cinco chaves para estabelecer metas. Ele avaliou os custos, pôs tudo no papel, compartilhou com os amigos, estabeleceu metas num momento importante, quando já estava cansado de ser o bobalhão, e teve determinação para "ir lá e fazer". No entanto, não estou incentivando o culto ao corpo, como David fez por um tempo, e também não posso prometer que você ficará mais alto, não importa quanto leite beba. Estou apenas tentando demonstrar o poder que as metas podem ter na sua vida.

Quando David me contou sua história, ficou claro que ser um fracote de 40 quilos poderia ter sido uma bênção disfarçada. Sua aparente fraqueza (corpo magro) realmente se tornou sua força (obrigou-o a desenvolver disciplina e perseverança). As pessoas que não nasceram com os atributos físicos, sociais ou mentais desejados devem lutar por eles com muito mais determinação. E essa batalha difícil pode resultar em qualidade e força, que elas não poderiam desenvolver de outra maneira. É assim que uma fraqueza pode se tornar força.

Então, se você não é dotado de toda a beleza, músculos, dinheiro ou cérebro que deseja, parabéns! Você só pode ter ficado com a melhor parte. Este poema de Douglas Malloch diz bem:

> *A árvore que nunca teve que lutar*
> *Por sol e céu e luz e ar,*
> *Mas destacou-se na planície aberta*
> *E sempre recebeu sua cota de chuva,*
> *Nunca se tornou uma rainha da floresta*
> *Pois viveu e morreu deveras modesta...*
> *A madeira boa não cresce com facilidade,*
> *Quanto mais forte o vento, mais fortes as árvores.*

Torne sua vida extraordinária   A vida é curta. Esse ponto é enfatizado no clássico do cinema *Tudo pela vitória*. O treinador Gary Gaines diz a seu aguerrido time de futebol do Ensino Médio: "A perfeição não está só naquele placar, nem na vitória. Está em vocês e em seu relacionamento com vocês mesmos, sua família e seus amigos. Ser perfeito é ser capaz de olhar seus amigos nos olhos e saber que você não os decepcionou por dizer a verdade. E a verdade é que você fez tudo que podia. Não havia mais nada que pudesse ter feito. Você pode viver aquele momento da melhor maneira que puder, com mais clareza e amor no coração, com alegria no coração? Se puder fazer isso, meu caro, você é perfeito!"

O teólogo Howard Thurman disse certa vez: "Não se pergunte do que o mundo precisa. Pergunte-se o que faz você despertar para a vida e vá fazer isso, porque o mundo precisa é de pessoas que tenham despertado." Carpe Diem! Aproveite o dia! Torne sua vida extraordinária!

Ao fazer isso, lembre-se: a vida é uma missão, não uma carreira. Carreira é uma profissão. Missão é uma causa. A carreira pede: "O que tem nele para mim?" A missão pede: "Como posso eu fazer a diferença?" A missão de Martin Luther King Jr. era assegurar direitos civis para todas as pessoas, independentemente da raça. A missão de Gandhi era libertar 300 milhões de cidadãos indianos da opressão. A missão de Madre Teresa era vestir os despidos e alimentar os famintos.

Esses são exemplos extremos. Você não tem que mudar o mundo para ter uma missão. Como diz o educador Maren Mouritsen, "a maioria de nós nunca fará coisas grandiosas, mas podemos fazer coisas pequenas de um modo grandioso".

PRÓXIMAS ATRAÇÕES
Você já ouviu falar de força de vontade.
Mas já ouviu falar de força de falta de vontade?

No próximo tópico!

1 Determine quais são as três principais habilidades que você precisará ter para obter sucesso na carreira. Você precisa ser mais organizado, ter mais confiança para falar em público, aprender a escrever melhor?

As três principais habilidades que preciso para minha carreira são:

_____

2  Reveja sua missão diariamente durante 30 dias (esse é o tempo necessário para o desenvolvimento de um hábito). Deixe que ela o guie em todas as suas decisões.

3 Olhe-se no espelho e pergunte: "Eu gostaria de me casar com alguém como eu?" Se a resposta for "não", trabalhe para desenvolver as qualidades que estão lhe faltando.

4 Procure algum profissional em sua escola ou um consultor de empregos e converse a respeito das oportunidades oferecidas pelas diversas carreiras. Faça um teste de aptidão profissional on-line para ajudá-lo a avaliar seus talentos, suas habilidades e seus interesses.

5 Qual é a principal "encruzilhada" que você está enfrentando na vida ultimamente? A longo prazo, qual é o melhor caminho a seguir?

A principal "encruzilhada" que estou enfrentando: _____

_____

O melhor caminho a seguir: _____

_____

6 Compartilhe algumas atividades da grande descoberta em seu blog ou em suas redes sociais. Veja como seus amigos respondem. Compartilhe as respostas deles também.

7 Pense sobre seus objetivos. Você os colocou no papel? Se a resposta for "não", reserve um tempo para fazer isso. Lembre-se: um objetivo não escrito é um mero desejo.

8 Identifique um rótulo negativo que os outros podem ter lhe dado. Pense em algumas coisas que você possa fazer para mudar esse rótulo.

Rótulo negativo: _____

Como posso mudá-lo: _____

HÁBITO 3

Primeiro o mais importante

O poder do sim e o poder do não

Enquanto eu assistia à Fórmula Indy, fiquei pensando que, se eles tivessem largado mais cedo, não teriam de correr tanto.

STEVEN WRIGHT, COMEDIANTE

Eu estava ouvindo uma palestra em fita cassete quando o palestrante começou a comparar os desafios que os adolescentes de hoje em dia enfrentam com os desafios dos adolescentes que viveram há 150 anos. Ouvi com interesse. Concordei com a maioria das coisas que ele disse, até ouvir isto: "O desafio que os adolescentes enfrentavam há 150 anos era o trabalho pesado. O que os adolescentes de hoje enfrentam é a falta de trabalho pesado."

Caramba!, resmunguei comigo mesmo. Falta de trabalho pesado? O que você andou bebendo, meu caro palestrante? Acho que os adolescentes estão muito mais ocupados hoje em dia e trabalhando mais pesado do que nunca. Vejo isso com meus próprios olhos todos os dias. Eles mal têm tempo de respirar entre a escola, as atividades extracurriculares, as equipes, as congregações, os grupos estudantis, os esportes, os trabalhos de meio período, o cuidado com os irmãos mais novos e assim por diante. Falta de trabalho pesado? Rá! Ordenhar vacas e consertar cercas não parece mais difícil do que lidar com a vida multifacetada de um adolescente moderno.

Vamos encarar a verdade: você tem muita coisa para fazer e nunca há tempo suficiente. Depois da escola, você tem ensaio, curso, ou o que quer que seja, depois tem de trabalhar. Além disso, ainda tem de estudar para aquela prova de biologia amanhã. Ah, e não se esqueça de ligar para aquele seu amigo. Também tem de se exercitar. Levar o cachorro para passear. Seu quarto está uma bagunça! O que você vai fazer?

O Hábito 3, Primeiro o mais importante, pode ajudá-lo nisso. Tudo depende de você aprender a priorizar e a administrar seu tempo para que as coisas mais importantes venham em primeiro lugar, não em último. Mas esse hábito é mais do que apenas administrar o tempo. Ele também aborda a superação de seus medos e a necessidade de ser forte nos momentos difíceis.

No Hábito 2 você decidiu quais são suas coisas principais. O Hábito 3, por sua vez, refere-se a colocá-las *primeiro* em sua vida.

Claro que podemos ter uma bela lista de objetivos e de boas intenções, mas priorizá-las e colocá-las em prática é a parte mais difícil. Por isso é que eu chamo o Hábito 3 de *O poder do sim* (a força para dizer "sim" às coisas mais importantes) e *O poder do não* (a força para dizer "não" às coisas menos importantes e resistir à pressão).

Os três primeiros hábitos se sustentam um no outro. O Hábito 1 diz: "Você é o motorista, não o passageiro." O Hábito 2 diz: "Decida para onde quer ir e desenhe um mapa para levá-lo até lá." O Hábito 3 diz: "Chegue lá! Não deixe que os empecilhos o tirem do caminho."

ORGANIZANDO SUA VIDA

Alguma vez você já teve a chance de arrumar uma mala e ver quantas coisas cabem nela quando dobra tudo direitinho e organiza as roupas, em vez de jogá-las lá dentro? É surpreendente. O mesmo acontece em sua vida. Quanto mais você se organiza, mais consegue colocar coisas nela — arranjar mais tempo para a família e para os amigos, para a escola, para si mesmo e para as coisas mais importantes.

Quero lhe mostrar um incrível modelo chamado quadrantes de tempo e que pode ajudá-lo a se organizar melhor (principalmente em relação às coisas mais importantes). Esse modelo é composto por dois ingredientes básicos: "importância" e "urgência".

Importância — suas coisas mais importantes, suas coisas principais, as atividades que contribuem para sua missão e para seus objetivos.

Urgência — pressões, coisas exigidas para ontem, atividades que demandam atenção imediata.

Em geral, passamos nosso tempo em quatro quadrantes diferentes, como está sendo mostrado no quadro. Cada quadrante contém diferentes tipos de atividade, e é representado por um tipo de pessoa.

Os Quadrantes do Tempo

	URGENTE	NÃO URGENTE
IMPORTANTE	**① O ADIADOR** • PROVA AMANHÃ • AMIGO DOENTE • ATRASADO PARA A AULA • TRABALHO PARA ENTREGAR HOJE • CARRO QUEBRADO	**② O PRIORIZADOR** • PLANEJAMENTO, ESTABELECIMENTO DE OBJETIVOS • REDAÇÃO PARA DAQUI UMA SEMANA • EXERCÍCIOS • RELACIONAMENTO • RELAXAMENTO
NÃO IMPORTANTE	**③ O SERVIL** • NÃO SAI DO WHATSAPP • DISTRAÇÕES • PROBLEMAS DE OUTRAS PESSOAS • PRESSÃO DO GRUPO	**④ O IRRESPONSÁVEL** • PERDE TEMPO DEMAIS NO FACEBOOK • VICIADO EM VIDEOGAME • MARATONAS DE COMPRAS • FOFOCAS IDIOTAS • DESPERDÍCIO DE TEMPO

HÁBITO 3

Se você ainda não percebeu, nós vivemos em uma sociedade viciada em urgência. É a geração do AGORA. Por isso é que temos pudins instantâneos, arroz de minuto, dietas-relâmpago, fast-food, traseiros empinados em sete dias, pay--per-view, pagers, telefones celulares e assim por diante. Isso me lembra a menina rica e mimada do filme *A fantástica fábrica de chocolate*, que vivia dizendo: "Agora, papai! Agora! Quero um Umpalumpa agora!"

As coisas urgentes não são necessariamente ruins. O problema vem quando nos tornamos tão centrados nas coisas *urgentes* que deixamos de lado as coisas *importantes* que não são urgentes, como trabalhar em um relatório com antecedência, sair para uma caminhada pelas montanhas ou escrever uma carta importante para um amigo. Todas essas coisas *importantes* são substituídas por coisas *urgentes,* como telefonemas, interrupções, visitas, prazos finais, problemas de outras pessoas e coisas na linha do "faça isso agora mesmo".

Enquanto mergulhamos um pouco mais em cada quadrante, pergunte a si mesmo: "Em qual quadrante estou passando a maior parte da minha vida?"

QUADRANTE 1: *O adiador*

Vamos começar com o quadrante 1, que passarei a chamar de Q1. Nele estão as coisas que são tanto urgentes quanto importantes. Sempre haverá coisas do Q1 que não poderemos controlar e que deverão ser feitas, como cuidar de uma criança doente ou cumprir um prazo importante. Mas também provocamos muitas dores de cabeça no Q1 porque adiamos, como quando deixamos de fazer nossa lição de casa e depois temos de "ralar" a noite inteira para uma prova, ou quando deixamos de cuidar do carro durante tanto tempo que é preciso que ele seja apreendido para ser finalmente consertado. O Q1 faz parte da vida, mas se você passar tempo demais nele, acredite, você se tornará um "estressado" e mal conseguirá desempenhar seu potencial.

Apresento-lhe a Adiadora, que vive no Q1. Talvez você até a conheça. Seu lema é: "Vou parar de viver adiando as coisas — em algum momento próximo." Não espere que ela coloque as coisas no papel ou que estude para uma prova antes da noite anterior. Também não espere que ela se lembre de pôr gasolina no carro; geralmente está ocupada demais dirigindo.

A Adiadora é viciada em urgência. Ela gosta de deixar tudo para depois, depois, depois... até isso se transformar em uma crise. Mas ela gosta de viver dessa maneira porque, sei lá, fazer tudo no último instante a deixa atarefada! De fato, a mente dela não funciona direito enquanto não existe uma emergência. Ela só produz sob pressão.

Planejar com antecedência está simplesmente fora de questão para a Adiadora porque isso arruinaria o prazer de fazer tudo no último instante possível.

A Adiadora me lembra o comediante que disse:

Minha mãe sempre me disse que eu seria um adiador.

E eu respondia: "Espere e verá."

Sei descrever o adiador porque eu era mestre nisso quando estava no colégio. Costumava pensar que era legal não estudar durante todo o semestre para depois "ralar" na noite anterior à prova e tirar uma boa nota. Pura idiotice! Tudo bem, eu conseguia a nota, mas não aprendia nada. Paguei por isso na faculdade e ainda continuo pagando de várias maneiras.

Um adolescente viciado em adiar disse o seguinte:

"O que eu faço é relaxar até o final do período e depois me mato de estudar durante as duas últimas semanas. Tiro notas boas, mas não sinto que as mereço porque os outros estudaram durante o tempo certo e fizeram o que foi possível. Não estão estressados, e era assim que eu gostaria de me sentir."

Os resultados de se passar muito tempo no Q1 são:
- Estresse e ansiedade
- Desgaste emocional
- Desempenho ruim

QUADRANTE 2: *O priorizador*
Vamos deixar o melhor para o final.

QUADRANTE 3: *O servil*
O Q3 representa as coisas que são urgentes, mas que não são importantes. Ele se caracteriza pela tentativa de agradar a outras pessoas e de atender cada desejo delas. Esse quadrante é enganador porque nele as coisas urgentes parecem ser importantes. Na verdade, porém, elas geralmente não o são. Por exemplo, um telefone tocando é urgente, mas geralmente a conversa tem pouca importância, ou pior, trata-se de alguma propaganda de telemarketing! O Q3 está repleto de atividades que são importantes para outras pessoas, mas que não o são para você — coisas para as quais você gostaria de dizer "não", mas não consegue por receio de ofender alguém.

Apresento-lhe o Servil do Q3, o sujeito que tem dificuldade em dizer "não" a qualquer coisa e a qualquer um. Ele se esforça tanto em agradar todo mundo que geralmente termina não agradando ninguém, inclusive a si mesmo. Ele costuma ceder à pressão do grupo porque gosta de ser popular e não quer ser deixado de lado. Seu lema é: "Amanhã serei mais incisivo — se você concordar, claro."

Quando os amigos dele aparecem inesperadamente e querem que ele passe a noite fora com eles, ele simplesmente não consegue reunir coragem suficiente para recusar o convite. Não quer desapontar os colegas. Não importa que ele tenha uma prova "ferradíssima" no dia seguinte e que precise estudar e dormir um pouco.

Apesar de haver prometido à irmã que a ajudaria em matemática, ele não consegue resistir ao impulso de dar aquele telefonema urgente que demora a maior parte da noite, mas que, na verdade, não era tão importante assim.

Ele não quer participar da equipe de natação. Prefere artes. Mas seu pai era nadador e, claro, ele não quer decepcioná-lo.

Acho que todos, incluindo eu mesmo, temos um pouco do Q3 dentro de nós. Mas não conseguimos ir muito longe quando dizemos "sim" a tudo e nunca aprendemos a focar no que realmente importa. O comediante Bill Cosby disse isso muito bem: "Não conheço a chave para o sucesso, mas a chave para o fracasso é tentar agradar todo mundo." O Q3 é um dos piores quadrantes para se estar porque ele não tem espinha dorsal. É inconstante e vai para onde quer que o vento sopre.

Os resultados de se passar muito tempo no Q3 são:
- Reputação de ser um "bajulador"
- Falta de disciplina
- Sentir-se como um capacho para os outros limparem os pés

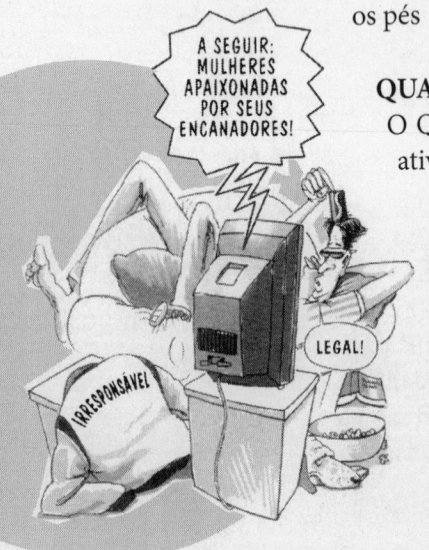

A SEGUIR: MULHERES APAIXONADAS POR SEUS ENCANADORES!

LEGAL!

IRRESPONSÁVEL

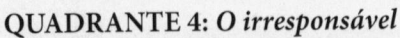

QUADRANTE 4: *O irresponsável*

O Q4 é a categoria do desperdício e do excesso. Essas atividades não são nem urgentes, nem importantes.

Apresento-lhe o Irresponsável, que vive vadiando no Q4. Ele adora qualquer coisa em excesso, como assistir à tevê demais, dormir demais, jogar videogame demais ou passar tempo demais navegando na internet. Dois de seus passatempos preferidos são telefonemas com três horas de duração e maratonas de compras todo fim de semana.

Ele é um adepto profissional da vadiagem. Afinal, é preciso talento para se conseguir dormir até o meio-dia... Ele adora revistas cômicas. De fato, lê dezenas delas por semana. Nunca teve um emprego. Ele é jovem e tem saúde, então para que trabalhar? O estudo, claro, é a última coisa que se passa em sua mente. Em vez de estudar, ele prefere ficar apenas vadiando.

Ir ao cinema, participar de *chats* na internet ou ficar sem fazer nada por algum tempo são hábitos que fazem parte de um estilo de vida saudável. Somente quando eles são praticados em excesso é que se tornam uma perda de tempo. Você saberá quando tiver ultrapassado esse limite. Assistir àquele primeiro programa de tevê pode ser exatamente o que você precisa para relaxar, não há problema nisso. Mas depois assistir ao segundo, ao terceiro e ao quarto (em uma reprise que você já viu seis vezes), até as duas horas da manhã, transforma uma noite relaxante em horas perdidas.

Os resultados de se viver no Q4 são:

- Falta de responsabilidade
- Culpa
- Excentricidade

QUADRANTE 2: *O priorizador*

Agora vamos voltar ao Q2. Ele é feito de coisas que são importantes, mas que não são urgentes, como relaxamento, fazer amizades, exercitar-se, planejar com antecedência e fazer lição de casa... a tempo! É o quadrante da excelência — o lugar onde queremos estar. As atividades do Q2 são importantes, mas serão elas urgentes? Não! E é por isso que temos problemas para colocá-las em prática. Por exemplo, conseguir um bom emprego temporário durante o Natal pode ser importante para você. Mas como o Natal está longe e isso não é urgente, você pode deixar de procurar esse emprego até que seja tarde demais e todas as vagas já tenham sido ocupadas. Se você estivesse vivendo no Q2, planejaria isso com antecedência e encontraria um emprego melhor. Isso não exigiria mais tempo de você, apenas um pouquinho de planejamento.

Apresento-lhe a Priorizadora. Embora ela não seja perfeita, consegue basicamente ser eficiente. Ela dá uma olhada *em tudo* que tem para fazer e então prioriza, certificando-se de que as coisas mais importantes serão feitas primeiro e as coisas menos importantes depois. O fato de ela ter o hábito simples, mas poderoso, de planejar com antecedência faz com que esteja sempre à frente das coisas. Fazendo as lições a tempo e realizando seus trabalhos com antecedência, ela obtém ótimos resultados e evita o estresse e o desgaste emocional de fazer as coisas na última hora. Ela reserva tempo para se exercitar e para se renovar, mesmo que isso signifique ter de abrir mão de outras coisas. As pessoas mais importantes em sua vida, como os amigos e a família, vêm em primeiro lugar. Embora seja uma verdadeira luta, permanecer equilibrada é importante para ela.

Ela troca o óleo do carro regularmente e não espera que este pare para pôr gasolina. Ela adora ir ao cinema, navegar na internet e ler romances de suspense, mas nunca se excede em nenhuma dessas atividades.

Ela aprendeu a dizer "não" com um sorriso. Quando os amigos aparecem inesperadamente e a convidam para ir a uma festa, à noite, ela responde: "Não, obrigada. Terei uma prova difícil amanhã. Mas que tal sexta-feira à noite? Poderemos sair juntos então." Os amigos aceitam a decisão e, no fundo, desejam que tivessem a mesma coragem de dizer "não". Ela aprendeu que resistir à pressão do grupo pode parecer impopular a princípio, mas depois as pessoas começam a respeitar você por isso.

Os resultados de se viver no Q2 são:
- Controle de sua vida
- Equilíbrio
- Alta performance

Assim sendo, em qual dos quadrantes você está passando a maior parte do tempo? 1, 2, 3 ou 4? Uma vez que, na prática, todos passamos algum tempo em cada um dos quadrantes, a chave é tentar se manter o máximo possível no Q2. E a única maneira de conseguir isso é reduzindo a quantidade de tempo que você passa nos outros quadrantes. Aqui vão algumas dicas de como fazê-lo:

Evite o Q1 adiando menos. Você sempre terá muito a fazer no Q1. Pode ter certeza. Mas se você conseguir diminuir os adiamentos pela metade, fazendo coisas importantes com antecedência, ficará no Q1 com bem menos frequência. E menos tempo no Q1 significa menos estresse!

Diga "não" às atividades do Q3. Aprenda a dizer "não" para as coisas menos importantes, que o afastam das mais importantes. Não seja tão interruptivo. Quando você tenta agradar a todos, age como um cachorro correndo atrás do próprio rabo. Lembre-se: quando você diz "não", na verdade está dizendo "sim" para coisas mais importantes.

Reduza o Q4, as atividades descompromissadas. Não pare de praticá-las, apenas reduza sua frequência. Você não tem tempo a perder. Passe esse tempo para o Q2. Você precisa relaxar e "dar um tempo" de vez em quando, mas lembre-se de que o relaxamento está no Q2. O relaxamento excessivo está no Q4.

Além de passar mais tempo no Q2, considere duas outras sugestões que o ajudarão a administrar melhor seu tempo e a considerar primeiro o mais importante: elabore um agendamento para cada semana.

Faça uma agenda

Para começar, eu recomendo o uso de uma agenda de algum tipo que tenha calendário e um espaço para a anotação de encontros, tarefas, listas de afazeres e objetivos. Se você quiser, pode até fazer sua própria agenda em um caderno espiral. Ao ler isso, alguns podem estar pensando: "Ei, não quero ter de carregar mais um caderno comigo!" Se for o seu caso, lembre-se de que existem agendas de todos os tamanhos. Você pode ter uma grande, uma média ou uma de bolso, se preferir.

Outros podem estar pensando: "Não quero ter minha vida amarrada a uma agenda. Gosto da minha liberdade." Se esse for o seu caso, mantenha em mente que uma agenda não deve ter a função de amarrá-lo, mas de libertá-lo! Com uma agenda, você não terá mais de se preocupar em esquecer as coisas ou em ter de se desdobrar para cumprir suas tarefas. Ela o lembrará do prazo de entrega de seus trabalhos e das datas de suas provas. Com ela, você poderá manter todas as informações importantes (como números de telefone, e-mails, datas de aniversário) em um único lugar, em vez de viver guardando-as em dezenas de papeizinhos soltos. Uma agenda não deve ser sua dona, mas uma ferramenta para ajudá-lo a organizar sua vida.

Planeje semanalmente

No início de cada semana, reserve quinze minutos para planejar o restante da semana e observe a diferença que isso pode fazer. Por que semanalmente? Porque geralmente nós pensamos no que acontecerá ao longo da semana, e porque o planejamento diário é um foco muito estreito e o mensal é amplo demais. Assim que tiver uma agenda de sua escolha, siga esses três passos de planejamento semanal.

Passo 1: Identifique suas pedras grandes. No fim ou no início de cada semana, sente-se um pouco e pense no que você pretende alcançar ao longo da semana seguinte. Pergunte a si mesmo: "Quais são as coisas mais importantes que eu preciso fazer esta semana?" Chamo isso de pedras grandes. Elas são uma espécie de miniobjetivos e devem estar relacionadas a sua missão e aos objetivos a longo prazo.

Não seja tão interruptivo. Quando você tenta agradar a todos, age como um cachorro correndo atrás do próprio rabo. Lembre-se: quando você diz "não", na verdade está dizendo "sim" para coisas mais importantes. Não fique surpreso ao descobrir que a maioria delas pertencerá ao Q2.

Você acabará com uma lista de pedras grandes que ficará mais ou menos assim:

<u>Minhas pedras grandes para a semana</u>
- Estudar para prova de biologia
- Terminar de ler o livro
- Ir ao jogo da Carly
- Preencher o formulário de emprego
- Ir à festa da Isabella
- Praticar exercícios 3 vezes

Outra maneira de identificar suas pedras grandes é pensar por meio dos papéis-chave de sua vida, tais como o de estudante, amigo, membro da família, empregado, indivíduo, e aquilo que você desempenha de mais importante em cada papel. Planejar sua vida seguindo seus papéis o ajudará a permanecer mais equilibrado.

PAPEL	MINHAS PEDRAS GRANDES PARA A SEMANA
Estudante	Começar o trabalho de história
Amigo	Aniversário do Júlio Ser mais amigável
Família	Levar Carla ao parque Ligar para vovó
Trabalho	Chegar na hora
Eu	Ir ao cinema Escrever no diário todas as noites
Grupo da escola	Terminar a pesquisa Ensaiar seminários

Enquanto você estiver listando as pedras grandes da semana, não se deixe levar pelo entusiasmo. Embora você sinta que tem quarenta pedras grandes para serem feitas, seja realista e diminua seu foco para não mais do que dez ou quinze.

Passo 2: Reserve tempo para suas pedras grandes. Alguma vez você já viu a experiência das pedras grandes? Pegue um balde e preencha-o até a metade com seixos pequenos. Depois tente pôr várias pedras grandes em cima dos seixos. Você verá que elas não vão caber. Então esvazie o balde e comece novamente. Só que desta vez coloque no balde primeiro as pedras grandes, depois os seixos. Eles se ajustarão perfeitamente nos espaços entre as pedras grandes. Desta vez, caberão todas as pedras! A diferença é a ordem em que as pedras e os seixos são colocados no balde. Se você coloca os seixos primeiro, as pedras grandes não cabem. Mas se você as coloca primeiro, tudo se ajusta. As pedras grandes representam suas coisas mais importantes. Os seixos representam todas as pequenas coisas diárias que tomam seu tempo, tais como tarefas, ocupações no trabalho, telefonemas e interrupções. A moral da história é: se você não der conta das pedras grandes primeiro, elas não serão feitas.

Durante seu planejamento semanal, reserve um tempo para suas pedras grandes anotando-as em sua agenda. Você pode decidir, por exemplo, que o melhor momento para começar seu trabalho de história seja na terça-feira à noite, e que a melhor hora para telefonar para sua avó seja no sábado à tarde. Agora agende esses horários. É como fazer uma reserva. Se algumas pedras grandes, tais como "ser mais amigável três vezes por dia esta semana", não tiverem um tempo específico ligado a elas, escreva-as em algum local de sua agenda onde elas possam ser vistas.

Se você reservar tempo para as pedras grandes primeiro, as outras atividades diárias também se ajustarão à sua agenda. E mesmo que elas não se ajustem, que importância tem isso? Seja como for, é melhor deixar os seixos de lado do que as pedras grandes.

Passo 3: Planeje todo o resto. Assim que houver agendado suas pedras grandes, planeje todos os seus outros pequenos afazeres, suas tarefas diárias e seus encontros. É aí que estão os seixos. Você também pode dar uma olhada no calendário e agendar atividades e eventos futuros, como férias, ir ao cinema ou aniversários.

Adaptação diária

Feito seu planejamento semanal, adapte cada dia conforme for necessário. Provavelmente, será preciso que você reorganize alguns seixos e algumas pedras grandes de vez em quando. Esforce-se para seguir seu planejamento inicial, mas, se você não conseguir dar conta de tudo, não tem problema. Mesmo que consiga realizar apenas um terço de suas pedras grandes, já será um terço a mais do que você conseguiria sem nenhum planejamento.

Mesmo que esse método de planejamento semanal lhe pareça muito rígido ou complicado, não o descarte completamente. Apenas torne-o mais leve. Você pode descobrir, por exemplo, que planejar duas ou três pedras grandes para cada semana já é suficiente.

O ponto principal é o seguinte: o simples ato de planejar cada semana com antecedência o ajudará a identificar suas pedras grandes e, consequentemente, ter uma rotina muito mais eficiente.

Isso funciona mesmo?

Será que esse negócio de gerenciamento de tempo realmente funciona? Pode apostar que sim. Eu mesmo li muitas cartas que nos foram enviadas por adolescentes que tiveram grande sucesso com essas sugestões. Aqui estão os relatos de dois deles que aprenderam sobre os quadrantes de tempo e que começaram a usar uma agenda e a fazer planejamentos semanais:

Jacob:
Lembro-me de olhar para o diagrama dos quadrantes de tempo e dizer: "Puxa, isso é verdade. Ando fazendo muitas coisas de última hora." Como as lições de casa, por exemplo. Se tivesse de entregar um trabalho na segunda-feira, eu o faria no domingo à noite, ou se tinha uma prova na sexta-feira, faltava na escola na quinta-feira para ficar estudando. Eu vivia em crise.

Mas, assim que identifiquei o que era importante para mim, comecei a priorizar e a usar minha agenda. Se eu queria sair para pescar, pensava: "Bem, esta outra coisa é mais importante. Farei isto primeiro e talvez amanhã me sobre todo o dia livre para pescar." Finalmente, comecei a estudar com mais eficiência, melhorei nas provas e tudo foi entrando nos eixos. Minha vida teria sido bem menos estressante se eu houvesse começado a usar meu tempo com mais eficácia antes.

Brooke:

Meu nível de estresse diminuiu porque não vivo mais tentando me lembrar do que tenho de fazer nos próximos dias. Agora basta verificar meu planejamento e tudo bem. Quando estou cansada e de mau humor, olho para o planejamento e percebo que ainda tenho tempo para fazer tudo, principalmente as coisas destinadas apenas a mim.

Uma das poucas coisas que não podem ser recicladas é o tempo perdido. Portanto, aproveite cada momento. Nas palavras da rainha Elizabeth, em seu leito de morte: "Todas as minhas posses por mais um instante de vida."

Outra metade

O Hábito 3 não se limita apenas ao gerenciamento do tempo. Esta é apenas sua metade. A outra metade é aprender a superar o medo e a pressão do grupo. É preciso ter coragem e determinação para se man-

ter fiel a seus princípios, como valores e padrões, quando se está sob pressão. Certa vez, perguntei a um grupo de adolescentes: "Quais são seus princípios?" E as respostas que surgiram, entre outras, foram: "Família", "Amigos", "Liberdade", "Diversão", "Crescimento", "Confiança", "Deus", "Estabilidade", "Pertencimento", "Aparência". Então perguntei: "E o que o impede de colocar isso em prática na sua vida?" Não foi surpresa quando o "medo" e a "pressão do grupo" foram duas das respostas principais. Então vamos conversar um pouco a respeito de como lidar com essas coisas.

A zona de conforto e a zona de coragem

Fazer primeiro o mais importante requer coragem e frequentemente o levará para fora de sua zona de conforto. Dê uma olhada no diagrama das zonas de coragem e de conforto.

A zona de conforto representa as coisas com as quais você está familiarizado, lugares que você conhece, amigos com os quais se dá bem e atividades que o agradam. Na zona de conforto não existe risco. Ela é fácil. Não requer nenhum esforço. Dentro desses limites, sentimo-nos confortáveis e seguros.

Por outro lado, coisas como fazer novas amizades, falar em público ou manter-se fiel a seus valores o deixam de cabelos em pé. Bem-vindo à zona de coragem! A aventura, o risco e o desafio o esperam! Tudo que nos causa desconforto é encontrado aqui.

Não é a montanha que conquistamos, mas nós mesmos.

EDMUND HILLARY
(primeira pessoa a escalar o monte Everest)

Nesse território, espere se deparar com incerteza, pressão, mudança e a possibilidade de falhar. Mas esse é também o lugar que oferece oportunidades e o único no qual você sempre alcançará todo seu potencial. Você nunca o alcançará se insistir em permanecer na zona de conforto. Tenha certeza disso.

O que foi mesmo que você perguntou? "O que há de errado em gostar de ficar na zona de conforto?"

Nada. De fato, muito de nosso tempo deveria ser passado nela. Porém, existe algo completamente errado em alguém nunca se aventurar em terras desconhecidas. Você sabe tão bem quanto eu que as pessoas que raramente tentam novas coisas, ou que não abrem as asas para alçar voo, têm vidas muito chatas! E quem quer isso? "Você perde cem por cento dos lances que nunca tenta", disse o ótimo jogador de hóquei Wayne Gretzky. Por que não demonstrar um pouco de fé em si mesmo, aceitar o risco e pular de paraquedas de sua zona de conforto de vez em quando? Lembre-se: o risco de uma vida sem riscos é o maior dos riscos.

Nunca deixe seus medos tomarem suas decisões

Há muitas emoções ruins neste mundo, mas talvez uma das piores seja o medo. Quando penso em tudo que deixei de fazer na vida porque meus medos me venceram, sinto-me péssimo. No colégio, fiquei a fim de uma garota chamada Sherry, mas nunca a convidei para sair porque meus medos sussurravam: "Ela pode não gostar de você." Também me lembro de haver desistido de participar do time de futebol, depois de um treinamento, porque estava com medo das competições do campeonato. Nunca me esquecerei de quando saí correndo e me escondi, morrendo de medo de falar diante de toda a escola. Ao longo de toda minha vida, houve aulas às quais eu nunca assisti, amigos que nunca fiz e times nos quais nunca joguei — e tudo por causa desses medos horríveis, mas muito reais. Gosto de como Shakespeare disse isso em *Medida por medida*:

Nossas dúvidas são traiçoeiras.
Fazendo-nos perder os bens que poderíamos conquistar
Pelo medo de tentar.

Certa vez, meu pai me disse algo que nunca vou esquecer: "Sean, nunca deixe que seus medos tomem suas decisões. É você quem tem de tomá-las." Não é uma ideia incrível? Pense em todos os atos heroicos realizados por pessoas que agiram enfrentando o medo. Pense em Nelson Mandela, que teve um papel decisivo no fim do opressivo sistema do *Apartheid*, na África do Sul. Mandela ficou preso durante 27 anos (imagine só isso!) por haver discursado contra o *Apartheid,* antes de ser eleito o primeiro presidente negro da África do Sul. E se, por causa dos próprios medos, ele nunca houvesse ousado lutar contra o sistema? Ou então considere a coragem de Susan B. Anthony, que liderou e venceu a longa luta das mulheres pelo direito ao voto nos Estados Unidos. Ou pense em Winston Churchill, primeiro-ministro da Inglaterra durante a Segunda Guerra Mundial, que levou o mundo a se libertar em sua luta contra a Alemanha nazista. E se, por causa de suas dúvidas, ele houvesse se acovardado durante a guerra? Não resta dúvida de que todos os grandes feitos, tenham sido eles realizados por pessoas famosas ou por pessoas comuns, foram levados a cabo em face do medo.

Agir sob o efeito do medo nunca será fácil, mas depois você sempre se sentirá satisfeito por havê-lo enfrentado. No último ano do colegial, eu estava lendo por alto um folheto sobre atividades extracurriculares do colégio, que contariam pontos na

SER OU NÃO SER!

"ENCARANDO O MEDO"

média final, quando me deparei com o título "Aulas de impostação de voz", como as que se fazem em lições de canto. Então pensei: "Por que não dar um passinho para fora da minha zona de conforto e tentar?"

Claro que tive o cuidado de me inscrever para ter lições particulares, porque não queria passar pelo vexame de ter de cantar na frente dos outros estudantes.

O curso transcorreu muito bem até o fim do semestre, quando meu professor de canto jogou a bomba:

— Por falar nisso, Sean, já decidiu que música vai cantar na apresentação?

— O quê?! — perguntei, horrorizado.

— Bem, as regras do colégio para conseguir os pontos na média final dizem que você tem de se apresentar pelo menos uma vez para os outros estudantes.

— Isso não vai dar certo — declarei enfaticamente.

— Oh, não é nada de mais. Você se sairá bem.

Bem, para mim era demais. Só de pensar em cantar na frente dos outros sentia o estômago revirar. "Como vou sair dessa?", pensei. Eu não podia me deixar levar

HÁBITO 3

pelo medo, porque havia falado para vários grupos durante aquele último ano para nunca deixarem que os medos tomassem suas decisões. E lá estava eu na berlinda!

"Coragem, Sean", vivia repetindo mentalmente. "Você precisa pelo menos tentar."

Até que o malfadado dia finalmente chegou. Quando entrei na "sala da forca", onde faria minha estreia, continuei tentando me acalmar:

"Relaxe, Sean. Não é possível que seja tão ruim assim."

Mas era. E a sensação foi ficando cada vez pior. Senti-me profundamente intimidado quando descobri que quase todos ali eram ou músicos, ou profissionais de teatro. Traduzindo, aquelas pessoas realmente sabiam cantar. Apresentavam-se em musicais e em corais desde a infância. Meu medo aumentou ainda mais quando o primeiro estudante cantou uma música da peça *Os miseráveis,* com uma atuação que pareceu melhor do que a produção original da Broadway. O cara era muito bom. E a plateia ainda teve a audácia de criticá-lo!

— Acho que seu tom foi um pouco agudo — disse alguém.

"Ah, meu Deus. O que falarão de mim?", pensei.

— Sean, é a sua vez.

Sim, era a minha vez. Quando me posicionei diante da classe, a três milhões de anos-luz de minha zona de conforto, continuei repetindo para mim mesmo: "Coragem! Não acredito que estou fazendo isso. Coragem! Não acredito que estou fazendo isso."

— Vou cantar "A rua onde você mora", do filme *My Fair Lady* — balbuciei.

Quando a pessoa que estava fazendo o acompanhamento começou a tocar o prelúdio e todos os olhares se voltaram para mim, não consegui deixar de pensar: "Como? Como diabos fui me meter nesta situação?" E pelo sorriso nos rostos de todos, parecia que eles realmente iriam me levar a sério.

— "Já andei por essa rua antes..." — comecei a cantar.

Antes mesmo de eu iniciar a segunda frase, as expressões de animação dos estudantes se transformaram em pura angústia. Fiquei tão nervoso que meu corpo parecia apertado, feito jeans depois de lavado. Tive de literalmente "espremer" cada palavra para fora da garganta.

Quase no fim da música havia uma frase com um tom realmente alto. Eu sempre havia tido dificuldade para alcançá-lo, mesmo nos ensaios. Então pensei nele com horror. Mas quando o momento se aproximou, concluí: "Ah, droga. É agora ou nunca!"

Não lembro se consegui alcançar o tom ou se falhei. Tudo que me lembro é que alguns estudantes ficaram tão embaraçados que, apesar do esforço em contrário, não conseguiram mais continuar olhando para mim.

Terminei e fui logo me sentar. Silêncio. Ninguém sabia o que dizer.

— Muito bem, Sean.

— Obrigado — agradeci e dei de ombros, fingindo acreditar. Mas sabe de uma coisa? Embora essa experiência tenha quase me matado, quando saí dali estava sentindo muito orgulho de mim mesmo. Fui tomado por uma grande sensação de conquista pessoal, e francamente não me importei com o que todos pensaram a respeito do meu tom mais alto. Sobrevivi a ele e me senti orgulhoso disso. Como Edmund Hillary, a primeira pessoa a escalar o monte Everest, disse: "Não é a montanha que conquistamos, mas nós mesmos." Portanto, da próxima vez que você quiser:

- fazer uma nova amizade,
- resistir à pressão do grupo,
- quebrar um antigo hábito,
- desenvolver uma nova habilidade,
- tentar entrar em um time,
- fazer um teste de teatro,
- convidar "aquela pessoa" para sair,
- mudar de emprego,
- participar,
- ser você mesmo,

ou mesmo se quiser cantar em público... Faça! Mesmo que todos os seus medos e as suas dúvidas estejam gritando: "Você já era!", "Vai falhar!", "Não tente!". Nunca deixe seus medos tomarem suas decisões. É você quem tem de tomá-las.

Vencer significa se levantar a cada queda

Todos nós sentimos medo de vez em quando, isso é normal. "Sinta medo, mas faça o que deve ser feito", diz o ditado. Uma maneira que eu aprendi de superar o medo é manter este pensamento sempre no fundo da mente: *Vencer não é nada mais do que se levantar a cada queda*. Deveríamos nos preocupar menos com a queda e mais com as chances que perdemos quando nem sequer tentamos. Afinal, muitas pessoas que admiramos também já falharam várias vezes.

Babe Ruth, famoso jogador americano de beisebol, errou 1.330 rebatidas. Albert Einstein não falou até os 4 anos. O professor de música de Beethoven disse: "Como compositor, ele é um caso perdido." Louis Pasteur foi considerado "medíocre" em química. O engenheiro de foguetes Wernher von Braun repetiu em álgebra, no primeiro colegial. A química Marie Curie quase chegou à falência financeira antes de descobrir o campo da química nuclear e mudar para sempre o rumo da ciência. Michael Jordan foi cortado do time de basquete quando estava no segundo ano do colégio.

Abaixo estão citados os eventos da vida de um homem que falhou muitas vezes, mas que continuou voltando a lutar. Veja se você consegue reconhecer de quem se trata. Esse homem:

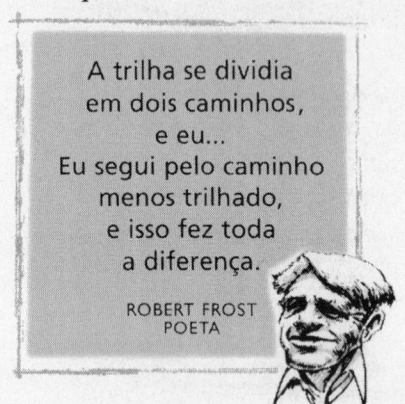

> A trilha se dividia em dois caminhos, e eu...
> Eu segui pelo caminho menos trilhado, e isso fez toda a diferença.
>
> ROBERT FROST
> POETA

- faliu nos negócios aos 22 anos
- não se elegeu para a legislatura do estado aos 23 anos
- faliu novamente nos negócios aos 25 anos
- teve de lidar com a perda da amada aos 26 anos
- sofreu uma crise nervosa aos 27 anos
- não se elegeu para o cargo de orador aos 29 anos
- não se elegeu para o Congresso aos 34 anos
- foi finalmente eleito para o Congresso aos 37 anos
- perdeu a reeleição para o Congresso aos 39 anos
- não se elegeu para o Senado aos 46 anos
- não se elegeu para a vice-presidência dos Estados Unidos aos 47 anos
- não se elegeu para o Senado aos 49 anos

Esse homem foi ninguém mais ninguém menos do que Abraham Lincoln, eleito presidente dos Estados Unidos aos 51 anos. Ele se levantou após cada queda e finalmente alcançou seu destino, ganhando o respeito e a admiração das pessoas e das nações.

Seja forte nos momentos difíceis

O poeta Robert Frost escreveu: "A trilha se dividia em dois caminhos, e eu... Eu segui pelo caminho menos trilhado, e isso fez toda a diferença." Desde algum tempo, passei a acreditar que existem certos momentos difíceis, momentos de divergência, nos quais o fato de conseguirmos nos manter fortes fará "toda a diferença" ao longo do caminho da vida.

Mas quais são exatamente esses momentos? Momentos difíceis são as dúvidas entre fazer o certo e fazer o mais fácil. Eles são as provas-chave, os momentos decisivos da vida — e a maneira como lidamos com eles pode literalmente moldar nosso destino. Eles surgem em duas proporções: menores e maiores.

Os momentos de menor dificuldade ocorrem diariamente e incluem coisas como se levantar quando o relógio desperta, controlar seu temperamento ou se disciplinar para fazer as lições de casa. Se você conseguir se superar e ser forte nesses momentos, seus dias transcorrerão com muito mais amenidade. Se eu me mostro fraco em um momento difícil, por exemplo, e "durmo no ponto" (cabeça "debaixo" do travesseiro), isso geralmente vira uma bola de neve, tornando-se o primeiro de muitos probleminhas ao longo do dia. Mas se eu me levanto na hora marcada (cabeça "em cima" do travesseiro), isso geralmente se torna o primeiro de muitos pequenos êxitos no decorrer do dia.

Ao contrário dos momentos de menor dificuldade, os de maior dificuldade ocorrem com menos frequência na vida e incluem coisas como escolher novas amizades, resistir à pressão negativa do grupo e recompor-se depois de uma queda. Você pode ser cortado de um time ou levar um fora da pessoa amada, seus pais podem se divorciar ou você pode ter uma morte na família. Esses momentos têm consequências graves e geralmente ocorrem quando você menos espera. Se você reconhecer que esses momentos virão (e eles virão mesmo), poderá se preparar para enfrentá-los com antecedência, como um guerreiro, e sair vitorioso.

Seja corajoso nesses contextos-chave! Não sacrifique sua felicidade futura por uma noite de prazer, uma semana de excitação ou um momento de vingança. Se alguma vez você pensar em fazer algo realmente medíocre, lembre-se destes versos de Shakespeare (Uau! Shakespeare duas vezes no mesmo capítulo!):

> *Que vitória tenho eu, se ganhar o que procuro?*
> *Um sonho, um suspiro, um enlevo de alegria efêmera.*
> *Quem compra um minuto de júbilo por uma semana de choro?*
> *Ou vende a eternidade em troca de uma brincadeira?*
> *Quem por uma doce uva destruirá toda a videira?*

Esses versos narram o sacrifício de seu futuro por um breve momento de alegria. Quem iria querer desistir de toda uma vida em troca de uma brincadeira? Ou compraria um minuto de felicidade (júbilo) por uma semana de pranto? Quem destruiria toda uma videira só por causa de uma uva? Somente uma pessoa muito tola faria isso.

Superando a pressão do grupo

Alguns dos momentos mais difíceis surgem quando se enfrenta a pressão do grupo. Dizer "não" quando todos os seus amigos estão dizendo "sim" requer muita coragem. Entretanto, resistir à pressão do grupo, que eu chamo de "poder do não", é um depósito vultoso em sua CBP.

Um conselheiro do colegial contou o seguinte:

Uma aluna do primeiro ano colegial correu para meu escritório antes da aula, com lágrimas escorrendo pelo rosto. "Eles me odeiam! Eles me odeiam!"

Ela acabara de ser descartada de seu grupo de amigos, que a mandaram para o inferno porque ela fora "certinha demais" no dia anterior, negando-se a cabular aula para ir passear. Ela confessou que ficara com vontade de ir, mas que pensou em quanto sua mãe ficaria magoada se ficasse sabendo do ocorrido. A menina sentiu que não deveria fazer isso com a mãe, que se sacrificava tanto por ela. Não poderia decepcioná-la!

Ela bateu o pé e disse: "Não, não posso fazer isso!", e todos a desprezaram. Ela pensou que tudo ficaria bem no dia seguinte, mas não ficou — eles disseram que ela deveria procurar novos amigos, pois era "certinha demais" para andar com eles.

Em meio às lágrimas e à mágoa, ela percebeu que se sentia bem por dentro, mas sozinha, já que seus amigos não a aceitavam. Mas a garota aceitou a si mesma, ganhando respeito próprio e paz interior, a despeito da rejeição que sofrera. Uma lição de vida aprendida e um momento de sustentação de suas próprias convicções.

Às vezes a pressão do grupo pode ser tão forte que o único meio de resistir é sair de uma vez do contexto em que se está. Esse é o caso se você estiver envolvido com uma gangue, um clube ou um grupo íntimo de amigos. Para Heather, mudar de ambiente foi a melhor solução:

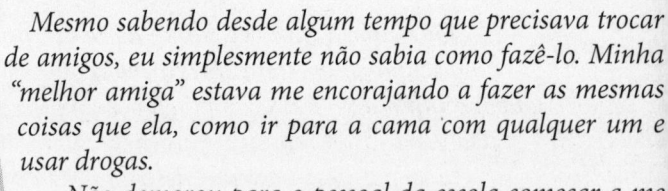

Mesmo sabendo desde algum tempo que precisava trocar de amigos, eu simplesmente não sabia como fazê-lo. Minha "melhor amiga" estava me encorajando a fazer as mesmas coisas que ela, como ir para a cama com qualquer um e usar drogas.

Não demorou para o pessoal da escola começar a me chamar de sem-vergonha.

Eu ainda queria ser amiga dela, bem como de meus outros amigos, porque eu me lembrava de todos os bons momentos que tivemos. Ainda assim, quando saíamos juntos, à noite, nós nos envolvíamos com coisas pouco recomendáveis. Eu sabia que estava tomando atitudes que não deveria tomar.

Concluí que precisava de uma mudança total de ambiente e decidi me afastar de tudo aquilo. Pedi a minha mãe para ir morar com minha tia para poder começar de novo e encontrar um novo grupo de amigos. Ela concordou e desde então estou na casa de minha tia. Agora, com meus novos amigos, digo o que acho que é certo e estou sendo mais eu mesma. Não me importo com o que as pessoas dizem a meu respeito e, se não gostam de mim, problema delas! Esta sou eu, e não pretendo mudar para agradar ninguém. Só vou mudar por mim mesma.

Para superar a pressão do grupo, você precisa se preocupar mais com o que pensa de si mesmo do que com o que seu grupo pensa a seu respeito, como nos lembra este pequeno poema de Portia Nelson:

A qualquer dia da semana
prefiro ficar "fora"
do grupo
e entrar "dentro"
de mim mesmo
a ficar "dentro"
do grupo
e "fora" de mim mesmo

Por que é tão difícil resistir à pressão do grupo? Porque você está morrendo de vontade de pertencer a ele! É por isso que alguns adolescentes se dispõem a fazer barbaridades para ser aceitos em turmas, e até a usar drogas e a cometer violências para entrar em uma gangue. Às vezes, nós só precisamos de um pequeno alerta para nos despertar a sair dessa, como foi o caso de Ryan:

Alguns amigos meus no segundo ano criaram no Facebook uma página de ódio a uma menina da nossa turma. Foi horrível — eles faziam memes das fotos dela e escreviam mensagens tenebrosas. Não havia realmente nenhuma razão para fazer isso, ela era apenas estranha, e as pessoas estavam ficando fora de controle, não tinha graça nenhuma.

Alguns amigos me pressionaram para participar, mas eu simplesmente recusei. Por fim, fiz uma denúncia anônima do grupo por discurso de ódio e ele foi excluído. Sei que foi a coisa certa a se fazer. Também contei ao diretor, sem citar nomes, que algumas pessoas da turma estavam fazendo cyberbullying, e tivemos uma reunião sobre isso. Tive medo de ter que enfrentar todo mundo no dia seguinte na escola, mas ninguém sabia que eu havia denunciado. Um dia, fui falar com a menina na aula de matemática, só para conhecê-la um pouco e mostrar que ela não estava sozinha. Acontece que ela era uma pessoa muito legal. Somos amigos desde então e ela continua sem saber que fui eu que parei com o cyberbullying.

O TIPO BOM DE PRESSÃO

Nem toda pressão de grupo é ruim. Pelo contrário, muitas vezes pode ser algo bom. Se conseguir encontrar um amigo que faça pressão positiva para que você dê o seu melhor, não o deixe escapar, porque você tem algo muito especial — alguém com quem contar.

Se você se encontrar numa situação de querer se manter firme em vez de desabar, há as duas alternativas a seguir.

Primeiro, construa sua CBP (Conta Bancária Pessoal). Se você tem pouca autoconfiança e baixa autoestima, como pode esperar ter força para resistir? O que você pode fazer? Começar a construir sua CBP hoje, pouco a pouco. Fazer uma promessa a si mesmo e cumprir. Ajude alguém necessitado. Desenvolva um talento. Renove-se. Por fim, você terá força suficiente para forjar o seu próprio caminho em vez de seguir os que já estão traçados. (Você pode dar uma relida no capítulo sobre Conta Bancária Pessoal).

Em segundo lugar, escreva sua missão e estabeleça metas. Se você ainda não definiu seus valores, como pode defendê-los? Será muito mais fácil dizer não se você souber para quais metas está dizendo sim. Por exemplo, é mais fácil dizer não para matar aulas quando você diz sim ao seu objetivo de tirar boas notas e se dar bem na faculdade. (Você pode querer revisar o capítulo sobre o Hábito 2, "Comece com o fim em mente".)

● OS INGREDIENTES COMUNS DE SUCESSO

Colocar as primeiras coisas na frente requer disciplina. É preciso disciplina para gerenciar seu tempo, para superar seus medos, para ser forte nos momentos difíceis e resistir à pressão. Um homem chamado Albert E. Gray passou anos estudando a vida de pessoas bem-sucedidas na tentativa de descobrir o ingrediente especial que as fez ter sucesso. O que você acha que ele encontrou? Bem, não foi se vestindo para o sucesso, nem comendo iogurte grego ou tendo pensamento positivo. Em vez disso, ele encontrou o seguinte. Leia atentamente:

Denominador Comum de Albert E. Gray para o sucesso:

Todas as pessoas bem-sucedidas têm o hábito de fazer as coisas que os que fracassam não gostam de fazer. Elas também não gostam necessariamente de fazê-las. Mas seu desgosto não está acima da força de seu propósito.

O que isso significa? Significa que as pessoas bem-sucedidas estão dispostas a engolir sapos de vez em quando e fazer coisas de que não gostam. Por que fazem isso? Porque sabem que os levará a seus objetivos.

Em outras palavras, às vezes você só tem que usar a ferramenta humana especial chamada *força de vontade* para fazer algumas coisas, gostando delas ou não. Você acha que um pianista clássico sempre gosta de ensaiar por horas todos os dias? Alguém comprometido em conquistar uma vaga na faculdade gosta de ter um segundo emprego?

Lembro-me de ter lido uma história sobre um lutador americano da liga colegial que perguntou qual tinha sido o dia mais memorável de sua carreira. Ele respondeu que foi o primeiro dia em que o treino fora cancelado. Ele odiava treinar, mas estava disposto a suportar os treinos por um propósito maior: seu amor em ser o melhor que poderia ser.

● A PALAVRA FINAL

Consultamos milhares de pessoas sobre os 7 hábitos e adivinhe qual é o mais difícil de adotar? Adivinhou! É o Hábito 3. Então, se você o enfrenta, não desanime. Você não está sozinho.

Se não souber por onde começar o Hábito 3, vá até os pequenos passos. É para isso que eles estão lá. Para ajudá-lo a começar.

Os anos de sua adolescência podem ser os mais excitantes e cheios de aventura de sua vida. Assim sendo, valorize cada momento, como sugere este belo poema:

Para saber o valor de um ano,
Pergunte a um estudante que não passou no vestibular.
Para saber o valor de um mês,
Pergunte a uma mãe que teve um filho prematuro.
Para saber o valor de uma semana,
Pergunte ao editor de uma revista semanal.
Para saber o valor de um dia,
Pergunte a uma diarista que tenha seis filhos para alimentar.
Para saber o valor de uma hora,
Pergunte aos amantes que estão esperando para se encontrar.
Para saber o valor de um minuto,
Pergunte a alguém que perdeu o trem.
Para saber o valor de um segundo,
Pergunte a uma pessoa que sobreviveu a um acidente.
Para saber o valor de um milésimo de segundo,
Pergunte a uma pessoa que ganhou uma medalha de prata nas Olimpíadas.

PRÓXIMAS ATRAÇÕES

Logo adiante, falaremos a respeito daquilo de que a vida é feita. Acho que você vai se surpreender ao descobrir. Então, siga em frente! Além disso você já leu metade do livro. Parabéns!

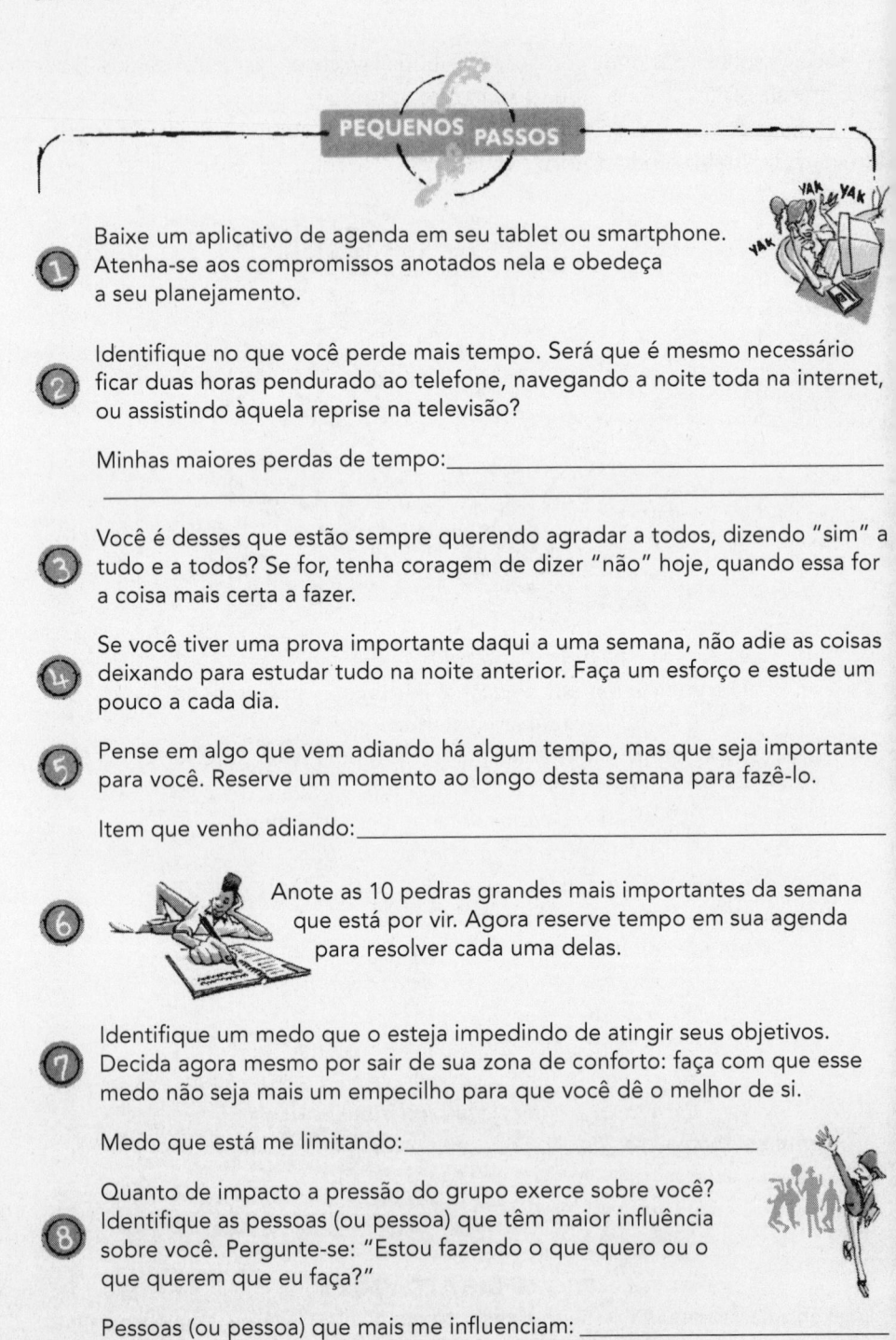

PEQUENOS PASSOS

1. Baixe um aplicativo de agenda em seu tablet ou smartphone. Atenha-se aos compromissos anotados nela e obedeça a seu planejamento.

2. Identifique no que você perde mais tempo. Será que é mesmo necessário ficar duas horas pendurado ao telefone, navegando a noite toda na internet, ou assistindo àquela reprise na televisão?

   Minhas maiores perdas de tempo:_____

   _____

3. Você é desses que estão sempre querendo agradar a todos, dizendo "sim" a tudo e a todos? Se for, tenha coragem de dizer "não" hoje, quando essa for a coisa mais certa a fazer.

4. Se você tiver uma prova importante daqui a uma semana, não adie as coisas deixando para estudar tudo na noite anterior. Faça um esforço e estude um pouco a cada dia.

5. Pense em algo que vem adiando há algum tempo, mas que seja importante para você. Reserve um momento ao longo desta semana para fazê-lo.

   Item que venho adiando:_____

6. Anote as 10 pedras grandes mais importantes da semana que está por vir. Agora reserve tempo em sua agenda para resolver cada uma delas.

7. Identifique um medo que o esteja impedindo de atingir seus objetivos. Decida agora mesmo por sair de sua zona de conforto: faça com que esse medo não seja mais um empecilho para que você dê o melhor de si.

   Medo que está me limitando:_____

8. Quanto de impacto a pressão do grupo exerce sobre você? Identifique as pessoas (ou pessoa) que têm maior influência sobre você. Pergunte-se: "Estou fazendo o que quero ou o que querem que eu faça?"

   Pessoas (ou pessoa) que mais me influenciam: _____

   _____

PARTE III

Vitória em público

A Conta Bancária de Relacionamento
Aquilo de que a vida é feita

Hábito 4 — Pense ganha/ganha
A vida é uma boca-livre!

Hábito 5 — Procure primeiro compreender, depois ser compreendido
Você tem dois ouvidos e uma boca... Lembre-se disso!

Hábito 6 — Crie sinergia
O caminho "elevado"

A Conta Bancária de Relacionamento

AQUILO DE QUE A VIDA É FEITA

Uma das minhas citações preferidas, mas que também me deixa com sentimento de culpa, é: "No leito de morte, ninguém nunca deseja ter passado mais tempo no escritório."

Ao ouvir isso, eu costumava me perguntar: "Então o que as pessoas gostariam de ter feito por mais tempo?" E acho que a resposta poderia ser: "Passado mais tempo com os entes queridos." Sim, o mais importante são os relacionamentos. Aquilo de que a vida é feita!

Diga-me: como é ter um relacionamento com você? Se tivesse de atribuir uma nota de 1 a 5 para seu desempenho nos relacionamentos mais importantes, qual você daria?

COMO ESTÁ O SEU RELACIONAMENTO COM...	Péssimo ◄——————► Excelente				
Seus amigos?	1	2	3	4	5
Seus irmãos?	1	2	3	4	5
Seus pais ou tutores?	1	2	3	4	5
Sua namorada ou seu namorado?	1	2	3	4	5
Seus professores?	1	2	3	4	5

Talvez você esteja até se saindo bem nos relacionamentos. Mas talvez não. Seja qual for seu caso, este capítulo tem por objetivo ajudá-lo a melhorar esses relacionamentos-chave. Mas, antes de seguirmos em frente, vamos rever rapidamente o caminho que percorremos até aqui.

Na parte da vitória interior, aprendemos sobre a Conta Bancária Pessoal e a respeito dos hábitos 1, 2 e 3. Já na parte que aborda a vitória em público, aprenderemos sobre a Conta Bancária de Relacionamento e a respeito dos hábitos 4, 5 e 6. Como dissemos, a chave para melhorar os relacionamentos é primeiro melhorar a si mesmo (pelo menos no que for possível). Você não precisa ser perfeito. Precisa é estar sempre progredindo!

A questão mais urgente da vida é: o que você está fazendo pelos outros?

MARTIN LUTHER KING JR.

Por que o sucesso pessoal é tão importante para se ter sucesso com as outras pessoas? Porque o ingrediente mais importante em um relacionamento é aquilo que você é. Como disse o ensaísta e filósofo Ralph Waldo Emerson: "Quem você é fala tão alto que não consigo ouvir o que você está dizendo." Se está tendo dificuldades nos seus relacionamentos, provavelmente não terá de procurar muito além de si mesmo para encontrar uma saída.

A vitória interior o ajudará a se tornar independente, de modo que você possa dizer: "Sou responsável por mim mesmo e posso criar meu próprio destino!" Essa é uma grande conquista. Já a vitória em público o ajudará a se tornar interdependente, isto é, vai ajudá-lo a aprender como trabalhar de forma cooperativa com outras pessoas, de modo que possa dizer: "Faço parte de uma equipe e exerço influência sobre as outras pessoas." Essa é uma conquista ainda maior. Resumindo em poucas palavras: sua habilidade para lidar com as pessoas vai determinar amplamente quanto você será bem-sucedido profissionalmente e qual será seu nível de felicidade pessoal.

Agora vamos voltar a falar sobre relacionamentos. Aqui vai uma maneira prática de pensar neles, e que eu chamo de Conta Bancária de Relacionamento (CBR). No capítulo anterior, falamos a respeito de sua Conta Bancária Pessoal (CBP), que representa quanto de fé e de confiança você tem em si mesmo. De modo semelhante, a CBR representa quanto de fé e de confiança você tem em cada um dos seus relacionamentos.

A CBR se assemelha muito a uma conta-corrente. Você pode tanto efetuar depósitos e melhorar o relacionamento quanto efetuar retiradas e prejudicá-lo. Um relacionamento forte e estável é sempre resultado de depósitos regulares, efetuados durante um longo período de tempo.

Embora haja semelhanças entre elas, a CBR difere de uma conta bancária em três aspectos. Como Judy Henrichs, uma amiga minha, disse certa vez:

1. Ao contrário de um banco, onde você pode ter apenas uma ou duas contas, você tem uma CBR com todas as pessoas que conhece. Imagine que esteja passando por um garoto novo na vizinhança. Se você sorrir e disser "Oi!", acabou de abrir uma conta com ele. Se decidir ignorá-lo, também terá acabado de abrir uma conta, só que com saldo negativo. Não há como escapar disso!

2. Ao contrário de uma conta-corrente, quando você abre uma CBR com outra pessoa nunca mais pode fechá-la. Por isso é possível você cruzar com um amigo que não vê há anos e retomar a amizade a partir do ponto em que esta foi interrompida. Nem um centavo é perdido! É por isso também que as pessoas guardam ressentimentos durante anos.

3. Em uma conta-corrente, dez reais são dez reais e pronto. Em uma CBR, porém, os depósitos tendem a "evaporar" feito fumaça, e as retiradas tendem a se transformar em "pedras no sapato". Isso significa que você precisa efetuar pequenos depósitos continuamente nos seus relacionamentos mais importantes, para mantê-los sempre com um "saldo positivo".

Sendo assim, como construir um relacionamento prazeroso, ou como reatar um que se desfez? Simples: efetuando um depósito de cada vez! É mais ou menos o que você faria se tivesse de comer um hambúrguer. Daria uma mordida de cada vez, certo? Não há uma solução instantânea. Se meu relacionamento com você estiver com R$ 5.000,00 "no vermelho", por exemplo, terei de efetuar R$ 5.001,00 em valores de depósitos para que a conta volte a ficar positiva.

Certa vez, perguntei a um grupo de adolescentes: "Que tipo de depósito você considera mais valoroso para sua CBR?" Surgiram respostas do tipo:

- "Para mim, o mais importante é o fluxo contínuo de depósitos da minha família. Isso me fortalece."
- "Quando um amigo, professor, ente querido ou empregado se lembra de dizer: 'Você está muito bem!', ou 'Ótimo trabalho!'. São poucas palavras que, às vezes, valem muito."
- "Meus amigos fizeram uma faixa em minha homenagem no meu aniversário."
- "Falar bem de mim para os outros."
- "Quando cometi erros, todos me perdoaram, esqueceram, ajudaram-me e continuaram gostando de mim."
- "Depois de eu ler alguns poemas que escrevi, um amigo meu disse que eu era talentoso e que deveria escrever um livro. Foi difícil compartilhar alguns deles, em um primeiro momento."

- "Minha mãe telefonou da Califórnia, e também minhas duas irmãs, para me desejar feliz aniversário, antes de eu sair para a escola."
- "Meu irmão sempre me leva para jogos de futebol com os amigos dele."
- "Pequenas coisas significam muito para mim."
- "Tenho quatro amigos de verdade, e só o fato de estarmos juntos como amigos, e de eu saber que estamos agindo direito e sendo felizes, já me deixa contente."
- "Sempre que Chris diz "Oi, como vai, Ryan?", já me sinto animado só pela maneira como ele me cumprimenta."
- "Eu tinha um amigo que disse acreditar que eu era muito franco e original. Para mim, significou muito alguém reconhecer isso."

Como você pode ver, há muitos tipos de depósitos, mas aqui estão os seis que sempre funcionam. Claro que para cada depósito há também uma retirada oposta.

DEPÓSITOS NA CBR	RETIRADAS DA CBR
Cumprir promessas	Quebrar promessas
Fazer pequenas gentilezas	Manter-se fechado em si mesmo
Ser leal	Fofocar e trair a confiança
Escutar	Não escutar
Pedir desculpas	Ser arrogante
Estabelecer expectativas claras	Estabelecer falsas expectativas

CUMPRINDO PROMESSAS

— Sean, não quero ter de pedir de novo. Há sacos de lixo no porta-malas do carro, com as coisas da festa de ontem à noite. Coloque-os lá fora, por favor.

— Está bem, papai.

Cumprindo meu papel de adolescente despreocupado, claro que me esqueci de tirar os sacos de lixo do Ford de papai, ao contrário do que prometi. E tudo porque eu tinha um encontro com uma garota incrível naquela tarde de sábado. Eu havia perguntado se poderia usar o Ford e papai não quis emprestá-lo porque o carro não era dele. Um amigo que trabalhava em uma concessionária lhe havia emprestado o veículo, enquanto o dele se encontrava no conserto. Só que... peguei o carro mesmo assim. Meu pai andava muito ocupado e eu tinha certeza de que ele não iria nem notar.

Eu e minha garota tivemos um encontro e tanto. Porém, no caminho de volta para casa, bati com tudo na traseira de um carro que estava andando a cinquenta quilômetros por hora. Ninguém se feriu gravemente, mas os dois carros ficaram praticamente acabados. Nunca esquecerei como foi dar o telefonema mais difícil da minha vida.

— Papai?

— Sim?

— Sofri um acidente.

— O QUÊ?! VOCÊ ESTÁ BEM?

— Bati em outro carro, mas ninguém se feriu.

— COM QUE CARRO?

— Com o seu.

— NÃÃÃÃÃÃO!

A essa altura eu já estava segurando o telefone a um palmo do ouvido. E mesmo assim doeu.

Providenciei o reboque do carro até a concessionária da Ford, para saber se eles ainda poderiam salvar alguma coisa. Como era sábado, disseram que só poderiam verificar o problema na segunda-feira. No dia marcado, meu pai recebeu um telefonema da oficina. O gerente disse que, quando a equipe dele abriu o porta-malas, o cheiro do lixo (o mesmo que eu havia esquecido lá dentro...) estava tão terrível que eles se recusaram a trabalhar no carro. Se você achou que meu pai havia ficado furioso antes, devia tê-lo visto depois disso.

Fiquei num mato sem cachorro por várias semanas. Na verdade, não foi a batida que mais incomodou meu pai, mas o fato de eu não haver cumprido duas promessas: "Não vou pegar seu carro, papai" e "Não se preocupe, papai. Vou tirar o lixo do porta-malas". Aquela foi uma grande retirada, e demorou um bocado de tempo para eu refazer minha CBR com meu pai.

Cumprir pequenos compromissos e promessas é vital para gerar confiança. Você deve fazer aquilo que disser que vai fazer. Se disser a sua mãe que estará em casa às 23h, ou que vai lavar os pratos à noite, cumpra a promessa e efetue um depósito. Prometa as coisas com cautela e faça todo o possível para cumpri-las. Se achar que não pode cumprir um compromisso por algum motivo (às vezes isso acontece), explique o motivo à outra pessoa. "Irmãzinha, sinto muito por não poder assistir a sua peça de teatro esta noite. Não imaginei que eu teria de participar de um debate. Mas irei assistir a ela amanhã." Se você for sincero e tentar cumprir suas promessas, as pessoas entenderão quando houver algum problema.

Se sua CBR com seus pais estiver "no vermelho", tente recuperá-la cumprindo suas promessas porque, quando eles confiam em você, tudo se torna muito mais fácil. Bem, mas não preciso lhe dizer aquilo que você já sabe.

● Faça pequenas gentilezas

Por acaso você já teve um daqueles dias em que tudo parecia estar dando errado, deixando-o totalmente deprimido... e de repente, sem mais nem menos, alguém lhe disse algo gentil que mudou seu astral por completo? Às vezes, as pequenas coisas — um cumprimento, um bilhete gentil, um sorriso, um elogio, um abraço — podem fazer tanta diferença! Se quiser fazer amigos, tente realizar coisas desse tipo, porque, nos relacionamentos, as pequenas coisas são as maiores coisas. Como disse Mark Twain: "Posso viver três meses sustentado por um bom elogio."

Renon, uma amiga minha, certa vez me contou sobre um grande depósito que o irmão efetuou em sua CBR:

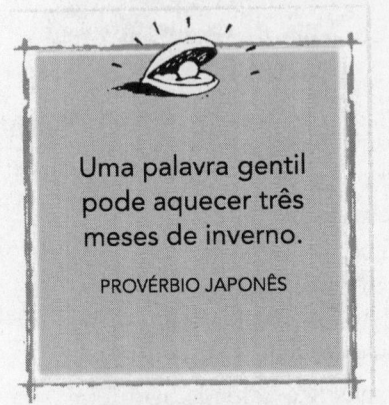

Uma palavra gentil pode aquecer três meses de inverno.

PROVÉRBIO JAPONÊS

Quando eu estava no primeiro ano do colégio, meu irmão, Hans, estava no terceiro colegial. Para mim, ele era o símbolo da popularidade. Ele se dava bem nos esportes e namorava bastante. Nossa casa era sempre frequentada pelos amigos dele, e eu vivia sonhando com o dia em que eles deixariam de me ver apenas como a "irmãzinha de Hans".

Certo dia, meu irmão convidou Rebecca Knight, a garota mais cobiçada da escola, para ir ao baile do terceiro colegial. Ela aceitou. Ele alugou o smoking, comprou flores e, juntamente com o restante da turma, alugou uma limusine e fez reservas em um restaurante chique. Então o desastre aconteceu: no dia do baile, Rebecca teve uma gripe terrível. Hans ficou sem acompanhante, e era tarde demais para convidar outra garota.

Ele poderia ter reagido de várias maneiras, inclusive ficando furioso, lamentando a própria sorte, culpando Rebecca ou até mesmo acreditando que ela não estava realmente doente e que dissera aquilo apenas para não acompanhá-lo ao baile. Em qualquer uma das possibilidades, porém, ele terminaria se considerando um derrotado. No entanto, Hans decidiu ser não apenas proativo, mas também presentear outra pessoa com uma noite inesquecível.

Ele me convidou para ir ao baile do terceiro colegial! Eu! A "irmãzinha" dele!

Pode imaginar minha empolgação? Eu e mamãe começamos a correr pela casa, providenciando meu visual para a festa. Mas quando a limusine chegou, com todos os amigos dele, quase desisti de ir. O que eles iriam pensar? Porém, Hans apenas sorriu, ofereceu-me o braço e me conduziu com orgulho até o carro, como se eu fosse a rainha do baile. Não me pediu que não agisse feito criança e não se desculpou com os amigos.

Também não deu a mínima para o fato de eu estar trajando um vestido simples, com saia curta, que eu havia usado em um recital de piano, enquanto as namoradas dos outros rapazes estavam usando lindos vestidos de baile.

Eu me atrapalhei toda na hora de dançar e, como não poderia deixar de ser, claro que derramei suco no vestido. Tenho certeza de que Hans subornou cada um dos amigos para dançar pelo menos uma vez comigo, porque eu mal consegui ficar sentada durante o baile. Alguns deles até fingiram disputar a chance de dançar comigo! Aquele foi um dia muito feliz para mim. E para Hans também. Enquanto os rapazes dançavam comigo, ele dançou com várias garotas! O fato é que todos foram muito gentis comigo naquela noite, e acredito que parte do motivo tenha sido Hans decidir sentir orgulho de mim. Aquela foi a grande noite da minha vida, e acho que todas as garotas da escola se apaixonaram por meu irmão, um cara legal, gentil e autoconfiante o suficiente para levar a "irmãzinha" a um baile do terceiro colegial.

Se, como diz o provérbio japonês, "Uma palavra gentil pode aquecer três meses de inverno", imagine quantos meses de inverno foram aquecidos com essa simples gentileza!

Não é preciso procurar longe para encontrar oportunidades de demonstrar pequenas gentilezas. Após aprender sobre a CBR, um jovem chamado Lee relatou o seguinte:

Sou o representante da classe do terceiro colegial na minha escola. Decidi tentar pôr em prática o depósito da pequena gentileza sobre o qual eu havia aprendido, colocando, durante o intervalo, um bilhete nas mesas dos outros representantes de classe que eu não conhecia muito bem. Eu disse que apreciava o trabalho deles, e levei cerca de cinco minutos para escrever todos os bilhetes.

No dia seguinte, uma das garotas para as quais eu havia escrito veio até mim, de repente, e me deu um forte abraço. Ela me agradeceu pelo bilhete, antes de me entregar uma carta e um doce. Na carta, contava que havia tido um dia terrível, e que ficara muito estressada e deprimida. Meu bilhete mudara o dia dela por completo, ajudando-a a realizar com satisfação as tarefas que, até então, haviam lhe causado tantos transtornos. O mais estranho é que eu nem a conhecia direito, e tinha certeza de que ela nem gostava de mim porque nunca me dava muita atenção. Que surpresa agradável! Mal pude acreditar que um simples bilhete houvesse significado tanto para ela.

As pequenas gentilezas nem sempre precisam ser feitas apenas por uma pessoa. Você também pode se juntar a outras para efetuar um depósito. Ainda me lembro de quando li a respeito de um depósito que os alunos do Joliet Township Central High School, próximo a Chicago, efetuaram na vida de uma adolescente chamada Lori, quando a elegeram "rainha do colégio".

Ao contrário da maioria dos estudantes, Lori era uma aluna especial e circulava pela escola em uma cadeira de rodas motorizada. Devido a sua paralisia cerebral, era difícil entender o que ela dizia, e seus movimentos eram desajeitados.

Após ser indicada como candidata a "rainha do colégio" pelos estudantes do Business Professionals of America, Lori passou na primeira eliminatória, quando os estudantes reduziram o número de candidatas a dez. Em uma animada votação, realizada pouco depois, foi anunciado que ela havia vencido o concurso. Então todos os dois mil e quinhentos estudantes do colégio começaram a gritar: "Lori! Lori!" No dia seguinte, ela ainda estava recebendo visitas em casa, além de inúmeros buquês de flores.

Quando perguntaram a Lori por quanto tempo ela pretendia usar aquela coroa, ela respondeu: "Para sempre."

Siga a regra de ouro e faça aos outros o que deseja que façam a você. Pense em quanto um depósito significa para outra pessoa, e não no que você gostaria de receber como depósito. Um presente pode ser um depósito para você, mas apenas ser escutado com atenção pode significar um depósito para outra pessoa.

Se você tiver uma palavra de incentivo a dizer, não deixe isso para depois, diga! Como Ken Blanchard escreveu em seu livro *O gerente-minuto*: "Quando não ditos, os bons pensamentos são perdidos!" Não espere as pessoas morrerem para lhes mandar flores.

● Seja leal

Nunca esquecerei de um jogo de basquete ao qual assisti com meu amigo Eric, quando estávamos no terceiro ano do colégio. Comecei a zombar de um dos jogadores que só ficava no banco de reservas. Ele era um cara legal e sempre havia sido gentil comigo, mas muitos colegas começaram a zombar dele e eu me achei no direito de também fazê-lo. Eric riu à beça. Fazia alguns minutos que eu estava zombando do jogador quando olhei para trás por acaso e, para meu total espanto, lá estava o irmão caçula dele, sentado logo atrás de mim. Ele havia escutado tudo! Nunca esquecerei do olhar de "Seu traidor!" que recebi. Virei para a frente no mesmo instante e fiquei calado durante o resto do jogo. Senti-me um completo idiota, mas aprendi uma lição importante a respeito de lealdade naquela noite.

Um dos maiores depósitos que você pode efetuar na CBR é ser leal às pessoas, não apenas quando estiver na presença delas, mas principalmente quando não estiver. Quando você fala pelas costas dos outros, está apenas ferindo a si mesmo, e de duas maneiras.

Primeiro, você efetua retiradas com aqueles que ouvirem seus comentários. Se você me ouve criticar alguém quando esta pessoa não está presente para se defender, o que acha que eu farei quando você não estiver por perto? Isso mesmo. Vou fofocar a seu respeito.

Segundo, quando você fala mal ou fofoca, efetua o que eu chamo de "retirada invisível" de sua "vítima". Alguma vez você já sentiu que alguém estava falando mal de você pelas suas costas? Você pode até não ouvir nada, mas sente quando isso acontece. Parece estranho, mas é verdade. Se você agrada as pessoas quando está na presença delas, mas as critica quando estas lhe viram as costas, não pense que elas não sentirão o que você está fazendo. De alguma forma, isso chega até elas.

A fofoca é um grande problema entre os adolescentes, principalmente entre as garotas. Os rapazes geralmente preferem utilizar outros métodos de ataque (aqueles conhecidos como punhos). As garotas, por sua vez, preferem usar as palavras. Mas por que se fofoca tanto? Por um lado, você fica com a reputação da pessoa na palma da mão e isso lhe dá uma sensação de poder. Por outro, fofocamos quando nos sentimos inseguros, amedrontados ou ameaçados. É por isso que os fofoqueiros geralmente gostam de tomar como vítima pessoas que parecem diferentes, que pensam de maneira diferente, que são autoconfiantes ou que se destacam por algum motivo. Mas não é meio ingênuo pensar que derrubar outra pessoa com críticas vai deixar você por cima?

É provável que a fofoca e os boatos já tenham destruído mais reputações e relacionamentos do que a combinação de quaisquer outros maus hábitos. Esta história, contada por minha amiga Annie, ilustra esse tipo de veneno:

No verão que se seguiu a nossa formatura no colégio, minha melhor amiga, Tara, e eu estávamos saindo com dois rapazes incríveis. Eles eram grandes amigos e nós duas também, por isso costumávamos sair juntos de vez em quando. Em um fim de semana, Tara e meu namorado, Sam, viajaram para fora da cidade com suas famílias. Will, o namorado de Tara, telefonou e me disse: "Ei, que tal irmos ao cinema, já que Tara e Sam estão viajando e não temos mais nada para fazer?"

Realmente saímos apenas como amigos — Will sabia disso e eu também. Só que alguém nos viu no cinema e entendeu tudo errado. Bem, em uma cidade pequena, os fatos têm uma tendência a se ampliar. Quando Tara e Sam retornaram, e antes mesmo que eu tivesse uma chance de conversar com minha melhor amiga ou com meu namorado, a fofoca já havia se espalhado. Não houve como desfazer os comentários e os boatos. Quando liguei para eles, recebi uma "gelada" daquelas. Não houve explicação. Não houve comunicação. Minha melhor amiga e meu namorado preferiram acreditar nos boatos maldosos que estavam sendo espalhados e, em meio à fúria, jogaram mais lenha na fogueira. Aprendi uma lição realmente difícil sobre lealdade naquele verão. Uma lição que nunca esqueci nem superei. Até hoje, aquela que era minha amiga ainda não acredita em mim.

Na verdadeira catástrofe descrita acima, parece-me que um pouquinho de lealdade teria resolvido grande parte do problema. Mas o que torna uma pessoa leal?

Pessoas leais guardam segredos. Quando as pessoas compartilham algo com você e lhe pedem para manter o que foi dito "apenas entre nós", pelo amor de Deus, mantenha o que foi dito "apenas entre vocês"! Não ceda ao impulso de sair correndo e contando os detalhes do segredo para cada viva alma que encontrar, como se não tivesse controle sobre si mesmo. Se gosta que lhe contem segredos, mantenha-os consigo, e muitos outros lhe serão contados.

Pessoas leais evitam fofoca. Alguma vez você já teve receio de se afastar de uma roda de amigos por achar que alguém começaria a fofocar a seu respeito assim que você desse as costas? Pois não deixe os outros pensarem isso a seu respeito. Evite a fofoca como se evita uma doença. Pense nas pessoas de maneira positiva e sempre dê a elas o benefício da dúvida. Isso não significa que você não pode falar sobre outras pessoas. Apenas tente fazê-lo sempre de maneira construtiva. Lembre-se: mentes fortes falam sobre ideias, mentes fracas sobre pessoas.

Pessoas leais defendem os outros. Da próxima vez que um grupo começar a fofocar sobre uma pessoa, recuse-se a participar da fofoca ou defenda a pessoa. Você pode fazer isso sem parecer moralista. Katie, uma estudante no último ano do colégio, contou a seguinte história:

> Certo dia, durante uma aula de inglês, meu amigo Matt começou a falar sobre uma garota que eu conhecia na vizinhança, embora nunca tivéssemos tido uma amizade muito estreita. Um amigo dele a havia levado a um baile e depois começara a dizer coisas do tipo: "Ela é muito 'afetada'!" e "Ela é muito chata!".
>
> Então eu me virei para ele e disse: "Desculpe, mas Kim e eu crescemos juntas e eu a considero uma das pessoas mais legais que já conheci." Fiquei surpresa até comigo mesma por haver dito aquilo. Na verdade, eu também não simpatizava muito com ela. Apesar de Kim nunca ter sabido o que eu disse, minha atitude mudou em relação a ela e acabamos nos tornando grandes amigas.
>
> Matt e eu ainda somos bons amigos. Acho que ele sabe que pode confiar na minha lealdade como amiga.

Cortar uma fofoca pela raiz requer coragem.

Mas depois do embaraço inicial que isso pode lhe causar, as pessoas passarão a admirá-lo por saber que você é sinceramente leal. Se eu fosse você, também faria um esforço extra para ser leal aos membros de sua família. Afinal, seu relacionamento com eles durará toda uma vida.

Como foi tão bem ilustrado nas histórias do Ursinho Pooh, as pessoas precisam se sentir bem e seguras nos relacionamentos:

Leitão se aproximou de mansinho por trás de Pooh.

— Pooh — sussurrou ele.

— Sim, Leitão?

— Nada — respondeu Leitão, segurando a pata de Pooh. — Eu só queria ter certeza de que você está aqui comigo.

ESCUTE

Escutar alguém talvez seja um dos maiores depósitos que você pode efetuar na CBR de outra pessoa. Por quê? Porque a maioria das pessoas não sabe escutar e, além disso, escutar pode amenizar mágoas, como no caso desta adolescente de 15 anos, chamada Tawni:

> No início do ano, eu estava tendo problemas de comunicação com meus pais. Eles não estavam me escutando e eu também não os escutava. Foi uma dessas crises tipo "Eu estou certa e vocês estão errados!". Eu chegava em casa tarde da noite e ia direto para o quarto. Pela manhã, tomava café e ia direto para a escola sem falar nada.
>
> Então fui visitar minha prima, mais velha do que eu, e falei: "Preciso conversar com você." Fomos dar uma volta de carro pela cidade para ficarmos sozinhas. Ela me ouviu espernear, chorar e gritar durante duas horas e meia. Minha prima realmente me ajudou muito apenas por escutar o que eu tinha a dizer. Mostrou otimismo, dizendo que tudo acabaria bem e sugeriu que eu tentasse reconquistar a confiança de meus pais.
>
> Por isso venho tentando analisar as coisas do ponto de vista deles ultimamente. Não estamos mais discutindo e tudo está voltando ao normal.

As pessoas precisam ser escutadas tanto quanto precisam de alimento. E se você dedicar algum tempo para "alimentá-las", fará amizades incríveis. Falaremos muito mais sobre escutar quando chegarmos ao Hábito 5 (Procure primeiro compreender, depois ser compreendido), logo mais adiante.

PEÇA DESCULPAS

Pedir desculpas quando você grita, exalta-se ou comete um erro pode recuperar rapidamente uma conta bancária "no vermelho". Mas é preciso ter coragem para chegar a um amigo e dizer: "Eu estava errado", "Desculpe" ou "Sinto muito". Mais difícil ainda é admitir para seus pais que você cometeu um erro. Afinal, claro que você sabe muito mais do que eles... Lena, de 17 anos, contou o seguinte:

> Sei, por experiência própria, quanto um pedido de desculpas significa para meus pais. Parece que eles estão dispostos a me perdoar por quase tudo, mos-

trando-se prontos para recomeçar se eu admitir meus erros e pedir desculpas. Mas isso não significa que seja algo fácil de fazer.

Lembro-me de uma noite recente, quando minha mãe discutiu comigo por causa de algo que eu havia feito e que ela não aprovara. Em vez de tentar argumentar, agi como se aquilo fosse um monte de baboseiras e bati a porta do quarto bem na cara dela.

Ao perceber o que havia feito, fiquei muito mal. Eu me dei conta de que sabia estar errada durante todo o tempo e que, mesmo assim, havia sido rude. Mas será que eu devia simplesmente permanecer no quarto, ir para a cama e esperar as coisas esfriarem, ou ir pedir desculpas? Esperei cerca de dois minutos e peguei o caminho mais difícil: fui procurar minha mãe. Dei-lhe um grande abraço e pedi desculpas por haver agido daquela maneira. Foi a melhor coisa que eu poderia ter feito. No mesmo instante, foi como se nada houvesse acontecido. Eu me senti leve, feliz e pronta para me dedicar a outra coisa.

Não deixe que o orgulho ou a falta de coragem o impeçam de pedir desculpas às pessoas que você pode ter ofendido. Isso nunca é tão assustador quanto parece e vai fazê-lo sentir-se bem melhor. Além disso, o pedido de desculpas desarma as pessoas. Quando elas se sentem ofendidas, têm a tendência de "desembainhar a espada" para se proteger. Mas quando você pede desculpas, elimina delas o desejo de confrontá-lo, e elas acabam "abaixando a espada".

Partindo-se do princípio de que continuaremos cometendo erros pelo resto de nossa vida, não é uma má ideia começar a desenvolver o hábito de pedir desculpas.

● ESTABELEÇA EXPECTATIVAS CLARAS

— Acho que deveríamos estar saindo com outras pessoas — seu namorado ou sua namorada poderia lhe dizer.

— Mas pensei que estivéssemos juntos — você argumentaria.

— Bem, não exatamente.

— E quanto a tudo que você disse sentir por mim?

— Não foi realmente o que eu quis dizer.

Quantas vezes você já viu pessoas se magoarem por causa de outras? Temos a tendência de querer lisonjear e agradar os outros e, em consequência disso, costumamos gerar expectativas não muito claras ou irreais.

Para agradar seu pai, em um determinado momento, você pode dizer: "Claro, papai, posso ajudá-lo a consertar o carro neste fim de semana." Mas, na verdade, você já está cheio de compromissos para o fim de semana e sem nenhum tempo livre. Por fim, acaba desapontando seu pai. Seria melhor se manter realista desde o início.

Para gerar confiança, precisamos evitar o envio de mensagens vagas ou dar a entender algo que não é verdadeiro ou que não tem probabilidade de acontecer.

Maya diz: "Eu me diverti muito, Jeff. Vamos marcar outro encontro para o próximo fim de semana!" Mas o que ela está realmente querendo dizer é: "Foi um bom passeio. Vamos ser apenas amigos." Porém, como ela criou falsas expectativas, Jeff continuará convidando-a para sair e Maya continuará dispensando-o com palavras do tipo: "Quem sabe no próximo fim de semana?" Tudo ficaria melhor se Maya houvesse sido sincera desde o início.

Quando você começa em um novo emprego, um relacionamento ou uma nova fase, é melhor reservar um tempo para colocar todas as expectativas na mesa, para que todos sigam as regras do mesmo jogo. Muitas retiradas são efetuadas porque um lado supõe uma coisa e o outro supõe outra totalmente diferente.

Seu chefe pode dizer: "Preciso que você trabalhe até mais tarde na terça-feira à noite."

E você pode responder: "Sinto muito, mas tenho de cuidar do meu irmãozinho nas noites de terça-feira para minha mãe."

"Mas deveria ter me dito isso quando o contratei. Agora, o que vou fazer?"

Gere confiança dizendo a verdade e estabelecendo expectativas claras desde o início.

Um desafio pessoal   Eu gostaria de lhe sugerir um desafio pessoal. Escolha um relacionamento importante na sua vida que esteja prejudicado. Pode ser com um de seus pais, um irmão ou um amigo. Agora se comprometa a reconquistar esse relacionamento efetuando um depósito de cada vez. A outra pessoa poderá ficar desconfiada no início e perguntar o que você está tramando. "O que há com você? Está querendo algo de mim?" Mas seja paciente e continue efetuando os depósitos. Lembre-se: você pode demorar meses para reconquistar algo que levou meses para ser prejudicado. Mas, aos poucos, depósito por depósito, a pessoa perceberá que você está sendo sincero e que realmente quer reconquistar a amizade. Não estou dizendo que será fácil, mas prometo que valerá a pena.

★ ★ ★

PRÓXIMAS ATRAÇÕES
Se você gosta de guloseimas apetitosas (e quem não gosta?), vai adorar o próximo capítulo!

Cumpra promessas

Da próxima vez que você sair à noite, diga a sua mãe ou a seu pai a que horas vai voltar e cumpra a promessa. Envie uma mensagem enquanto estiver voltando para casa!

Durante todo o dia de hoje, antes de fazer qualquer promessa, pare e pense se você poderá ou não cumpri-la. Não diga "Vou ligar esta noite" ou "Vamos almoçar juntos hoje", a menos que possa cumprir a promessa.

Faça pequenas gentilezas

Compre um sanduíche para uma pessoa necessitada nesta semana.

Escreva um bilhete de agradecimento para alguém a quem você está querendo agradecer há muito tempo.

A pessoa a quem preciso agradecer: _____

Seja leal

Defina quando e onde é mais difícil você resistir à fofoca. É quando está com um certo amigo ou uma certa amiga? No vestiário da escola? Durante o intervalo das aulas? Elabore um plano para evitar que isso volte a acontecer.

Tente passar um dia inteiro fazendo apenas comentários positivos a respeito dos outros.

Escute

Não fale tanto hoje. Passe o dia escutando mais do que falando.

Pense em um membro da família que você realmente nunca teve tempo de escutar, como uma irmã caçula, um irmão mais velho ou seu avô. Dê esse tempo à pessoa.

Peça desculpas

Antes de ir dormir, essa noite, escreva um bilhete simples, com um pedido de desculpas, para alguém que você tenha ofendido.

Estabeleça expectativas

Pense em uma situação em que você e esta outra pessoa tenham expectativas diferentes. Elabore um plano que os leve a seguir as regras do mesmo jogo.

A expectativa da pessoa: _____

Minha expectativa: _____

HÁBITO 4

Pense
ganha/ganha

**A vida
é uma
boca-livre!**

Para que vivemos, senão para tornar a vida menos difícil uns para os outros?
GEORGE ELIOT, ESCRITOR

Eu frequentei um difícil curso de administração que utilizava a infame política da graduação por "curva forçada". Todas as classes eram formadas por 99 alunos e, em cada uma delas, 10%, ou seja, nove pessoas, recebiam o que era chamado de "categoria III". Na verdade, categoria III era apenas uma maneira amena de dizer: "Você 'bombou'!" Em outras palavras, não importava quão bem ou quão mal o grupo se saísse como um todo, porque nove pessoas sempre "bombariam". E se você "bombasse" em muitas matérias, era expulso da escola. A pressão era terrível!

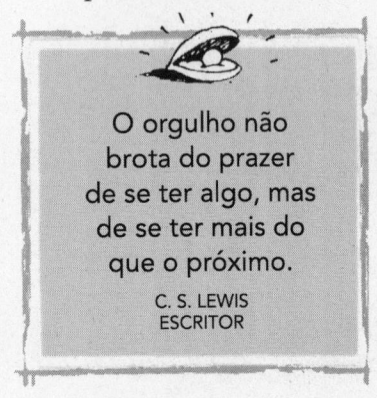

O orgulho não brota do prazer de se ter algo, mas de se ter mais do que o próximo.

C. S. LEWIS
ESCRITOR

O problema era que todo mundo na classe era muito inteligente. (Minha admissão no curso deve ter sido algum engano...) Por isso a competição se tornou muito intensa, o que me influenciou (note que eu não disse "me fez") a agir de maneira engraçada, e também meus colegas de classe.

Em vez de almejar boas notas, como eu fazia no colégio e na faculdade, eu me flagrei almejando não ser uma das nove pessoas que iriam "bombar". Em vez de jogar para ganhar, eu estava jogando para não perder. Isso me lembra uma história que ouvi certa vez, sobre dois amigos que foram perseguidos por um urso. A certa altura, um deles virou para o outro e disse: "Ei, acabei de me dar conta de que não preciso fugir do urso; basta ultrapassar você!"

Certo dia em que eu estava na classe, não resisti ao impulso de olhar em volta e tentar contar nove pessoas mais burras do que eu. Quando alguém fez um comentário idiota, eu me vi pensando: "Ótimo, esse aí já vai 'dançar'. Agora só faltam oito." Às vezes, eu me flagrava não querendo compartilhar minhas melhores ideias com os outros, nos grupos de estudo, por receio de que alguém as roubasse e acabasse tirando boas notas no meu lugar. Mas todos aqueles sentimentos estavam me corroendo por dentro e fazendo com que eu me sentisse muito medíocre. O problema era que eu estava pensando em ganha/perde. E esse tipo de pensamento sempre enche seu coração com sentimentos negativos. Por sorte, existe um método mais eficiente, e ele se chama "Pense ganha/ganha". Esse é o Hábito 4.

Pensar ganha/ganha é uma atitude perante a vida, uma postura mental que diz "Eu posso ganhar", e que realmente faz você ganhar. Não diz respeito a mim ou a você, mas a nós dois. Pense ganha/ganha é a base para nos darmos bem com outras pessoas. Começa com a crença de que somos todos iguais, de que ninguém é inferior ou superior aos outros e, de fato, ninguém precisa ser.

Mas você pode estar dizendo: "Caia na real, Sean! As coisas não são bem assim. O mundo lá fora é uma selva competitiva. Ninguém consegue ganhar sempre."

Pois eu discordo. A vida não é assim. Não é uma eterna competição, ou o desejo de estar sempre à frente dos outros, ou de acertar 95% das questões. Pode até ser assim nos negócios, nos esportes e na escola, mas essas são apenas instituições que nós criamos. Claro que não é assim nos relacionamentos. E estes, como nós aprendemos no capítulo anterior, constituem aquilo de que a vida é feita. Pense na tolice que seria dizer: "Quem está ganhando no relacionamento, você ou seu amigo?"

Sendo assim, vamos explorar mais essa ideia batizada de Pense ganha/ganha. Por experiência própria, a melhor maneira de começar é vendo o que não é ganha/ganha. Ganha/ganha não é ganha/perde, perde/ganha nem perde/perde. Essas são as atitudes mais comuns, mas também as mais derrotistas perante a vida. Suba a bordo, aperte o cinto e vamos dar uma olhada em cada uma delas!

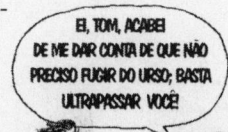

Ganha/perde — o totem

— Mamãe, vai haver um grande jogo esta noite e eu preciso do carro emprestado.

— Sinto muito, John, mas vou precisar fazer compras hoje à noite. Terá de pegar carona com seus amigos.

— Mas, mamãe, meus amigos vivem tendo de me dar carona! Isso é embaraçoso!

— Ouça, faz uma semana que você está reclamando que não há comida em casa, e só poderei fazer compras esta noite. Sinto muito.

— Não, você não sente. Se sentisse, me emprestaria o carro. Isso é muito injusto! Você não se importa comigo.

— Está bem, está bem. Pode pegar o carro. Mas não venha reclamar quando não houver o que comer amanhã.

John ganhou e a mãe dele perdeu. Isso se chama ganha/perde. Mas será que John realmente ganhou? Talvez ele tenha ganhado dessa vez, mas como a mãe dele se sentiu? E o que ela vai fazer da próxima vez que tiver uma chance de repreendê-lo? É por isso que, a longo prazo, nunca vale a pena pensar ganha/perde.

Ganha/perde é uma atitude em relação à vida que diz que a torta do sucesso é grande e que, se o outro pegar um pedaço grande, sobrará menos para mim. Por isso, faço questão de pegar meu pedaço primeiro ou pego um maior do que o seu. Ganha/perde é competitivo. Chamo isso de "síndrome do totem". "Não importa quão bom eu seja, desde que eu esteja acima de você no totem." Os relacionamentos, as amizades e a lealdade ficam todos em segundo plano diante da ideia de ganhar o jogo, de ser o melhor e de fazer as coisas do seu jeito.

Ganha/perde é uma atitude repleta de orgulho. Nas palavras de C. S. Lewis: "O orgulho não brota do prazer de se ter algo, mas de se ter mais do que o próximo. (...) É a comparação que o deixa orgulhoso, o prazer de estar acima dos outros."

Não se sinta mal por pensar em ganha/perde de vez em quando. Afinal, fomos treinados para fazê-lo desde a mais tenra idade, principalmente pessoas como eu, nascidas nos Estados Unidos. Os países asiáticos, por exemplo, tendem a ter atitudes muito mais cooperativas.

Para ilustrar meu ponto de vista, vamos ver a história da formação de um garoto comum, chamado Trey. A primeira experiência de Trey com a competição começa no terceiro ano da escola, quando ele participa de uma gincana de atletismo e logo descobre que as medalhas só são entregues aos que ficam em primeiro, segundo e terceiro lugares. Trey não ganha nenhuma das provas, mas se satisfaz por haver recebido uma medalha de participação. Pelo menos até seu melhor amigo lhe dizer: "Essas medalhas não têm importância porque todos aqui ganharam uma."

Quando Trey vai para o ginásio, seus pais não podem pagar o preço do jeans e dos tênis da moda, por isso ele tem de usar um estilo de roupa mais simples. Porém, ele não consegue deixar de notar o que seus amigos mais ricos usam e se sente meio deslocado entre eles.

No colégio, Trey aprende a tocar violino e entra para a banda de música da escola. Mas, para seu espanto, descobre que em uma orquestra só há lugar para um primeiro-violinista. Trey fica desapontado por ter de ocupar o segundo lugar, mas se sente muito bem pelo fato de não ser o terceiro.

Em casa, Trey sempre foi o filho preferido da mãe durante anos. Mas agora seu irmão caçula, vencedor de várias medalhas na gincana de atletismo da escola, está se tomando o preferido de sua mãe. Trey começa a estudar com empenho porque acha que, se tirar notas melhores do que seu irmão, voltará a ser o filho preferido.

Ao terminar o colégio, Trey finalmente está pronto para entrar na faculdade. Presta o vestibular e consegue entrar no curso de química, mesmo sem conseguir uma pontuação lá muito brilhante. Sua classe tem trinta alunos e, logo no primeiro dia de aula, Trey descobre que apenas os dez alunos com médias finais mais altas ganharão, no final do curso, um estágio com possível efetivação em uma empresa conceituada.

Trey começa a se matar de estudar, tentando conseguir boas médias. Depois de obter algumas notas baixas, ainda consegue passar raspando, como décimo colocado da classe.

E a história continua...

Depois de havermos sido criados nesse tipo de mundo, por que deveríamos nos admirar por Trey e a maioria de nós ver a vida como uma eterna competição e encarar a vitória como o maior dos objetivos? Devemos nos admirar ao nos flagrarmos olhando a nossa volta para ver como subiremos no totem? Mas, felizmente, você e eu não somos vítimas desse tipo de situação. Temos força de vontade para ser proativos e para superar todo esse condicionamento de ganha/perde.

A atitude ganha/perde usa muitas máscaras. Aqui estão algumas delas:

- Usar outras pessoas, emocional ou fisicamente, para seus próprios propósitos egoístas.
- Tentar vencer à custa dos outros.
- Espalhar boatos sobre outra pessoa (como se colocar alguém para baixo fosse fazer você subir).
- Sempre insistir em fazer as coisas do seu jeito, sem se importar com os sentimentos dos outros.
- Ficar com inveja quando algo bom acontece a alguém próximo de você.

Ganha/perde é quase sempre um tiro que sai pela culatra. Você pode até terminar no topo do totem, mas ficará lá sozinho, sem amigos. Como disse a atriz Lily Tomlin: "O problema em uma corrida de ratos é que, mesmo vencendo, você continua sendo um rato."

PERDE/GANHA — O CAPACHO

Um adolescente escreveu:

"Sou um pacificador por natureza. Prefiro levar a culpa por alguma coisa a entrar em uma discussão. Mas, de vez em quando, eu me pego achando que sou bobo..."

Você se identificou com a descrição acima? Se a resposta for "sim", você caiu na armadilha do perde/ganha. É uma atitude que parece nobre na superfície, mas que acaba sendo tão perigosa quanto ganha/perde. É a "síndrome do capacho". O perde/ganha diz: "Faça o que quiser comigo. Limpe seus pés em mim. Todo mundo faz isso mesmo..."

Perde/ganha é fraquejar. É fácil se deixar pisar. É fácil ganhar o rótulo de "bonzinho" ou "boazinha". É fácil desistir em prol de receber o título de pacificador. É fácil deixar que seus pais façam as coisas do jeito deles, em vez de tentar compartilhar seus sentimentos com eles.

Com uma atitude perde/ganha, você acabará gerando baixas expectativas e comprometendo seus padrões cada vez mais. Ceder à pressão do grupo é perde/ganha. Talvez você nem queira largar a escola, mas a turma quer que você faça isso. Então você desiste. O que aconteceu nesse caso? Bem, você perdeu e eles ganharam. Isso se chama perde/ganha.

Se você adotar o perde/ganha como sua atitude básica perante a vida, as pessoas limparão os pés sujos em você. E isso é uma grande roubada. Você também estará escondendo seus verdadeiros sentimentos, e isso não é saudável. Há momentos em que perdemos, claro. Perde/ganha não faz diferença se o assunto não for importante para você, como disputar com sua irmã de que lado vocês colocarão as roupas no guarda-roupa, ou quando sua mãe não gosta do jeito como você segura o garfo, por exemplo. Deixe que os outros vençam nos assuntos sem importância, e estará efetuando um depósito nas suas CBRs. Mas certifique-se de não deixar passar as coisas importantes. Se você estiver preso a um relacionamento abusivo, estará mergulhado no perde/ganha. O desrespeito é um ciclo infindável de mágoas e de reconciliações. Nunca melhora. Não há perspectiva de vencer, e você precisa se desfazer dele. Não pense que o desrespeito acontece por sua culpa ou que você merece ser desrespeitado ou desrespeitada. Essa é a maneira como um capacho pensaria. Ninguém merece ser desrespeitado. Nunca. (Por favor, verifique os telefones de denúncia no final do livro.)

PERDE/PERDE — A ESPIRAL DESCENDENTE

O perde/perde diz: "Se eu cair, então você vai cair, idiota." Afinal, a desgraça adora companhia. A guerra é um grande exemplo de perde/perde. Pense um pouco: quem mata mais pessoas vence a guerra. Mas não parece que alguém acaba vencendo. A vingança também é um perde/perde. Ao se vingar, você pensa que está ganhando, mas na verdade só está se machucando.

O perde/perde é geralmente o que acontece quando duas pessoas ganha-perde se juntam. Se você quer ganhar a qualquer preço e a outra pessoa também, ambos vão acabar perdendo.

O perde/perde também pode ocorrer quando alguém fica obcecado por outra pessoa de forma negativa. Isso costuma acontecer com mais frequência entre aqueles mais próximos de nós, como no caso de Olivia, uma caloura do ensino médio.

Eu e Maggie éramos melhores amigas desde a 7ª série. No segundo em que nos conhecemos, foi um: "UAU! Esta é minha nova melhor amiga." Imediatamente, ela se mostrou engraçada, legal e cheia de opinião. Lá no fundo também me sentia inteligente e engraçada — mas por fora era bem tímida e um pouco insegura. Maggie enxergava minha força escondida pela timidez, e por isso eu me sentia tão bem ao seu lado.

A questão é que, com o passar do tempo, quando começamos o primeiro ano, minha contínua insegurança e timidez começaram a pesar, enquanto Maggie permanecia extrovertida e querida. Comecei a me ver como uma ajudante dela e a me ressentir de minha amiga. Sentia ciúmes pela atenção que davam por ela ser a mais inteligente da turma e pelo interesse que despertava nos meninos, e até as meninas a achavam muito legal. Tentava agir como ela, e queria que todos me tratassem como a tratavam. Não soube ser eu mesma.

Ficava irritada sempre que ela me contava algo bom acontecendo na sua vida. Finalmente, um dia eu explodi por causa de alguma coisa pequena, mas que se transformou numa grande briga, e ela me disse: "Por que você é minha amiga se me odeia?" Eu disse que não a odiava, só estava com ciúmes. Senti como se meu encanto, minha inteligência e minhas opiniões fossem inúteis comparadas às dela. E me senti péssima com essa comparação. Quando me ouvi dizendo tudo isso, percebi a bobeira daquela história e que também fui injusta com Maggie. Ela não tinha culpa; estava apenas sendo ela mesma. Foi uma fase difícil da nossa amizade, mas ela conseguiu perdoar meu ciúme e sinto que já superei totalmente a competição. Percebi que não precisava diminuí-la para me sentir melhor, estou feliz por ser próxima de alguém tão legal. Não preciso concordar com tudo o que ela fez para ser querida, pois posso conseguir isso sendo eu mesma.

Felizmente, a amizade de Olivia e Maggie mudou de um perde/perde para um ganha/ganha, mas não é só uma amizade que pode ser colocada em risco. Se não houver cautela, relações amorosas também podem azedar para perde/perde. Você já viu acontecer. Duas boas pessoas começam a namorar e as coisas vão bem no começo. É uma relação ganha/ganha, mas aos poucos vão se tornando emocionalmente grudadas e dependentes. Começam a ser possessivas e ciumentas. Precisam ficar juntas o tempo todo e se tocar, se sentir seguras, como se fossem donas da outra pessoa. Essa dependência pode trazer à tona o pior lado delas. Começam a brigar e "culpar" uma ou outra, resultando numa espiral perde/perde. Não é divertido para ninguém.

GANHA/GANHA — O BUFFET LIBERADO

A relação ganha/ganha é a ideia de que todos podem ganhar. É bom e difícil ao mesmo tempo. Não vou pisar em você, mas também não serei seu capacho. Você se importa com outras pessoas e quer se dar bem, mas também se importa consigo mesmo e que ser bem-sucedido. O ganha/ganha é abrangente; é a ideia de que há muitas chances de sucesso para todos. Não é só para mim ou só para você, é para nós dois. Não é uma questão de quem fica com o maior pedaço de torta. Há mais comida que o suficiente para todo mundo. É um buffet liberado.

Minha amiga Dawn me contou como descobriu o poder do ganha/ganha no 1º ano:

No ensino médio, eu era do time feminino de basquete. Eu era muito boa para a minha idade e tinha altura para ser titular, embora fosse apenas do 1º ano. Minha amiga Pam, da mesma série, também ia virar titular do time.

Eu fazia uma jogada secreta em que acertava quase sempre a cesta da linha de três pontos. Sério, funcionava de verdade. Comecei a fazer quatro ou cinco dessas jogadas por partida e passei a ser reconhecida por isso. Pam, obviamente, não gostou daquela atenção toda que eu estava recebendo e decidiu, conscientemente ou não, parar de me passar a bola. Não importava se eu estivesse to-  *talmente livre, Pam não passava a bola para mim.*

Um dia, depois de um jogo terrível em que Pam manteve a bola longe de mim qua-se o tempo todo, perdi completamente a paciência. Passei horas conversando com meu pai, analisando tudo e demonstrando a raiva que estava sentindo da minha amiga, na-quele momento inimiga, Pam. Após uma longa conversa, meu pai me disse que a me-lhor coisa em que podia pensar era que eu passasse a bola para ela toda as vezes que pudesse. Todas as vezes. Eu achei literalmente a coisa mais idiota que ele já tinha me dito. Ele só me disse que daria certo e me deixou na mesa da cozinha pensando sobre isso. Mas eu não pensei. Sabia que não ia adiantar e descartei a ideia, como um conse-lho bobo.

O jogo seguinte chegou rápido, e eu estava determinada a derrotar Pam com sua própria tática. Planejei, arquitetei e elaborei um plano mirabolante para arruinar o jogo dela. Mas assim que peguei a bola, ouvi a voz de papai acima da gritaria da multidão. Ele tinha uma voz potente e, embora eu conseguisse ignorar todos os ruídos a minha volta enquanto jogava basquete, não pude deixar de ouvir aquela voz poderosa. Quando peguei a bola, ele gritou: "Passe para ela!" Eu hesitei um instante, então fiz o que achava certo. Embora estivesse em uma posição boa para um arremesso, procurei Pam e passei a bola. Ela pareceu chocada por um momento, então virou-se e fez o arre-messo, marcando dois pontos. Enquanto eu corria para me posicionar na defesa, expe-rimentei um sentimento que nunca havia experimentado antes: alegria de verdade pelo sucesso de outro ser humano. E, como se não bastasse, notei que aquilo nos deixara à frente no placar. A sensação de estar vencendo foi muito boa. Continuei a passar a bola para ela durante todo o primeiro tempo. Durante o segundo tempo, fiz a mesma coisa, arremessando apenas quando se tratava de uma jogada ensaiada ou quando eu tinha um grande espaço para o arremesso.

Nós vencemos aquele jogo e, nos outros que se seguiram, Pam começou a me passar a bola tanto quanto eu passava para ela. Nosso trabalho em equipe foi ficando cada vez melhor, assim como nossa amizade. Ganhamos a maioria dos jogos naquele ano e nos tornamos uma dupla lendária na cidade. O jornal local publicou até uma matéria sobre nossa habilidade nos passes e sobre a sensibilidade com que sentíamos a presença uma da outra na quadra, durante os jogos. Mas, acima de tudo, marquei mais pontos do que jamais marcara antes.

Como você pode ver, ganha/ganha sempre origina mais possibilidades. Infinitas opções. E, como Dawn descobriu, desejar o sucesso de outra pessoa nos enche de bons sentimentos. Ao passar a bola, Dawn não marcou menos pontos — pelo contrário, passou a marcar até mais. Na verdade, as duas marcaram mais pontos e venceram mais jogos do que teriam conseguido mantendo a posse da bola de uma maneira egoísta.

Provavelmente, você pensa mais ganha/ganha do que imagina. Aqui vão alguns exemplos da atitude ganha/ganha:

- Recentemente, você conseguiu ser promovido no trabalho. Você compartilha os elogios e o reconhecimento com todos aqueles que o ajudaram a chegar lá.
- Você acabou de ser eleito para um cargo importante na escola e se convence a não desenvolver nenhum "complexo de superioridade". Continua tratando todos da mesma maneira, inclusive aqueles que não se mostram muito amigáveis e que são impopulares na escola.
- Seu melhor amigo ou sua melhor amiga acabou de entrar na faculdade onde você gostaria de ter entrado e não conseguiu. Embora se sinta péssimo com sua própria situação, você se sente realmente feliz por aquela pessoa.
- Você quer jantar fora. Seu amigo ou sua amiga quer assistir a um filme em casa. Você aceita alugar um filme e escolhe alguma coisa para comer em casa mesmo.

Como pensar ganhar/ganha Então como fazê-lo? Como você pode conseguir se sentir feliz por seu amigo ou por sua amiga, sendo que ele ou ela acabou de entrar na faculdade onde você não conseguiu entrar? Como evitar o sentimento de inferioridade em relação à sua vizinha, que anda sempre com aquelas roupas maravilhosas? Como encontrar soluções para os problemas, de modo que os dois lados saiam ganhando?

Darei duas dicas: Primeiro de tudo, conquiste a vitória interior e evite os "tumores gêmeos".

● PRIMEIRO CONQUISTE A VITÓRIA INTERIOR

Tudo começa com você. Se você é extremamente inseguro e não pagou o preço para conquistar a vitória interior, será difícil pensar ganha/ganha. Você se sentirá ameaçado pelas outras pessoas. Será difícil sentir-se feliz com o sucesso delas e compartilhar elogios ou reconhecimento. Pessoas inseguras sentem inveja muito facilmente. Esta conversa entre Doug e a namorada é típica de uma pessoa insegura:

— *Amy, quem era aquele cara com quem você estava conversando?* — *pergunta Doug.*
— *Nós crescemos juntos e somos amigos* — *responde Amy.*
— *Não quero vê-la conversando com aquele cara* — *declara Doug.*
— *Doug, ele é apenas um amigo que eu conheço há muito tempo. Estudamos juntos no primário.*
— *Não me importa há quanto tempo você o conhece. Você foi amigável demais para o meu gosto.*
— *Não fiz nada de mais, Doug. Ele está tendo alguns problemas e está precisando de um ombro amigo, só isso.*
— *Afinal, estamos namorando ou não?*
— *Está bem, Doug. Se é isso que você quer, não falarei mais com ele.*

Você percebe quanto seria difícil para Doug ser generoso nessa situação, sendo tão inseguro e emocionalmente dependente da namorada? Doug precisa começar por ele mesmo. Quando ele fizer depósitos em sua CBP (Conta Bancária Pessoal), assumir a responsabilidade pela própria vida e colocar isso em prática, sua segurança e sua autoconfiança irão aumentar e ele começará a desfrutar a companhia de outras pessoas, em vez de sentir-se ameaçado por elas. A segurança pessoal é a base principal para se pensar ganha/ganha.

● EVITE OS "TUMORES GÊMEOS"

Há dois hábitos que, como tumores, podem corroer você aos poucos, de dentro para fora. Eles são gêmeos e seus nomes são "competição" e "comparação". É praticamente impossível pensar ganha/ganha com eles por perto.

Competição

A competição pode ser extremamente saudável. Ela o leva a se aprimorar, a conseguir resultados satisfatórios e a buscar outros mais. Sem ela, nunca saberíamos quão longe somos capazes de chegar. No mundo dos negócios, ela faz a economia prosperar. A glória dos Jogos Olímpicos se baseia em excelência e em competição.

Mas há um outro lado da competição que não é tão positivo. No filme *Star Wars*, Luke Skywalker aprende sobre um escudo de energia positiva chamado "a força", e que dá vida a todas as coisas. A certa altura do filme, Luke enfrenta Darth Vader e aprende sobre "o lado sombrio" da força. Como o próprio Darth Vader afirma: "Você não conhece o poder do lado sombrio." O mesmo acontece com a competição. Nela, existe um lado iluminado e um lado sombrio, e ambos são poderosos.

A diferença entre eles é a seguinte: a competição é saudável quando você compete contra si mesmo, ou quando ela o desafia a buscar algo além e a se tornar uma pessoa melhor. Mas ela se torna negativa quando você prende seus valores pessoais à ideia de vencer ou quando a utiliza como um meio de se colocar acima dos outros.

VAMOS
ENCONTRAR UMA
SOLUÇÃO
GANHA/GANHA,
PAPAI.

Enquanto eu lia um livro chamado *The Inner Game of Tennis* (O jogo interno do tênis), de Tim Galwey, encontrei estas palavras, que ilustram perfeitamente o que estou querendo dizer:

Quando a competição é usada como um meio de se criar uma autoimagem relativa aos outros, faz aflorar o pior de uma pessoa; então os medos e as frustrações comuns adquirem dimensões exageradas. É como se algumas pessoas acreditassem que apenas sendo as melhores, que apenas sendo vencedoras, conseguirão obter o amor e o respeito que elas buscam. Crianças que foram ensinadas a se valorizar dessa maneira geralmente se tornam adultos com uma compulsão pelo sucesso que anuvia todo o resto.

Um famoso treinador de atletismo da faculdade disse certa vez que as duas piores características que um atleta pode ter são o medo de falhar e o desejo excessivo de ganhar ou uma atitude de "ganhar a qualquer custo".

Nunca me esquecerei de uma discussão que tive com meu irmão caçula, depois que o time dele derrotou o meu em um jogo de vôlei de praia.

— Não acredito que vocês tenham nos derrotado — eu disse.

— O que há de tão inacreditável nisso? — perguntou ele. — Você se considera melhor atleta do que eu, não é?

— Eu sei que sou. A evidência disso é que fui muito mais longe do que você nos esportes.

— Mas está usando sua própria definição limitada do que é um atleta. Francamente, acho que sou melhor atleta do que você porque consigo pular mais alto e correr mais rápido.

— Que besteira! Claro que você não é mais rápido do que eu. Além do mais, o que pular e correr têm a ver com isso? Posso me dar melhor do que você em qualquer esporte.

— É mesmo?

— Claro que sim!

Depois que nos acalmamos, nós nos sentimos verdadeiros idiotas. Fomos seduzidos pelo "lado sombrio". E este nunca o deixa com uma boa sensação posteriormente.

Vamos usar a competição como um marco para nos prevenir. Vamos parar de competir com relação a namorados, namoradas, status, amigos, popularidade, posições, atenção e coisas do gênero, e começar a aproveitar a vida.

Comparação

A comparação é a irmã gêmea da competição. E é tão maligna quanto esta. Comparar-se aos outros não lhe trará nada de positivo. Por quê? Porque estamos todos em fases diferentes de desenvolvimento. Social, mental e fisicamente. Já que cada um dos nossos bolos assa em um tempo diferente, não é recomendável ficar abrindo o forno para ver se o nosso bolo está crescendo mais do que o do vizinho; do contrário, ele acabará não crescendo de jeito nenhum. Embora alguns de nós sejam como o álamo, que cresce com abundância assim que é plantado, outros são como o bambu, que não dá indício de crescimento durante quatro anos, mas depois cresce 25 metros no quinto ano.

Certa vez, ouvi isso ser descrito da seguinte maneira: a vida é um longo percurso com obstáculos. Cada pessoa tem o próprio percurso, separado do percurso dos outros por muros altos. Seu percurso apresenta obstáculos planejados especificamente para o seu crescimento pessoal. Assim sendo, de que vale subir o muro para ver como seu vizinho está se saindo, ou para comparar os obstáculos dele aos seus?

Estruturar sua vida baseando-se em como está sendo seu desempenho em relação ao desempenho dos outros não é uma atitude construtiva. Se obtenho segurança no fato de minha média geral ser maior do que a sua ou de os meus amigos serem mais populares do que os seus, o que acontece quando alguém aparece com uma média geral mais alta ou com amigos mais populares?

Construir sua vida com base em como você se classifica comparado os outros nunca é um bom começo. Se minha segurança vier do fato de que minha CBP é maior que a sua, ou que meus amigos são mais populares que os seus, então o que acontecerá quando alguém aparecer com uma CBP maior ou com amigos mais populares? A comparação nos faz sentir como se estivéssemos numa onda, sendo levados ao sabor do vento. Subimos e descemos, sentindo-nos ora inferiores ora superiores, ora confiantes ora intimidados. A única boa comparação é a que fazemos com nosso próprio potencial.

A atriz, cantora e compositora Ariana Grande conquistou Hollywood e a internet de forma meteórica, mas mesmo com a fama ela se esforça para manter uma atitude saudável quanto a sua imagem corporal e algumas comparações. Como diz, "Muitas meninas desenvolvem distúrbios alimentares por causa da baixa autoestima e de uma imagem distorcida do corpo. Acho muito importante que elas se amem e respeitem o próprio corpo."

Ariana prossegue: "Às vezes, as pessoas são extremamente críticas e de mente fechada em relação às diferenças, e é por isso que é tão difícil para os jovens hoje em dia se sentirem confortáveis na própria pele sem se importar com a opinião alheia, serem felizes como são. Ame seus defeitos. Aproprie-se de suas peculiaridades. E saiba que você é tão perfeito quanto qualquer outra pessoa, exatamente como é."

Talvez essa postura determinada e saudável justifique o amor de todos por ela e sua música, e também o número de seguidores no Twitter. Vamos torcer para que essa doce atriz, cantora e dançarina possa continuar sendo uma inspiração.

O BAMBU

ANO 1   ANO 2   ANO 3   ANO 4   ANO 5

Certa vez, entrevistei uma garota chamada Anne, que ficou presa na teia das comparações durante vários anos, antes de conseguir escapar. Ela tem um recado para aqueles que ainda se encontram presos nessa teia:

Meu problema começou durante meu primeiro ano do colégio, quando entrei na Clayton Valley High School. A maioria do pessoal do colégio era abastada e, para eles, a maneira de se vestir era o mais importante. A grande questão sempre era: quem está usando o que hoje? Havia até algumas regras implícitas sobre vestuário, tais como nunca vestir a mesma roupa duas vezes e nunca usar um traje igual ao de outra pessoa. Usar marcas famosas e jeans caros era um dever. Você tinha de ter todas as cores e todos os estilos.

Durante o primeiro ano, namorei um rapaz do terceiro ano, com o qual meus pais não simpatizavam muito. Nosso relacionamento foi bom a princípio, mas, depois de algum tempo, ele começou a me fazer sentir inferior em relação aos outros. Dizia coisas do tipo: "Por que você não é como ela?", "Por que engordou tanto?", "Se você mudasse só um pouquinho, ficaria perfeita".

E comecei a acreditar nele. Comecei a olhar para as outras garotas e a analisar todos os motivos pelos quais eu não era tão boa quanto elas. Embora eu tivesse um guarda-roupa abarrotado, lembro-me de ter crises de ansiedade porque não conseguia decidir o que vestir.

Comecei até a furtar porque queria ter as melhores roupas da última moda. Depois de algum tempo, quem eu era passou a ser determinado por quem estava comigo, como estava minha aparência e o tipo de roupa com a qual eu estava vestida. Nunca me sentia bem o suficiente.

Para lidar com isso, comecei a me empanturrar de comida e depois vomitar. Comer me servia de consolo, e vomitar me dava uma estranha impressão de controle. Embora eu não fosse gorda, morria de medo de engordar. E isso logo se tornou uma parte importante da minha vida. Comecei a vomitar de trinta a quarenta vezes por dia. Vomitava nos banheiros da escola, nos banheiros públicos e onde mais eu pudesse fazê-lo. Aquele era o meu segredo. Não podia contar para meus pais porque não queria deixá-los preocupados.

Certa vez, lembro-me de haver sido convidada pelo grupinho mais agitado da escola para ir a um jogo de futebol. Eles tinham 16 anos, e eram um ano mais velhos do que eu. Fiquei tão empolgada! Minha mãe e eu passamos um tempão tentando escolher um visual perfeito para mim. Esperei à janela durante horas, mas eles não apareceram para me apanhar. Sentindo-me arrasada, pensei: "Não vieram me apanhar porque minha companhia não é legal ou então porque meu visual não é o correto."

Por fim, aquilo tudo chegou a um extremo. Enquanto eu estava no palco, encenando uma peça de teatro na escola, de repente me senti zonza e desmaiei. Quando recuperei a consciência, no camarim, minha mãe estava a meu lado. "Preciso de ajuda", sussurrei.

Admitir que eu tinha um problema foi o primeiro passo para minha recuperação, que demorou vários anos. Agora, quando olho para o passado, é difícil de acreditar que eu tenha me deixado levar por aquele estado mental. Eu tinha tudo de que precisava para ser feliz e, ainda assim, sentia-me péssima. Era uma garota bonita, talentosa e elegante que ficou presa em um mundo de comparações, sendo levada a nunca se sentir suficientemente bem. Por isso, agora quero gritar para todo mundo: "Nunca faça isso consigo mesmo! Não vale a pena!"

A chave para minha recuperação foi eu ter encontrado alguns amigos especiais, que fizeram com que eu me sentisse importante pelo que eu era, e não pelo que eu vestia. Eles me diziam: "Você não precisa disso. É melhor do que tudo isso." Comecei a mudar por mim mesma, e não porque alguém disse que eu tinha de mudar para ser digna de receber amor.

A pérola de sabedoria nessa história é a seguinte: pare agora mesmo! Quebre o hábito! Comparar-se aos outros pode se tornar um vício tão perigoso quanto o das drogas e o do álcool. Você não precisa se parecer com uma modelo, nem se vestir como uma, para ser legal. Você sabe o que realmente importa. Não entre nesse jogo nem se preocupe tanto em ser popular na adolescência, porque a maior parte da vida vem depois disso. (Por favor, confira o telefone de auxílio para esse tipo de problema no final do livro.)

Os frutos do espírito ganha/ganha

Aprendi a nunca duvidar do que pode acontecer quando alguém pensa com o espírito ganha/ganha. Esta foi a experiência de Andy:

No início não conseguia ver sentido no ganha/ganha. Mas comecei a aplicá-lo nos trabalhos depois da escola e fiquei impressionado. Faço isso há dois anos e é realmente assustador como esse hábito é poderoso — gostaria de tê-lo descoberto antes. Aprendi a exercitar minha capacidade de liderança e realizar meu trabalho com a atitude de "deixá-lo mais divertido". Fazer dele uma vitória para mim e para meu empregador. Agora eu me reúno com minha gerente todo mês e digo a ela todas as coisinhas na empresa que não estão sendo feitas e que estou disposta a fazer.

Na última reunião, ela me disse: "Sempre me perguntei como poderíamos amarrar todas essas pontas soltas. Estou impressionada com o modo como você busca oportunidades e se dispõe a realizar." E então ela me deu um aumento de um dólar por hora.

Acredite, esse negócio de ganha/ganha é contagiante. Se você é generoso, empenhado em ajudar os outros a ter sucesso e disposto a dividir o reconhecimento, será um ímã para amizades. Pense nisso. Você não adora pessoas interessadas em seu sucesso e querem que você vença? Isso faz com que você queira ajudá-las em troca, não é?

O espírito ganha/ganha pode ser adotado em praticamente qualquer situação, da resolução de grandes conflitos com seus pais até a decisão de quem vai passear com o cachorro.

Meus pais só deixam minha irmã e eu usarmos o tablet uma hora por dia cada um. Primeiro a gente brigava para ver quem teria a prioridade, pois os dois queriam usar — às vezes para pesquisar para o dever de casa, ou só para entrar no Twitter ou assistir a um programa. Decidimos experimentar algo novo; passamos a alternar quem seria o primeiro a usar todos os dias, às vezes a gente usava o Twitter juntos ou assistia a um programa, e era bem mais divertido.

Às vezes, independentemente do seu esforço, você não consegue encontrar uma solução ganha/ganha. Ou, em alguns casos, a pessoa está tão dedicada ao ganha/perde que você nem quer se aproximar dela. Acontece. Em situações assim, não se desvalorize (ganha/perde) nem se menospreze (perde/ganha). Em vez disso, escolha o ganha/ganha ou nada feito. Em outras palavras, se você não conseguir encontrar uma boa solução para ambos, decida não jogar, nada feito. Por exemplo, se você e seu amigo não conseguem decidir o que fazer à noite, em vez de fazer algo do qual um de vocês possa se arrepender, saiam separadamente nesse dia e se reúnam de novo em outra oportunidade.

Um adolescente de 15 anos, chamado Bryan, que aprendeu a lição ganha/ganha com o pai, contou-nos esta interessante história:

No ano passado, eu e meu amigo Steve queríamos ganhar um dinheiro durante as férias de verão. Por isso começamos a trabalhar lavando janelas e aparando gramados. Pensamos que Verde e Limpo seria um nome legal para o nosso negócio.

Os pais de Steve tinham um amigo que estava precisando de alguém para lavar as janelas da casa dele e, em pouco tempo, a notícia do nosso trabalho se espalhou e conseguimos alguns serviços.

Usamos um programa no computador do meu pai para fazer uma espécie de contrato que nós chamamos de "Acordo Ganha/Ganha". Desde então, quando chegamos em uma casa, examinamos o local, tiramos as medidas das janelas e fazemos uma estimativa do trabalho. Deixamos bem claro que os clientes terão as janelas limpas por um preço fixo. No contrato, há uma linha para eles assinarem concordando. Se não trabalharmos direito, sabemos que não seremos contratados novamente. Quando terminamos, mostramos o resultado aos clientes. Queremos que eles saibam que somos responsáveis. Isso gera uma relação de confiança com as pessoas.

Já temos até um pequeno fundo da Verde e Limpo. Assim que começamos a ganhar dinheiro, repartimos o pagamento e separamos um pouco para comprar um equipamento próprio para lavagem de janelas. Se nossos clientes ficarem satisfeitos e tiverem suas janelas bem limpas, sairão vencedores. Nós também sairemos porque, aos 15 anos, essa é uma boa maneira de ganhar um dinheiro extra.

Preste atenção em como você se sente

Desenvolver uma atitude ganha/ganha não é fácil. Mas você pode conseguir. Se está pensando ganha/ganha durante apenas 10% do tempo atualmente, comece a pensar 20% do tempo, depois 30% e assim por diante. Isso acabará se tornando um hábito mental, e você não terá nem de pensar a respeito. Se tornará parte de quem você é.

Talvez o benefício mais surpreendente de pensar ganha/ganha seja o bem-estar que isso gera. Uma das minhas histórias preferidas, que ilustra o poder de pensar ganha/ganha, é a história verídica de Jacques Lusseyran, contada em sua autobiografia *And There Was Light* (E fez-se a luz). Os editores da revista *Parábola,* que escreveram o prefácio do livro, resumem a história de Lusseyran da seguinte maneira:

"Nascido em Paris, em 1924, [Jacques] tinha 15 anos na época da ocupação alemã. Aos 16, ele havia formado e se tornado líder de um movimento clandestino de resistência. De início com apenas 52 rapazes, dentro de um ano o número de participantes já havia crescido para seiscentos. Somente isso já seria suficientemente notável, não fosse o fato de, com a idade de 8 anos, Jacques haver ficado completamente cego."

Apesar de cego, Jacques era capaz de ver, só que de uma maneira diferente. Como ele mesmo declarou: "Eu via a luz e continuei a vê-la mesmo estando cego. (...) Eu podia sentir a luz surgindo, espalhando-se e incidindo sobre os objetos, dando-lhes forma, para então deixá-los. (...) Eu vivia em um fluxo de luz." Ele chamava esse fluxo de luz de "meu segredo".

Contudo, havia momentos em que a luz de Jacques o deixava e ele ficava desorientado. E isso acontecia sempre que ele pensava ganha/perde. Segundo ele:

"Quando eu estava brincando com meus colegas, se de repente ficava ansioso para ganhar, para ser o primeiro a qualquer custo, subitamente não conseguia ver mais nada. Eu entrava literalmente na neblina ou na fumaça.

"Eu não suportava mais sentir inveja ou não demonstrar amizade, porque, assim que isso acontecia, uma venda surgia sobre meus olhos e eu me sentia completamente limitado e abandonado. Imediatamente, abria-se um buraco negro que me tragava para dentro dele sem que eu pudesse reagir. Mas quando eu estava feliz e sereno, aproximando-me das pessoas com confiança e querendo o melhor para elas, eu era agraciado com a luz. Por isso aprendi a amar a amizade e a harmonia desde a mais tenra infância."

O verdadeiro teste para você saber se está pensando ganha/ganha ou em algumas das outras alternativas é checar como você está se sentindo. Pensar ganha/perde e perde/ganha anuviará seu raciocínio e o deixará com sentimentos negativos. Você simplesmente não pode deixar que isso aconteça. Por outro lado, como Jacques descobriu, pensar ganha/ganha encherá seu coração de felicidade e sua mente de pensamentos serenos. Vai lhe dar confiança. Enchê-lo de luz.

★ ★ ★

PRÓXIMAS ATRAÇÕES

No próximo capítulo, contarei o segredo de como provocar seus pais de uma maneira positiva. Portanto, não desista agora!

PEQUENOS PASSOS

1. Defina uma área de sua vida com o qual você lida com comparações. Talvez estilo de roupas, aparência física, amigos ou talentos.

Área com a qual lido mais com comparações: _____

_____

2. Se você pratica algum esporte, mostre espírito esportivo. Cumprimente um membro do time adversário do jogo ou da competição.

3. Se alguém lhe deve dinheiro, não tenha receio de mencionar o fato de uma maneira amistosa. "Ei, você se esqueceu daquelas dez pratas que eu lhe emprestei na semana passada? Até que seria bom se eu pudesse gastá-las agora." Pense ganha/ganha, não perde/ganha.

4. Jogue baralho, xadrez ou um jogo de computador com os outros apenas pelo divertimento, sem se importar em vencer ou em perder.

5. Você terá uma prova importante em breve? Se a resposta for "sim", forme um grupo de estudo e compartilhe suas melhores ideias com seus colegas. Vocês todos vão se sair melhor na prova.

6. Da próxima vez que um conhecido seu for bem-sucedido em alguma coisa, sinta-se feliz de verdade pela pessoa, em vez de se sentir ameaçado.

7. Pense em suas atitudes perante a vida. Elas se baseiam em ganha/perde, perde/ganha, perde/perde ou ganha/ganha? Como essa atitude o está afetando?

8. Pense em uma pessoa que, para você, seja um modelo de ganha/ganha. O que você admira nela?

Pessoa: _____

O que eu admiro nela: _____

_____

9. Você está tendo um relacionamento perde/ganha com alguém do sexo oposto? Se estiver, decida o que deve acontecer para transformá-lo em uma vitória para você, ou decida-se pelo "nada feito" e saia do relacionamento.

HÁBITO 5

Procure **primeiro compreender,**
depois ser compreendido

Você tem
dois ouvidos
E UMA BOCA...
lembre-se disso!

Antes de caminhar com sapatos alheios, devo primeiro tirar os meus.
ANÔNIMO

Suponhamos que você vá a uma loja comprar um novo par de sapatos, e que o vendedor diga:

— Que tipo de sapatos você procura?

— Bem, estou procurando algo...

— Acho que já sei o que está procurando — interrompe ele. — Todo mundo está usando esse modelo agora. Confie em mim.

O vendedor sai apressadamente e volta algum tempo depois com o par de sapatos mais horroroso que você já viu na vida.

— Dê só uma olhada nestas belezinhas!

— Bem, para ser sincero, não gostei...

— Mas todo mundo gosta! Eles são a última moda do momento!

— Estou procurando algo diferente.

— Garanto que você vai adorar estes aqui.

— Mas eu...

— Ouça, vendo sapatos há dez anos e conheço um bom sapato quando vejo um.

Depois dessa experiência, você voltaria a essa loja? Definitivamente não. É difícil confiar em pessoas que oferecem soluções antes de entenderem quais são suas necessidades. Mas você sabia que geralmente fazemos isso quando nos comunicamos?

— Ei, Melissa, como vão as coisas? Você parece meio pra baixo hoje. Está com algum problema?

— Você não entenderia, Colleen. Acharia que é besteira.

— Claro que não. Conte o que está acontecendo. Sou toda ouvidos.

— Ah, não sei...

— Ora, vamos. Pode falar.

— Está bem. Hã... Eu e Tyrone já não estamos nos entendendo como antes.

— Eu disse para não se envolver com ele! Sabia que isso ia acontecer!

— O problema não é Tyrone.

— Ouça, Melissa, se eu fosse você, trataria de esquecê-lo e partiria para outra.

— Mas, Colleen, não é o que estou sentindo...

— Acredite, sei como está se sentindo. Passei pelo mesmo problema no ano passado. Você não lembra? Aquilo quase arruinou meu ano inteiro.

— Deixe para lá, Colleen.

— Melissa, só estou tentando ajudar. Quero entender o problema. Pode continuar. Diga como está se sentindo.

Essa é nossa velha tendência de querer cruzar o céu feito o Super-Homem e resolver os problemas de todo mundo antes mesmo de entender qual é o problema. Simplesmente não escutamos. Como afirma um provérbio indígena:

"Escuta, ou tua língua te tornará surdo."

A chave para se comunicar e exercer influência sobre as outras pessoas pode ser resumida em uma frase: Procure primeiro compreender, depois ser compreendido. Em outras palavras, escute primeiro e fale depois. Esse é o Hábito 5, e garanto que funciona. Se você conseguir aprender esse hábito simples — ver as coisas do ponto de vista do outro, antes de compartilhar o seu —, todo um novo mundo de compreensão se abrirá para você.

AH, DROGA... LÁ VEM O "SABICHÃO".

A necessidade mais íntima do coração humano

Por que esse hábito é a chave para a comunicação? Porque a necessidade mais íntima do coração humano é ser compreendido. Todo mundo quer ser respeitado e valorizado pelo que é — uma pessoa única, singular, impossível de ser clonada (pelo menos por enquanto!).

As pessoas não expõem seus pontos frágeis, a menos que se sintam verdadeiramente amadas e compreendidas. Quando sentem isso, porém, acabam falando até mais do que você esperava ouvir. A história a seguir, a respeito de uma garota com um distúrbio alimentar, ilustra bem o poder da compreensão:

Eu tinha anorexia quando conheci Julie, Pam e Lavon, minhas colegas de classe no primeiro ano de faculdade. Eu havia passado os dois últimos anos do colégio concentrada em fazer ginástica e regimes, sentindo-me triunfante a cada grama perdido. Aos 18 anos e com 1,70m de altura, eu pesava 43 quilos. Em suma, eu era um verdadeiro saco de ossos.

Não tinha muitos amigos. A privação constante havia me transformado em uma pessoa irritadiça, azeda e geralmente tão cansada que não conseguia manter conversas casuais por muito tempo. Os eventos sociais da escola também estavam fora de questão. Eu não sentia ter algo em comum com os outros jovens que conhecia. Um grupo de amigos verdadeiros se aproximou de mim e tentou me ajudar, mas eu ignorava os conselhos que eles me davam a respeito do meu peso, atribuindo aquilo a pura inveja.

Meus pais me subornavam com roupas novas. Viviam me atormentando e me obrigando a comer na frente deles. Quando eu não os obedecia, eles me levavam a uma série de médicos, terapeutas e especialistas. Eu me sentia péssima e havia me convencido de que toda minha vida seria daquela maneira. Então me mudei quando comecei a cursar a faculdade. Por sorte do destino, fui parar no mesmo alojamento de Julie, Pam e Lavon, as três garotas que me fizeram voltar a gostar de viver.

Morávamos em um apartamento minúsculo, onde todos os meus padrões esquisitos de alimentação e minha neurose com exercícios físicos logo se evidenciaram. Sei que elas devem ter me achado muito estranha com aquela aparência pálida, cheia de hematomas, os cabelos ralos, e os quadris e as clavículas ossudos. Quando vejo as fotos de quando eu tinha 18 anos, fico impressionada com quanto minha aparência era péssima.

Mas elas não se incomodaram com isso. Não me tratavam como uma pessoa que tivesse um problema. Nada de sermões, nem de me forçar a comer, nem de fofoca ou intimidações. Na verdade, eu quase não sabia o que fazer.

Dentro de pouco tempo, passei a me sentir como uma delas, exceto pelo fato de que eu não me alimentava, íamos juntas para a faculdade, arranjamos emprego, corríamos à noite, assistíamos à tevê e saíamos juntas aos sábados. Pela primeira vez, minha anorexia não era o assunto principal. Passávamos longas noites falando sobre nossas famílias, nossas ambições, nossas incertezas.

Fiquei completamente abismada com as semelhanças entre nós. Pela primeira vez em anos, eu me senti compreendida. Finalmente alguém havia investido tempo suficiente para me aceitar como pessoa, em vez de sempre abordar meu problema primeiro. Para aquelas três garotas, eu não era uma anoréxica precisando de tratamento. Eu era apenas a quarta garota do grupo.

Conforme fui recuperando a autoestima, comecei a observá-las. Elas eram felizes, atraentes, inteligentes e, de vez em quando, até comiam doces fora do horário das três refeições diárias. Se eu tinha tanto em comum com elas, por que não poderia ter também três refeições por dia?

Pam, Julie e Lavon nunca disseram como eu deveria me curar. Mostraram-me isso no dia a dia e realmente tentaram me compreender, antes de tentar me curar. No final do primeiro semestre de faculdade, elas já estavam colocando um lugar para mim à mesa. E eu me senti bem-vinda.

Observe a influência que essas três garotas tiveram na vida da quarta só porque tentaram compreendê-la, em vez de julgá-la. Não é interessante a maneira como ela abaixou as barreiras imediatamente e se abriu para a influência das colegas assim que se sentiu compreendida, e não mais julgada? Compare isso com o que teria acontecido se as colegas houvessem começado o velho sermão.

Alguma vez você já ouviu o ditado: "As pessoas não se importam com quanto você sabe até saberem quanto você se importa"? Como isso é verdadeiro! Tente se lembrar de uma ocasião em que alguém não tentou compreendê-lo nem parou para escutá-lo. Será que você também estava aberto para escutar o que a pessoa tinha a dizer?

Na época em que eu jogava futebol na escola, fiquei um tempo com uma forte dor no bíceps de um dos braços. O problema era meio complicado e eu havia tentado uma série de técnicas diferentes — gelo, água quente, massagem, exercícios e comprimidos anti-inflamatórios —, mas nada funcionou. Então fui pedir ajuda a um de nossos técnicos mais experientes em atletismo. Porém, antes mesmo de eu descrever o problema, ele disse: "Já vi isso antes. Você precisa fazer tal coisa." Tentei explicar melhor o problema, mas ele já havia se convencido de que o conhecia. Tive vontade de dizer: "Espere um pouco e me escute, doutor. Não acho que tenha entendido."

Como você já deve ter deduzido, a técnica dele piorou ainda mais o problema no meu braço. Ele não me escutou e eu não fui compreendido. Perdi a confiança nos aconselhamentos dele e o evitava a todo custo quando me machucava. Não acreditava em suas prescrições porque ele nunca diagnosticava direito o problema. Eu não me importava com quanto ele sabia porque ele não me mostrava que se importava.

Você pode mostrar que se importa simplesmente reservando um tempo para escutar sem julgar ou aconselhar. Este breve poema mostra quanto as pessoas sentem necessidade de ser escutadas:

> ### ESCUTE, POR FAVOR
> *Quando eu lhe peço que me escute*
> *e você começa a me dar conselhos,*
> *não faz o que eu pedi.*
> *Quando eu lhe peço que me escute*
> *e você começa a me dizer por que*
> *eu não deveria me sentir assim,*
> *está menosprezando meus sentimentos.*
> *Quando eu lhe peço que me escute*
> *e você sente que precisa fazer algo*
> *para resolver meu problema,*
> *você me desaponta,*
> *por mais estranho que possa parecer.*
> *Escute! Tudo que peço é que você escute.*
> *Não fale nem faça nada — apenas me escute.*

CINCO ESTILOS DE ESCUTAR MAL

Para compreender uma pessoa, você deve escutá-la. Surpresa! O problema é que a maioria de nós não sabe escutar.

Imagine o seguinte: você está examinando as matérias que terá na escola no ano seguinte.

— Hum... Vejamos... Matemática, redação, química, escutadoria. Ei, espere um pouco! Escutadoria? Uma matéria chamada escutadoria? Isso é alguma piada?

Isso causaria uma surpresa e tanto, não? Mas, na verdade, não deveria causar, porque a audição é uma das quatro formas elementares de comunicação, juntamente com a leitura, a escrita e a fala. E se você pensar nisso com mais atenção, perceberá que vem tendo aulas de como ler, escrever e falar melhor desde que se conhece por gente. Porém, quando foi que você teve uma aula de como escutar melhor?

Quando as pessoas falam, geralmente não escutamos porque estamos ocupados demais em elaborar uma resposta, em julgar ou em filtrar suas palavras por meio de nossos próprios paradigmas. Por isso, é muito comum acabarmos usando uma destas cinco maneiras de escutar mal:

Cinco maneiras de escutar mal
- Ficar em órbita
- Escuta falsa
- Escuta seletiva
- Escuta de palavras
- Escuta egoísta

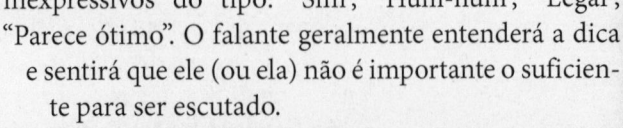

Ficar em órbita acontece quando alguém está falando conosco mas nós ignoramos a pessoa, porque nossa mente está orbitando em outra galáxia. A pessoa pode até ter algo muito importante a dizer, mas ficamos absortos em nossos próprios pensamentos. Todos nós "entramos em órbita" vez ou outra, mas se você fizer isso com muita frequência, acabará sendo rotulado de "Viajandão".

Escuta falsa é a mais comum. Continuamos não prestando muita atenção à outra pessoa, mas pelo menos fingimos que estamos escutando ao fazer comentários inexpressivos do tipo: "Sim", "Hum-hum", "Legal", "Parece ótimo". O falante geralmente entenderá a dica e sentirá que ele (ou ela) não é importante o suficiente para ser escutado.

Escuta seletiva acontece quando prestamos atenção apenas na parte que nos interessa na conversa. Por exemplo, seu amigo pode estar tentando lhe dizer como é difícil sentir-se sempre à sombra do irmão talentoso que entrou no Exército. Mas tudo que você escuta é a palavra "Exército", então diz: "Ah, o Exército! Ando pensando muito nisso ultimamente." Como você sempre fala apenas sobre aquilo que lhe interessa, em vez de escutar o que a outra pessoa quer lhe dizer, corre o risco de nunca conseguir cultivar amizades duradouras.

Escuta de palavras ocorre quando até prestamos atenção ao que alguém está dizendo, só que escutamos apenas as palavras, sem observar a linguagem corporal da pessoa, os sentimentos ou o verdadeiro significado por trás das palavras. Como resultado, deixamos passar o que realmente está sendo dito. Uma amiga sua pode lhe dizer: "O que você acha do Ronaldo?" E você responde: "Acho ele um cara legal." Mas se você houvesse sido mais sensível e houvesse prestado atenção à linguagem corporal e ao tom de voz de sua amiga, notaria que, na verdade, ela estava dizendo: "Você acha que o Ronaldo gosta de mim?" Se você se focar apenas nas palavras, não terá muita chance de perceber as emoções mais íntimas no coração das outras pessoas.

Escuta egoísta acontece quando vemos tudo do nosso próprio ponto de vista. Em vez de nos colocarmos no lugar do outro, queremos que ele se coloque no nosso. É então que surgem frases do tipo: "Ah, sei exatamente como você está se sentindo." Não sabemos exatamente como o outro se sente, mas apenas como nós nos sentimos. Ainda assim, supomos que o outro se sente como nós, como o vendedor que acha que você deve gostar de um par de sapatos só porque ele gosta. Escutar com egoísmo é frequentemente um jogo competitivo, no qual tentamos superar um ao outro, como se conversar fosse uma competição. "Você acha que o seu dia foi ruim? Garanto que foi 'fichinha' se comparado ao meu."

Quando escutamos do nosso próprio ponto de vista, geralmente respondemos de uma entre três maneiras, todas elas tendo a propriedade de fazer a outra pessoa se fechar no mesmo instante. Nós julgamos, aconselhamos e sondamos. Vamos dar uma olhada em cada uma delas.

Julgar. Às vezes, enquanto escutamos outras pessoas, fazemos julgamentos (apenas mentalmente) a respeito delas e sobre o que elas estão dizendo. Se você está ocupado em julgar, não está realmente escutando, está? As pessoas não querem ser julgadas, elas querem ser escutadas. Na conversa a seguir, note quanto o ouvinte escuta pouco e julga demais. (Os julgamentos do ouvinte estão expressos entre parênteses.)

Peter: *"Tive momentos ótimos com Katherine ontem à noite."*

Karl: *"Ah, que bom." (Katherine? Por que alguém iria querer sair com Katherine?)*

Peter: *"Eu não tinha ideia de quanto ela é incrível."*

Karl: *"É mesmo?" (Lá vem você de novo, achando que toda garota é incrível.)*

Peter: *"Sim. Estou até pensando em levá-la ao baile do colégio!"*

Karl: *"Pensei que você fosse convidar Jessica." (Você está maluco? Jessica é muito mais bonita do que Katherine!)*

Peter: *"Eu ia. Mas agora acho que vou convidar Katherine."*

Karl: *"Bem, então a convide." (Tenho certeza de que amanhã você já terá mudado de ideia.)*

HÁBITO 5

Karl estava tão ocupado em julgar que não escutou uma palavra do que Peter estava dizendo e deixou passar a oportunidade de fazer um depósito na CBR do amigo.

Aconselhar. Isso ocorre quando damos conselhos baseados em nossa própria experiência. É quando se usam frases do tipo: "Quando eu tinha a sua idade...", que você tanto ouve das pessoas mais velhas.

Uma irmã sensível que está precisando de um ouvinte atencioso diz ao irmão:

"Não gosto nem um pouco de nossa nova escola. Desde que nos mudamos para lá, estou me sentindo completamente deslocada. Eu gostaria de fazer novas amizades."

Em vez de escutar para compreender, o irmão pensa na própria vida e responde:

"Você precisa começar a conhecer novas pessoas, a praticar esportes e a frequentar clubes, como eu fiz."

A garota não queria nenhum "conselho de irmão bem-intencionado", por melhor que fosse. Ela queria apenas ser escutada, caramba! Quando ela se sentisse compreendida, e somente então, ela se abriria para ouvir o conselho do irmão. O "esperto", porém, deixou passar a chance de fazer um grande depósito.

Sondar. Isso ocorre quando você tenta "arrancar" emoções das pessoas antes que elas estejam preparadas para compartilhá-las. Alguma vez você já foi sondado? Os pais fazem muito isso com os filhos adolescentes. Sua mãe, com a melhor das intenções, tenta descobrir o que está acontecendo na sua vida. Mas como você não está preparado ou preparada para falar, você não se abre de jeito nenhum.

— Olá, querido. Como foi a escola hoje?

— Boa.

— Como você se saiu na prova?

— Bem.

— E seus colegas, estão bem?

— Sim.

— Vocês pretendem sair esta noite?

— Não.

— Conheceu alguma garota interessante ultimamente?

— Não, mamãe. Me deixe em paz, por favor.

Ninguém gosta de ser interrogado. Se você estiver fazendo uma porção de perguntas sem obter muito resultado, é provável que esteja sondando. Às vezes, as pessoas simplesmente não estão prontas para se abrir e não querem conversar. Aprenda a ser um bom ouvinte e a oferecer ouvidos atentos somente quando for necessário.

Escuta genuína

Por sorte, eu e você nunca tivemos nenhum desses cinco tipos de comportamento. Certo? Bem, talvez sejamos um pouquinho assim de vez em quando... Felizmente, existe uma forma mais elevada de escutar e que conduz à verdadeira comunicação. Nós a chamamos de "escuta genuína". Trata-se do tipo de prática que todos querem colocar em uso. Mas para realizar a escuta genuína, você precisa fazer três coisas.

7% palavras

53% linguagem corporal

40% Tom de voz /

Primeiro, escute com os olhos, o coração e os ouvidos. Escutar apenas com os ouvidos não é suficiente, porque apenas 7% da comunicação está contida nas palavras que usamos. O restante vem da linguagem corporal (53%) e de como dizemos as palavras, ou do tom e do sentimento refletidos em nossa voz (40%). Note, por exemplo, como você pode mudar o significado de uma frase apenas enfatizando uma palavra diferente.

_**Eu**_ não disse que você tinha um problema de comportamento.
Eu não disse que _você_ tinha um problema de comportamento.
Eu não disse que você tinha um problema de _**comportamento**_.

Para ouvir o que as outras pessoas estão realmente dizendo, você precisa escutar o que elas não estão dizendo. Por mais que as pessoas pareçam duras na superfície, a maioria é terna por dentro e tem uma imensa necessidade de ser compreendida. O texto a seguir (um de meus preferidos) aborda essa necessidade.

POR FAVOR... ESCUTE O QUE NÃO ESTOU DIZENDO

Não se iluda comigo. Não se iluda com a máscara que uso. Sim, eu uso uma máscara, uso milhares de máscaras, máscaras que tenho medo de tirar. Mas nenhuma delas sou eu. Fingir é uma arte que vive em mim como uma segunda natureza, mas não se iluda.

(...) Dou a impressão de que sou seguro, de que tudo está iluminado e sereno comigo, por dentro e por fora; de que confiança é o meu nome e frieza o meu jogo; de que as águas estão calmas e de que estou no comando, sem precisar de ninguém. Mas não acredite nisso; por favor, não acredite.

Falo com você no tom suave da conversa superficial. Falo tudo que realmente não é nada, nada do que está gritando dentro de mim. Por isso, em meio à rotina, não se iluda com o que eu digo. Por favor, escute com atenção e tente ouvir o que não

HÁBITO 5

estou dizendo; o que eu gostaria de ser capaz de dizer; o que, por questão de sobre-vivência, eu preciso dizer mas não posso. Detesto a ocultação. Sinceramente detesto. Detesto os jogos de fingimento nos quais tenho de viver.

Eu realmente gostaria de ser sincero, espontâneo e eu mesmo, mas você tem de me ajudar. Tem de me ajudar estendendo a mão, mesmo quando essa pareça ser a última coisa que eu queira ou precise. A cada vez que você é atencioso, gentil e enco-rajador, a cada vez que tenta compreender por realmente se importar, meu coração começa a criar asas. Asas muito pequenas. Asas muito frágeis. Mas asas. Com sua sensibilidade, sua solidariedade e seu poder de compreensão, sinto que posso vencer. Você me dá vida. Não será fácil para você. A forte convicção do desmerecimento cria muros fortes. Mas o amor é mais forte do que qualquer muro, e nele reside minha esperança. Por favor, tente derrubar esses muros com mãos firmes, mas gentis, por-que uma criança é muito sensível, e eu sou uma criança.

Quem sou eu?, você pode se perguntar. Pois sou cada homem, cada mulher, cada criança... Cada ser humano que você encontrar.

<u>Segundo, coloque-se no lugar do outro.</u> Para se tornar um ouvinte genuíno, você "precisa tirar um pouco seus sapatos e calçar os do outro". Nas palavras de Robert Byrne: "A menos que você ande um quilômetro com os mocassins de ou-tro homem, não conseguirá imaginar como serão os calos." Você deve tentar ver o mundo como as outras pessoas o veem e tentar se sentir como elas se sentem.

Vamos imaginar por um momento que todas as pessoas do mundo usam ócu-los com lentes coloridas e que não há duas cores exatamente iguais. Você e eu esta-mos de pé à beira de um rio. Eu estou usando lentes verdes e as suas são vermelhas.

— Puxa, veja só como esta água é verde! — digo.

— Verde? Você está maluco? Esta água é vermelha! — responde você.

— Ei, por acaso ficou daltônico? Esta é a água mais verde que eu já vi!

— É vermelha, seu idiota!

— Verde!

— Vermelha!

Muitas pessoas encaram uma conversa como se fosse uma competição. É o meu ponto de vista *versus* o seu. Não é possível que ambos estejamos certos. Na verdade, uma vez que cada ponto de vista é diferente, pode até ser que estejamos ambos certos. De qualquer maneira, é ridículo tentar vencer em conversas. Isso geralmente termina em ganha/perde ou em perde/perde, e é uma retirada da CBR.

Certa vez, minha irmã ouviu essa história de um amigo dela, chamado Toby. Note quanta diferença faz se colocar no lugar do outro:

A pior parte de ir à escola era ter de pegar o ônibus escolar. A maioria dos meus co-legas tinha carro (ainda que fosse um calhambeque), mas não tínhamos condições de comprar um carro para mim, então eu tinha de ir de ônibus ou pegar carona com alguém.

Às vezes, depois da aula, eu telefonava para minha mãe e pedia que ela me buscasse, mas ela demorava tanto para chegar que eu perdia a paciência. Lembro-me de haver gritado várias vezes para ela: "Por que demorou tanto? Não se importa de haver me deixado esperando durante horas?" Nunca notei como ela se sentia ou o que estava fazendo. Só pensava em mim mesmo. Até que um dia escutei minha mãe conversando com meu pai sobre isso. Ela estava chorando e dizia quanto desejava que eles tivessem condições de me dar um carro e quanto ela estava trabalhando duro para tentar ganhar um dinheiro extra.

De repente, toda minha perspectiva mudou. Vi minha mãe como uma pessoa de verdade e com sentimentos — medo, esperanças, dúvidas e muito amor por mim. Jurei a mim mesmo que nunca mais a trataria mal. Comecei até a conversar mais com ela, e juntos pensamos em uma maneira de eu arranjar um emprego de meio período e comprar um carro com minhas próprias economias. Ela até se ofereceu para me levar e buscar no trabalho. Eu gostaria de tê-la escutado antes.

Terceiro, pratique o espelhamento. Pense como um espelho. O que um espelho faz? Ele não julga nem dá conselhos, apenas reflete. Espelhar é simplesmente isso: repetir com suas palavras o que a outra pessoa está dizendo e sentindo. Espelhar não é imitar. Essa última opção acontece quando você repete exatamente o que a outra pessoa disse, feito um papagaio:

— Puxa, Tom, estou passando um período horrível na escola.

— Está passando um período horrível na escola.

— Estou prestes a "bombar" em quase todas as matérias.

— Está prestes a "bombar" em quase todas as matérias.

— Ei, pare de repetir tudo o que estou dizendo! O que há com você?

Espelhar é diferente de imitar nas seguintes características:

IMITAR É:	ESPELHAR É:
Repetir palavras	Repetir significado
Usando as mesmas palavras	Usando suas próprias palavras
Ser frio e indiferente	Ser gentil e atencioso

Vamos dar uma olhada em uma conversa rotineira e analisar como funciona o espelhamento.

Suponhamos que seu pai lhe diga:

— Não! Você não vai sair com o carro esta noite e ponto final.

Uma resposta à queima-roupa poderia ser:

— Já fiz 18 anos e tirei carteira, mas você nunca me deixa pegar o carro! Vivo sempre tendo de pegar carona. Estou cansado disso!

Esse tipo de resposta geralmente termina com uma discussão cheia de gritos, depois da qual nenhuma das partes se sente bem.

Em vez disso, tente o espelhamento. Repita com as próprias palavras o que a outra pessoa está dizendo e sentindo. Vamos tentar novamente:

— Não! Você não vai sair com o carro esta noite e ponto final.

— Estou vendo que está aborrecido com isso, papai.

— Pode apostar que sim. Do jeito que suas notas andam ruins ultimamente, você não merece pegar o carro emprestado.

— Está preocupado com minhas notas.

— Sim, estou. Você sabe quanto eu quero que você entre na faculdade.

— A faculdade é mesmo algo muito importante para você, não?

— Nunca tive a chance de cursar uma. E não tive maiores progressos na vida por causa disso. Sei que dinheiro não é tudo, mas ajudaria um bocado agora. Quero apenas uma vida melhor para você.

— Entendo.

— Você é tão inteligente que me deixa louco quando não leva os estudos a sério. Talvez eu possa até lhe emprestar o carro, se me prometer que vai estudar até mais tarde amanhã. Isso é tudo que eu peço. Promete estudar?

Você notou o que aconteceu? Ao praticar o espelhamento, o rapaz conseguiu descobrir qual era o verdadeiro problema. O pai não estava se importando muito com o fato de ele pegar o carro emprestado, mas com o futuro do filho e com sua irresponsabilidade em relação aos estudos. Assim que ele sentiu que o filho compreendeu quanto as notas e a faculdade eram importantes, ele baixou a guarda.

Não posso garantir que o espelhamento sempre terá resultados tão satisfatórios. Geralmente, mas não sempre, a coisa é mais complicada do que isso. O pai poderia ter dito: "Fico contente que tenha entendido onde estou querendo chegar, filho. Agora vá fazer sua lição." Mas posso garantir que o espelhamento será um depósito na CBR do outro e que você terá melhor resultado do que usando a abordagem à queima-roupa. Se você continua cético com relação ao que estou dizendo, eu o desafio a tentar pôr isso em prática. Aposto que terá uma surpresa agradável.

Desmentido. Se você pratica o espelhamento e não deseja sinceramente compreender as pessoas, elas perceberão o fato e se sentirão manipuladas. Praticar o espelhamento é uma habilidade, a ponta do iceberg. Sua atitude ou seu desejo de realmente compreender o outro é a grande massa de gelo oculta sob a superfície. Se sua atitude estiver

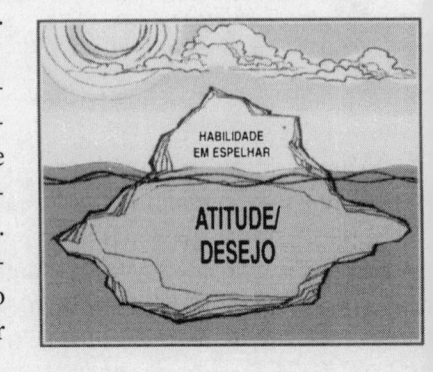

HABILIDADE EM ESPELHAR

ATITUDE/ DESEJO

correta, mas você não tiver a habilidade, ainda assim conseguirá se sair bem. O contrário, porém, não funciona. Mas se você tiver tanto a atitude correta quanto a habilidade, vai se tornar um eficiente comunicador!

Aqui estão algumas frases de espelhamento que você poderá usar quando estiver tentando praticar a escuta genuína. Lembre-se: o *objetivo* é repetir com as próprias palavras o que a outra pessoa está dizendo e sentindo.

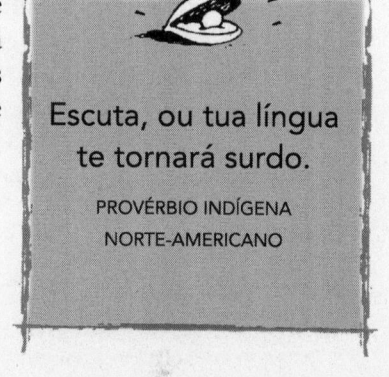

Escuta, ou tua língua te tornará surdo.

PROVÉRBIO INDÍGENA
NORTE-AMERICANO

Frases de espelhamento
- "Pelo que estou entendendo, você sente que..."
- "Então, pelo que eu entendo..."
- "Vejo que você está se sentindo..."
- "Você sente que..."
- "Então, o que você está querendo dizer é..."

Nota importante: Há um momento e um lugar para a escuta genuína. Provavelmente você vai querer colocá-la em prática quando estiver conversando sobre um assunto importante ou delicado. Como descobrir se um amigo ou uma amiga realmente precisa de ajuda, ou saber se você está tendo um problema de comunicação com um ente querido, por exemplo. Esse tipo de conversa leva tempo, e você não pode apressar as coisas. Entretanto, não precisa utilizá-la em conversas informais ou nos relacionamentos do dia a dia:

— Cara, onde fica o banheiro? Não estou nada bem.

— Então, o que você está querendo dizer é que está preocupado em não encontrar um banheiro a tempo...

Escuta genuína em ação
Vamos dar outra olhada em uma irmã que precisa que o irmão mais velho a escute, para ilustrar quanto a escuta genuína é diferente. A irmã diz:

— Não gosto nem um pouco de nossa nova escola. Desde que mudamos para lá, estou me sentindo completamente deslocada. Eu gostaria de fazer novas amizades.

O irmão poderia usar uma das seguintes respostas:

— O quê? Me passar o salgadinho? (*Ficar em órbita*)

— Parece legal. (*Escuta falsa*)

— Por falar em amizade, meu amigo Julio... (*Escuta seletiva*)

— Você precisa é começar a conhecer novas pessoas. (*Aconselhar*)

— Você não está se esforçando o suficiente. (*Julgar*)

— Está tendo problemas com suas notas? (*Sondar*)

Mas se ele for inteligente, tentará praticar o espelhamento:

— Você sente que ir à escola está sendo difícil no momento. (*Espelhamento*)

— É pior. Estou dizendo que não tenho amigos. E também que Tabatha Jones tem sido muito rude comigo. Ah, não sei o que fazer!

— Está se sentindo confusa. (*Espelhamento*)

— Claro que sim! Sempre tive tantas amizades e, de repente, ninguém sequer sabe meu nome. Venho tentando conhecer novas pessoas, mas isso não parece estar funcionando.

— Vejo que está frustrada. (*Espelhamento*)

— Sim. Devo estar parecendo uma maluca ou algo do gênero. De qualquer maneira, obrigada por me escutar.

— Tudo bem.

— O que acha que eu devo fazer?

Ao escutar, o irmão efetuou um grande depósito na CBR da irmã. Em consequência, agora ela está pronta para receber seu aconselhamento. Esse é o momento oportuno para ele procurar ser compreendido e compartilhar seu ponto de vista.

Um rapaz chamado Andy contou o seguinte:

Eu estava tendo problemas de comunicação com minha namorada, por quem eu era muito apaixonado. Estávamos juntos havia um ano, e começamos a brigar e a discutir tanto que fiquei com receio de perdê-la. Quando aprendi sobre primeiro procurar compreender para depois ser compreendido, e sobre como aplicar a Conta Bancária de Relacionamento nos relacionamentos, levei a questão muito a sério. Eu me dei conta de que sempre havia tentado interpretar o que ela dizia, mas que nunca realmente a escutava com a mente aberta. Isso salvou nosso relacionamento e ainda estamos juntos, dois anos depois. Nosso relacionamento é muito mais maduro do que o da maioria dos casais porque nós dois acreditamos no Hábito 5. Nós o usamos tanto para tomar grandes decisões quanto para as menores, como sair para jantar fora, por exemplo. Sempre que estou com ela, digo sinceramente a mim mesmo: "Agora cale a boca e tente compreendê-la."

COMUNICANDO-SE COM OS PAIS

NOSSA MISSÃO É DESCOBRIR COMO OS HUMANOS PASSAM O DIA.

A comunicação já é difícil por si só, mas coloque pai e mãe na história e você terá um verdadeiro balaio de gatos. Na adolescência, eu me dava muito bem com meus pais, mas havia períodos em que eu ficava convencido de que deveria haver alienígenas vivendo em seus corpos. Sentia que eles não me compreendiam nem me respeitavam como indivíduo, considerando-me apenas mais um, em meio às outras crianças. Contudo, por mais que seus pais possam parecer distantes de vez em quando, sua convivência com eles se tornará bem mais fácil se você conseguir se comunicar.

Se você quer melhorar o relacionamento com seu pai ou com sua mãe (e deixá-los boquiabertos nesse processo), tente escutá-los, como faria com um amigo. Sei que pode parecer estranho tratar seus pais como se eles fossem pessoas normais, mas vale a pena tentar. Vivemos dizendo a nossos pais: "Vocês não me entendem! Ninguém me entende!" Mas alguma vez você parou para pensar que talvez você também não os entenda?

Os pais também sofrem pressões. Enquanto você está preocupado com seus amigos e com a prova de história, eles estão preocupados com os chefes e em como pagar as contas das coisas que você utiliza. Como você, há dias em que eles se sentem magoados e vão para o banheiro chorar escondido. Há dias em que eles não sabem como vão pagar as contas. Sua mãe raramente deve ter uma chance de sair sozinha para relaxar e se divertir um pouco. Seu pai pode ser motivo de risos em meio aos vizinhos por causa do carro que tem. Eles podem ter sonhos frustrados, dos quais tiveram de abrir mão para que você realizasse os seus. Ei, pai e mãe também são gente! Eles riem, choram, ficam magoados e nem sempre conseguem se resolver, como eu e você.

Se você reservar um tempo para escutar seus pais e compreendê-los, acontecerão duas coisas incríveis. Primeiro, você conquistará mais respeito por parte deles. Quando fiz 19 anos, lembro-me de haver lido um dos livros de meu pai pela primeira vez. Ele era um autor de sucesso e todo mundo vivia me dizendo quanto os livros dele eram ótimos, mas eu nunca havia parado sequer para dar uma lida em algum deles. "Uau!", pensei ao terminar de ler aquele primeiro livro. "Meu pai é muito inteligente!" E durante todos aqueles anos eu andara convencido de que eu era o mais inteligente...

Segundo, se você reservar um tempo para escutar seus pais e compreendê-los, conseguirá aquilo que deseja com muito mais frequência. Não se trata de um truque de manipulação, mas de um princípio. Se eles sentirem que você os compreende, se mostrarão mais dispostos a escutá-lo, serão mais flexíveis e confiarão mais em você. Certa vez, uma mãe me disse: "Se minhas filhas adolescentes pelo menos tentassem compreender minha vida caótica e fizessem algumas pequenas tarefas de casa para me ajudar, puxa, eu lhes daria tantos privilégios que elas nem saberiam o que fazer com eles!"

Mas como compreender melhor seus pais? Comece fazendo algumas perguntas a eles. Quando foi a última vez que você perguntou a seu pai ou a sua mãe: "Como foi seu dia hoje?", ou "Conte-me o que você gosta e o que não gosta no trabalho", ou "Há algo que eu possa fazer para ajudar nas tarefas de casa?".

Você também pode começar a efetuar pequenos depósitos nas CBR dos dois. Para fazê-lo, pergunte a si mesmo: "O que meus pais consideram como um depósito?" Coloque-se no lugar de ambos e pense do ponto de vista deles, não do seu. Um depósito para eles pode ser você lavar os pratos, recolher o lixo sem que eles tenham de pedir, manter a promessa de chegar em casa em determinado horário ou, se você estiver morando fora de casa, telefonar para eles todo fim de semana.

Depois procure ser compreendido   Analisei os resultados de uma campanha em que algumas pessoas eram questionadas a respeito de seus maiores medos. "Morte" surgiu como segunda alternativa. E você nunca vai adivinhar qual era o medo número um: "Falar em público"! As pessoas preferem morrer a ter de falar em público! Isso não é interessante?

É preciso coragem para falar em público, disso não resta dúvida. Mas também é preciso coragem para falar de modo geral. A segunda metade do Hábito 5, "Depois procure ser compreendido", é tão importante quanto a primeira metade, mas exige algo diferente de nós. Procurar primeiro compreender requer consideração, mas procurar ser compreendido requer coragem.

Praticar apenas a primeira metade do Hábito 5, "Procure primeiro compreender", denota fraqueza. É perde/ganha. É a "síndrome do capacho". Ainda assim, é fácil cairmos nessa armadilha, principalmente em relação aos pais. "Não vou contar como me sinto a minha mãe. Ela não vai escutar e nunca vai me compreender." Então guardamos os sentimentos dentro de nós, enquanto nossos pais seguem em frente, sem nunca saber o que realmente sentimos. Isso não é saudável.

Lembre-se: sentimentos não expressados nunca morrem. Eles são enterrados vivos e ressurgem depois, com caras ainda mais feias. Você precisa compartilhar seus sentimentos; do contrário, eles irão corroê-lo por dentro. Além disso, se você reservar um tempo para escutar, suas chances de ser escutado serão muito boas. Na história a seguir, note como Kelli praticou as duas metades do hábito:

Eu fiquei doente e perdi um dia de aula. Meus pais ficaram preocupados por eu não estar dormindo o suficiente e por eu estar ficando fora de casa até tarde da noite. Em vez de abordá-los com uma porção de desculpas, tentei compreendê-los. E concordei com eles. Mas também expliquei que estou tentando me divertir um pouco no último ano do colégio, e que isso inclui passar mais tempo com meus amigos. Meus pais se mostraram dispostos a olhar a situação do meu ponto de vista, e chegamos a um acordo. Eu teria de ficar em casa um dos dias daquele fim de semana e descansar. Não acho que eles teriam sido tão indulgentes se eu não houvesse tentado compreendê-los primeiro.

Dar feedback é uma parte importante da prática de procurar ser compreendido. Quando dado da maneira correta, ele pode atuar como um depósito na CBR. Se alguém estiver com a braguilha aberta, por exemplo, dê feedback. Garanto que a pessoa ficará muito agradecida. Se você tem um amigo ou uma amiga com mau hálito (a ponto de ser apelidado ou apelidada por isso), não acha que a pessoa apreciaria ter um feedback sincero, dito com delicadeza? Alguma vez você já chegou em casa, depois de ter um encontro com alguém, e descobriu que passara a noite inteira com um indisfarçável pedaço de carne entre os dentes? Horrorizado, você lembra no mesmo instante de todos os sorrisos que deu ao longo da noite. Não gostaria que a outra pessoa o tivesse avisado?

Se sua CBR com alguém for alta, você pode dar feedback abertamente, sem hesitar. Joshua, meu irmão caçula, que está cursando o último ano do colégio, certa vez contou o seguinte:

> *Um lado legal de se ter irmãos ou irmãs mais velhos é o feedback que eles nos dão. Quando chego em casa, depois de um jogo aberto de basquete ou de futebol no colégio, mamãe e papai me recebem à porta, falando sem parar sobre as belas jogadas que eu fiz. Mamãe vibra com meu talento e papai diz que foram minhas habilidades para a liderança que levaram meu time à vitória.*
>
> *Quando minha irmã, Jenny, se une a nós, na cozinha, pergunto a ela como me saí. Então ela diz quanto fui medíocre no jogo e que é melhor eu ficar esperto se quiser manter minha posição atual no time. Diz também que espera que eu jogue melhor na partida seguinte, para não envergonhá-la.*

O fato de Jenny e de Josh serem muito unidos permite que eles compartilhem feedback tranquilamente. Quando der feedback, tenha em mente estes dois pontos:

Primeiro, pergunte a si mesmo: "Este feedback vai realmente ajudar essa pessoa ou estou fazendo isso apenas para me satisfazer?" Se seu motivo para dar feedback não estiver de acordo com o interesse da pessoa em questão, provavelmente não seja o momento certo de oferecê-lo.

Segundo, envie mensagens com "eu..." em vez de mensagens com "você...". Em outras palavras, dê feedback na primeira pessoa. Diga "Eu estou preocupado com a possibilidade de você ter um problema de temperamento", ou "Eu sinto que você anda agindo com egoísmo ultimamente". Mensagens com "você..." são mais ameaçadoras porque soam como se você estivesse rotulando a pessoa. "Você é tão egoísta!" "Você tem um gênio terrível!"

Bem, isso deve ter sido suficiente para amarrar o assunto. Não tenho muito mais a dizer sobre esse hábito, exceto terminar com o mesmo pensamento com o qual começamos: você tem dois ouvidos e uma boca... Lembre-se disso!

★ ★ ★

PRÓXIMAS ATRAÇÕES
A seguir, descubra como 1 + 1 às vezes pode ser igual a 3. Até já!

PEQUENOS PASSOS

1. Veja quanto tempo você consegue olhar nos olhos das pessoas enquanto conversa com elas.

2. Vá a uma praça, sente-se em um banco e observe as pessoas se comunicando umas com as outras. Observe o que a linguagem corporal de cada uma está dizendo.

3. Em suas interações de hoje, tente praticar o espelhamento com uma pessoa e imitar outra, apenas por diversão. Compare os resultados.

4. Pergunte a si mesmo: "Com qual das cinco maneiras de escutar mal eu tenho mais problemas: ficar em órbita, escuta falsa, escuta seletiva, escuta de palavras ou escuta egoísta (julgar, aconselhar, sondar)?" Agora tente passar um dia inteiro sem praticá-la.

A maneira de escutar mal da qual tenho mais dificuldade para me livrar:

_____

_____

5. Em algum momento dessa semana, pergunte a sua mãe ou a seu pai: "Como estão as coisas?": Abra seu coração e pratique a escuta genuína. Você ficará surpreso com o que acabará aprendendo.

6. Se você for muito falante, dê um tempo e passe um dia inteiro apenas escutando. Só fale quando for realmente necessário.

7. Da próxima vez que se apanhar querendo esconder seus sentimentos, não o faça. Em vez disso, tente expressá-los de maneira responsável.

8. Pense em uma situação na qual seu feedback construtivo realmente ajudaria outra pessoa. Compartilhe-o com ela quando chegar o momento certo.

A pessoa que se beneficiaria com meu feedback é: _____

_____

HÁBITO 6

Crie sinergia

o caminho "elevado"

Sozinhos podemos muito pouco; juntos podemos muito.

HELEN KELLER

Você já viu ou já ouviu falar que os gansos migram para o sul no inverno, voando em formação de V? Os cientistas descobriram algumas coisas interessantes sobre o motivo que os leva a voar dessa maneira:

- Quando voam em formação, todo o bando consegue ir 71% mais longe do que cada ave voando sozinha. Quando um ganso bate as asas, cria uma corrente de ar ascendente para os gansos que o estão seguindo.

- Quando o líder da formação se cansa, vai para o fim do V, permitindo que outro ganso ocupe a posição de líder.

- Os gansos que ficam mais atrás grasnam para incentivar os que estão na frente.

- Quando um ganso sai da formação, sente imediatamente a dificuldade de tentar voar sozinho e volta logo para a formação.

- Por fim, quando um dos gansos adoece ou se fere e sai da formação, dois gansos o acompanham para ajudá-lo e protegê-lo. Eles ficam na companhia do que está ferido até que este melhore ou morra, então se juntam a outra formação ou criam uma nova para alcançar o grupo.

Aves espertas, esses gansos! Ao compartilhar a corrente de ar gerada por eles mesmos, alternar a posição de liderança, grasnar para encorajar uns aos outros, manter-se em formação e dar atenção especial aos feridos, eles conseguem muito mais do que cada um conseguiria voando sozinho. Isso me faz pensar se por acaso eles assistiram a alguma aula sobre o Hábito 6, "Crie sinergia". Hum...

Mas o que significa "criar sinergia"? Em poucas palavras, *a sinergia é obtida quando duas ou mais pessoas trabalham juntas para criar uma solução melhor do que aquela que seria obtida com cada uma trabalhando sozinha. Não é a minha maneira ou a sua, mas uma maneira melhor, um caminho mais elevado.*

A sinergia é a recompensa, a fruta deliciosa que você saboreia enquanto se aprimora na vivência dos outros hábitos, principalmente ao pensar ganha/ganha e procurar primeiro compreender. Aprender a "criar sinergia" é como aprender a criar formações em V com os outros, em vez de tentar voar sozinho pela vida. Você ficará impressionado com quanto conseguirá ir mais longe e muito mais rápido!

Para entender melhor o que é criar sinergia, vamos ver primeiro o que não é sinergia.

SINERGIA É:	SINERGIA NÃO É:
Celebrar diferenças	Tolerar diferenças
Trabalho em equipe	Trabalho independente
Ter a mente aberta	Pensar que você está sempre certo
Encontrar caminhos novos e melhores	Abrir mão

A SINERGIA ESTÁ EM TODO LUGAR

A sinergia está em todo lugar da natureza. As imensas sequoias (que chegam a atingir a altura de 90 metros ou mais) crescem em grupos e compartilham um grande conjunto de raízes entrelaçadas. Se não estivessem interligadas umas às outras, elas acabariam tombando durante uma tempestade.

Muitas plantas e muitos animais vivem juntos em relacionamentos simbióticos. Se você já viu a foto de um pássaro se alimentando nas costas de um rinoceronte, você viu sinergia. Os dois obtêm benefícios: o pássaro se alimenta e o rinoceronte fica limpo.

A sinergia não é algo novo. Se você já participou de algum time, você a sentiu. Se já trabalhou em algum projeto com um grupo verdadeiramente coeso, ou se saiu com amigos com os quais realmente se divertiu, você a sentiu.

Uma boa banda musical é um ótimo exemplo de sinergia. Não é apenas a bateria, a guitarra, o baixo ou o vocalista; são todos eles unidos que formam o "som". Cada membro da banda contribui com seu talento para criar algo melhor do que cada um poderia fazer sozinho. Nenhum instrumento é mais importante do que o outro, apenas diferente.

CELEBRANDO DIFERENÇAS

A sinergia não acontece por acaso. Ela é um processo. Você tem de conquistá-la. E a base para conseguir isso é aprender a celebrar as diferenças.

Nunca me esquecerei de quando conheci um tonganês chamado Fine (pronuncia-se Fini) Unga, na época do colégio. A princípio, fiquei morrendo de medo dele. O cara parecia um guarda-roupa, andava malvestido e era conhecido como lutador de rua. Nossa aparência, a maneira de nos vestir, de falar, de pensar e de comer (você tinha de ver aquele cara comendo) eram completamente diferentes.

A única coisa que nós tínhamos em comum era o gosto pelo futebol. Então por que será que nos tornamos grandes amigos? Talvez porque fôssemos muito diferentes. Eu nunca sabia ao certo o que Fine estava pensando ou o que ele faria em seguida, e isso era incrivelmente tranquilizador. Eu gostava ainda mais de ser amigo dele quando surgia uma briga. Ele tinha talentos que eu não tinha e vice-versa, por isso formávamos uma ótima dupla.

Puxa, fico contente de o mundo não haver sido povoado por um bando de clones que agem e pensam exatamente como eu. Ainda bem que existe diversidade!

Quando ouvimos a palavra *diversidade*, geralmente pensamos em diferenças raciais e de gênero. Mas existem muitos outros campos onde ocorrem diversidades, tais como: diferenças de características físicas, vestimenta, linguagem, riqueza, família, crenças religiosas, estilo de vida, educação, interesses, habilidades, idade etc. etc. Como o Dr. Seuss menciona no livro *One Fish, Two Fish, Red Fish, Blue Fish* (Um peixe, dois peixes, peixes vermelhos, peixes azuis):

> *Eles vêm.*
> *Eles vão.*
> *Alguns são rápidos.*
> *Outros vêm na mansidão.*
> *Alguns são grandes.*
> *Outros mal alcançam um palmo de mão.*
> *Nenhum deles se parece com o outro.*
> *Nem se incomodam com isso.*
> *Não nos pergunte por quê.*
> *Vá perguntar ao bispo.*

O mundo está se transformando rapidamente em uma grande mistura de culturas, raças, religiões e ideias. Uma vez que essa diversidade que nos cerca tende a aumentar cada vez mais, você precisa tomar uma decisão importante a respeito de como lidar com ela. Há três atitudes possíveis:

Nível 1: Fugir da diversidade
Nível 2: Tolerar a diversidade
Nível 3: Celebrar a diversidade

Perfil do fugitivo

Os fugitivos morrem de medo das diferenças. Eles se sentem incomodados com o fato de alguém poder ter uma cor de pele diferente, acreditar em um Deus diferente ou usar uma marca de jeans diferente da que eles usam. Isso porque estão convencidos de que sua maneira de viver é "a melhor", "a correta" ou "a única". Eles adoram ridicularizar aqueles que são diferentes, porque acreditam estar salvando o mundo de uma ameaça terrível. Não hesitam nem mesmo em se envolver fisicamente na questão, se for preciso, e geralmente se envolvem com gangues, "panelinhas" ou grupos marginais, por causa da força que o número de indivíduos gera no grupo.

Perfil do tolerante

Os tolerantes acreditam que todos têm o direito de ser diferentes. Eles não evitam a diversidade, mas também não a assumem. Seu lema é: "Você fica na sua que eu fico na minha. Faça do seu jeito que eu faço do meu. Você não me aborrece que eu não o aborreço."

Embora eles cheguem perto de conseguir, na verdade eles nunca obtêm sinergia porque veem as diferenças como obstáculos, e não como uma força potencial que pode ser utilizada. Eles não sabem o que estão perdendo...

Perfil do celebrador

Os celebradores valorizam as diferenças. Eles as veem como uma vantagem, não como uma fraqueza. Eles aprenderam que duas pessoas que pensam de maneira diferente podem ir além do que duas que pensam do mesmo modo. Eles percebem que celebrar as diferenças não significa necessariamente concordar com essas diferenças, como torcer por um time ou por outro, mas apenas que você as valoriza. Aos olhos deles, ocorre o seguinte: Diversidade = Fagulhas Criativas = Oportunidade.

Sendo assim, o que você tem a ver com isso? Pense com calma. Se a roupa de alguém não combina com a sua, você valoriza a pessoa por seu estilo único de se vestir ou a considera "cafona"?

Imagine um grupo que tenha uma crença religiosa contrária à sua. Você respeita a crença deles ou os rotula como um "bando de fanáticos"?

Se alguém mora em uma região da cidade diferente da sua, você sente que a pessoa pode lhe ensinar algo ou a discrimina por causa do lugar onde ela mora?

A verdade é que celebrar a diversidade é algo difícil para a maioria de nós, dependendo do assunto em questão. Um exemplo disso é a possibilidade de você poder apreciar a diversidade étnica e cultural e, ao mesmo tempo, menosprezar uma pessoa por causa do estilo de roupa que ela usa.

HÁBITO 6

● SOMOS TODOS UMA MINORIA ÚNICA

É muito mais fácil apreciar as diferenças quando nos damos conta de que, de uma maneira ou de outra, somos todos uma minoria única. Devemos nos lembrar de que a diversidade não é algo apenas externo, mas também interno. No livro *All I Really Need to Know I Learned in Kindergarten* (Tudo que realmente preciso saber, aprendi no jardim de infância), Robert Fulghum diz: "Somos tão diferentes uns dos outros dentro de nossas cabeças quanto parecemos ser diferentes uns dos outros do lado de fora de nossa cabeça." Como somos diferentes por dentro? Bem...

Aprendemos diferentemente. Como é provável que você já tenha notado, o raciocínio de um amigo seu, ou o de sua irmã ou seu irmão, não funciona da mesma maneira que o seu. O dr. Thomas Armstrong identificou sete tipos de inteligência e afirma que as crianças podem aprender melhor por meio de sua inteligência mais dominante no aspecto:

- LINGUÍSTICO: aprendizado por meio da leitura, da escrita e da narração de histórias.
- LÓGICO-MATEMÁTICO: aprendizado por meio da lógica, de padrões, de categorias e relacionamentos.
- CORPORAL-CINESTÉSICO: aprendizado por meio de sensações corporais e do toque.
- ESPACIAL: aprendizado por meio de imagens e figuras.
- MUSICAL: aprendizado por meio de sons e ritmos.
- INTERPESSOAL: aprendizado por meio da interação e da comunicação com os outros.
- INTRAPESSOAL: aprendizado por meio das próprias sensações.

Um tipo não é melhor do que o outro, apenas diferente. Você pode ser dominante no aspecto lógico-matemático e sua irmã ou seu irmão pode ser dominante no aspecto interpessoal. Dependendo da maneira como encara a diversidade, você pode dizer que sua irmã é esquisita porque é muito falante, ou pode apreciar essa diferença e pedir a ela que o ajude a melhorar seu desempenho nos seminários.

Nós vemos diferentemente. Todos nós vemos o mundo diferentemente e temos paradigmas diferentes sobre nós mesmos, sobre os outros e sobre a vida em geral.

Para que você entenda o que estou querendo dizer, vamos fazer um teste. Olhe para esta figura durante alguns segundos. Agora olhe para a figura no final da página 194 e descreva o que você está vendo. Você pode dizer que a figura da página 194 é o esboço de um ratinho com uma longa cauda.

Mas e se eu lhe disser que você está errado? Se eu lhe disser que não vejo um rato na imagem, mas um homem de óculos? Você levaria minha opinião em conta, ou acharia que sou burro por não ver a mesma imagem que você? Para entender meu ponto de vista, vá para a página 200 e observe por um momento a figura no final da página. Depois volte para a página 194. Agora entende o que eu vejo?

Isso serve para mostrar que todos os eventos do seu passado formaram uma espécie de lente, ou paradigma, através da qual você vê o mundo. E uma vez que o passado de uma pessoa nunca é exatamente igual ao de outra, duas pessoas nunca veem as coisas da mesma maneira. Uma vê o rato, outra vê o homem, mas ambas estão certas.

Se você aceitar a ideia de que as pessoas veem o mundo de maneiras diferentes e de que todas podem estar certas, sua compreensão e seu respeito pelos diferentes pontos de vista aumentarão. (Você pode tentar fazer esse teste com um amigo, se quiser.)

Temos estilos, traços e características diferentes. O exercício seguinte não deve ser encarado como a realização de um diagnóstico profundo, mas apenas como uma visão bem-humorada de suas características gerais e dos traços de sua personalidade. Este exercício foi desenvolvido por uma faculdade de direito da Carolina do Norte e adaptado a partir do livro *It's All in Your Mind* (Está tudo em sua mente), de Kathleen Butler.

Leia cada coluna de palavras e preencha com o número 4 o quadrado em branco que você considerar como o que o descreve melhor. Agora escreva o número 3 para a segunda palavra que o descrever melhor. Faça o mesmo para as palavras finais, usando os números 2 e 1. Faça isso em cada uma das colunas.

EXEMPLO:

Imaginativo	2	Investigativo	4	Realista	1	Analítico	3

COLUNA 1		COLUNA 2		COLUNA 3		COLUNA 4	
Imaginativo		Investigativo		Realista		Analítico	
Adaptável		Inquisitivo		Organizado		Crítico	
Sociável		Criativo		Objetivo		Questionador	
Individualista		Aventureiro		Prático		Acadêmico	
Flexível		Inventivo		Preciso		Sistemático	
Compartilhador		Independente		Ordenado		Sensato	
Cooperativo		Competitivo		Perfeccionista		Lógico	
Sensível		Audacioso		Trabalhador		Intelectual	
Popular		Solucionador		Planejador		Leitor	
Associativo		Originador		Memorizador		Analisador	
Espontâneo		Mutante		Direcional		Julgador	
Comunicativo		Descobridor		Cauteloso		Razoável	
Preocupado		Desafiador		Praticante		Examinador	
Sensitivo		Experimentador		Realizador		Pensador	

Agora some o total (sem incluir o exemplo, é claro) para cada coluna e escreva o resultado nos espaços abaixo.

COLUNA 1
Uvas

COLUNA 2
Laranjas

COLUNA 3
Bananas

COLUNA 4
Melões

Se sua pontuação mais alta foi na coluna l, considere-se uma uva.
Se sua pontuação mais alta foi na coluna 2, considere-se uma laranja.
Se sua pontuação mais alta foi na coluna 3, considere-se uma banana.
Se sua pontuação mais alta foi na coluna 4, considere-se um melão.
Agora identifique sua fruta e veja o que isso significa para você.

UVAS

Suas habilidades naturais incluem:

- Ser ponderada
- Ser sensível
- Ser flexível
- Ser criativa
- Preferência pelo trabalho em grupo

As uvas podem ter problemas em:

- Dar ordens exatas
- Focar a atenção em uma coisa de cada vez
- Organizar

As uvas aprendem melhor quando:

- Podem trabalhar e compartilhar com os outros
- Equilibram trabalho e diversão
- Podem se comunicar
- Não são competitivas

Para aprimorar seu estilo, as uvas precisam

- Prestar mais atenção nos detalhes
- Não se atirar apressadamente às coisas
- Ser menos emotivas ao tomar decisões

LARANJAS

Suas habilidades naturais incluem:

- Experimentar
- Ser independente
- Ser curiosa
- Criar abordagens diferentes
- Gerar mudança

As laranjas podem ter problemas em:

- Lidar com prazos
- Acompanhar uma palestra
- Ter poucas opções ou escolhas

As laranjas aprendem melhor quando:

- Podem usar o método de tentativa e erro
- Produzem resultados reais
- Podem competir
- São autodirigidas

Para aprimorar seu estilo, as laranjas precisam:

- Delegar responsabilidades
- Aceitar mais as ideias dos outros
- Aprender a priorizar

BANANAS

Suas habilidades naturais incluem:

- Planejar
- Descobrir fatos
- Organizar
- Seguir direções

As bananas aprendem melhor quando:

- Têm um ambiente ordenado
- Obtêm resultados específicos
- Podem confiar que os outros cumpram seus papéis
- Lidam com situações previsíveis

As bananas podem ter problemas em:

- Compreender sentimentos
- Lidar com a oposição
- Responder a pergunta do tipo "E se...?"

Para aprimorar seu estilo, as bananas precisam:

- Expressar mais seus sentimentos
- Obter explicações sobre o ponto de vista dos outros
- Ser menos rígidas

MELÕES

Suas habilidades naturais incluem:

- Debater pontos de vista
- Encontrar soluções
- Analisar ideias
- Determinar valor ou importância

Os melões aprendem melhor quando:

- Têm acesso a recursos
- Podem trabalhar independentemente
- São respeitados por sua capacidade intelectual
- Seguem métodos tradicionais

Os melões podem ter problemas em:

- Trabalhos em grupo
- Ser criticado
- Convencer os outros diplomaticamente

Para aprimorar seu estilo, os melões precisam:

- Aceitar a imperfeição
- Considerar todas as alternativas
- Considerar os sentimentos dos outros

CELEBRANDO SUA PRÓPRIA DIVERSIDADE

Nossa tendência é perguntar: "Mas qual das frutas é a melhor?" E a resposta é: "Essa é uma pergunta idiota."

Eu tenho três irmãos. Embora tenhamos muito em comum, como os pais e o tamanho do nariz, somos muito diferentes. Quando eu era mais jovem, vivia tentando provar a mim mesmo que meus talentos eram melhores do que os deles: "Tudo bem, você pode até ser mais desinibido do que eu. Mas quem se importa? Vou melhor na escola do que você, e isso é o mais importante." Desde então, percebi a idiotice desse tipo de raciocínio e estou aprendendo a apreciar o fato de que eles têm seus próprios potenciais e eu os meus. Ninguém é melhor ou pior, apenas diferente.

É por isso que você não deveria se sentir tão arrasado se alguém do sexo oposto (com quem você está morrendo de vontade de sair) não lhe der bola. Você pode até ser a uva mais desejável e apetitosa do pedaço, mas ele ou ela pode estar querendo uma banana. E não importa quanto você queira mudar de fruta, porque continuará sendo uma uva enquanto o outro quer uma banana. (Mas não se preocupe; mais cedo ou mais tarde aparecerá alguém procurando uma uvinha.)

Em vez de ficar tentando se misturar e ser igual a todo mundo, sinta orgulho de si mesmo e celebre suas diferenças e suas qualidades singulares. Uma salada de frutas é deliciosa exatamente pelo fato de cada fruta manter o próprio sabor.

● EMPECILHOS À CELEBRAÇÃO DAS DIFERENÇAS

Embora haja muitos outros, os três maiores empecilhos à sinergia são a ignorância, as "panelinhas" e o preconceito.

Ignorância. Ignorar significa que você não está ciente da informação. Você não sabe no que as outras pessoas acreditam, como elas se sentem ou o que têm passado. Em geral, existe muita ignorância quando está em questão compreender pessoas com deficiências, como Crystal Lee Helms explicou em um artigo publicado pelo _Mirror_, um jornal de Seattle:

> _Meu nome é Crystal. Tenho 1,53m de altura, cabelos loiros e olhos castanhos. Até aí, tudo normal, certo? Mas e se eu lhe disser que sou surda?_
>
> _Em um mundo perfeito, não importaria, não deveria importar. Mas não vivemos em um mundo perfeito, e, por fim, isso acaba importando. Quando alguém fica sabendo que sou surda, muda de atitude completamente. De repente começa a me olhar de maneira diferente. Você ficaria surpreso com a reação das pessoas._
>
> _A pergunta mais comum é: "Como você ficou surda?" E quando conto como tudo aconteceu, a reação delas é tão comum quanto a pergunta em si:_
>
> _"Ah, sinto muito. Isso é muito triste." Sempre que isso acontece, eu simplesmente as fito nos olhos e digo calmamente: "Não, na verdade, não é tão triste assim. Não lamente por mim." Por melhor que seja a intenção, a sensação de pena sempre me dá náusea._
>
> _Nem todas as atitudes, porém, me colocam na defensiva. Algumas são até engraçadas. Eu estava conversando com meus amigos, usando gestos, quando um cara que eu não conhecia se aproximou de mim e começou a falar:_
>
> _— Como é ser surda?_
>
> _— Não sei. Como é ter audição? Quer dizer, não é como nada. Apenas é._

Como você pode ver, o ponto principal é este: se você conhecer uma pessoa surda, não a rotule de incapaz nem considere que ela se encontra em desvantagem. Em vez disso, dedique um tempo para conhecê-la e descobrir o que é ser surdo. Ao fazer isso, você estará se abrindo não apenas para conhecer os outros, mas principalmente você mesmo.

<u>"Panelinhas".</u> Não há nada de errado em querer estar com as pessoas com as quais você se dá bem. Isso se torna um problema somente quando seu grupo de amigos se torna tão exclusivo que começa a rejeitar todo mundo que não seja como eles. É difícil valorizar as diferenças em uma "panelinha" muito fechada. Aqueles que se encontram fora se sentem como cidadãos de segunda classe, e os que se encontram dentro geralmente sofrem de complexo de superioridade. Não é difícil entrar em uma "panelinha". Tudo que você precisa fazer é perder sua identidade, ser assimilado e se tornar parte da colmeia Borg.[1]

<u>Preconceito.</u> Alguma vez você já se sentiu estereotipado, rotulado ou prejulgado por alguém, devido à cor de sua pele, ao seu sotaque muito carregado ou ao fato de você morar no lado menos privilegiado da cidade? Acho que todos nós já passamos por isso e a sensação é horrível, não?

Apesar de havermos sido gerados da mesma maneira, infelizmente não somos tratados da mesma maneira. É triste o fato de que minorias de todos os tipos geralmente tenham obstáculos adicionais para superar na vida por causa dos preconceitos mantidos por tantas pessoas. O racismo é um dos problemas mais antigos do mundo. Eis a experiência de Natasha:

O racismo pode dificultar o sucesso. Quando você é uma estudante negra que faz parte do grupo dos melhores alunos da classe, mantendo uma média impecável, elas tendem a se sentir ameaçadas. Eu gostaria muito que as pessoas se dessem conta de que todo mundo, independentemente do lugar de onde vem ou da cor da pele, merece as mesmas oportunidades. No que diz respeito a mim e a meus amigos, o preconceito será sempre uma batalha.

---

[1] Comunidade de ciborgues que aparece em alguns episódios do seriado Star Trek — A Nova Geração, e que tem a característica de "assimilar" humanos, transformando-os em ciborgues (N. dos T.).

Nós não nascemos com preconceito. Isso é aprendido. As crianças, por exemplo, não se importam com a cor da pele umas das outras. Mas, conforme vão crescendo, começam a adquirir os preconceitos dos outros e formam barreiras, como é explicado na letra da música de Rogers e Hammerstein, composta para o musical *South Pacific* (Pacífico Sul):

> *Você tem de ser ensinado a sentir medo*
> *Das pessoas com olhar diferenciado,*
> *E das pessoas cuja pele difere no sombreado,*
> *Você tem de ser cuidadosamente ensinado.*
>
> *Você tem de ser ensinado antes que seja tarde,*
> *Antes que esteja com 6, 7 ou 8 anos de idade,*
> *A odiar todos aqueles que seus parentes odeiam de verdade,*
> *Você tem de ser ensinado com acuidade!*

O poema seguinte, de um autor anônimo, conta a triste história do que acontece quando as pessoas prejulgam umas às outras.

O FRIO INTERIOR

> *Seis humanos apanhados por um frio intenso e castigante,*
> *Cada um segurando uma tora de madeira, assim conta a história impressionante.*
>
> *O fogo chegando ao fim precisava de lenha, mas o primeiro homem*
> *escondeu sua tora sem receio,*
> *Pois entre os rostos ao redor da fogueira notou que um era negro.*
>
> *O homem seguinte olhou ao redor e, não vendo ninguém de sua religião,*
> *Não teve coragem de deitar na fogueira a tora que tinha na mão.*
>
> *O terceiro, com seu traje esfarrapado, ajeitou o casaco com indignação;*
> *Por que usar sua tora para aquecer o rico cheio de ambição?*
>
> *O homem rico inclinou-se para trás, pensando na riqueza que tinha guardado,*
> *E em como mantê-la longe do alcance do pobre preguiçoso e desgraçado.*
>
> *A face do negro refletia vingança à luz fugidia da fogueira,*
> *Pois tudo que via era a chance de acertar o branco com sua tora certeira.*
>
> *O último homem do malfadado grupo nada fazia, exceto se algo havia a ganhar,*
> *Retribuía apenas àqueles que lhe deram algo, pois era só assim que sabia jogar*
>
> *As toras seguras com firmeza pelos mortos foram prova do pecado humano em*
> *todo seu horror,*
> *Não morreram do frio intenso que os apanhara — morreram do frio interior.*

DEFENDENDO A DIVERSIDADE

Felizmente o mundo está cheio de pessoas com calor interior e que valorizam a diversidade. A história seguinte, narrada por Bill Sanders, é um exemplo maravilhoso de defesa da diversidade e de demonstração de coragem:

Há alguns anos, testemunhei um ato de coragem que me causou um frio na espinha.

Durante uma das reuniões de assembleia do colégio, eu havia falado a respeito de implicar com o outro e de como cada um de nós deveria defender as pessoas, em vez de humilhá-las. Depois, cada um dos participantes teve a chance de "sair da toca" e ir falar ao microfone. Os estudantes podiam agradecer a alguém que os houvesse ajudado, e coisas desse tipo. Alguns que foram ao microfone fizeram exatamente isso. Uma garota agradeceu a alguns amigos que a haviam ajudado a superar problemas familiares. Um rapaz falou sobre algumas pessoas que haviam lhe dado apoio durante uma dificuldade emocional que ele vivera.

> Na vida, as diferenças criam desafios que abrem as portas da descoberta.
>
> Símbolo da linguagem de sinais que significa "SOMOS DIFERENTES"

Foi então que uma garota do último ano ficou de pé, caminhou até o microfone e apontou para o local onde o pessoal do segundo ano estava reunido. Desafiando toda a escola, ela falou: "Vamos parar de aborrecer aquele colega. Claro que ele é diferente de nós, mas estamos todos juntos nisso. Por dentro, ele não é diferente de nós. Precisa de aceitação, amor, compaixão e aprovação. Ele precisa de amigos. Por que continuamos sendo rudes e humilhando ele? Estou desafiando toda esta escola a apoiá-lo e a dar uma chance a ele!"

Durante todo o tempo em que ela falou, eu me mantive de costas para o local onde o rapaz se encontrava e não tinha ideia de quem ele era. Mas, obviamente, a escola sabia. Fiquei até com receio de olhar naquela direção, achando que o rapaz poderia estar enrubescido e querendo se esconder embaixo da cadeira. Porém, quando olhei para trás, avistei um rapaz sorrindo de orelha a orelha. Balançando o corpo para cima e para baixo, ele levantou o punho cerrado no ar. Em sua linguagem corporal estava dizendo: "Obrigado! Obrigado! Continue falando com eles. Você salvou minha vida hoje!"

Encontrando o caminho "elevado" Assim que você aceita a ideia de que as diferenças são uma força e não uma fraqueza, e assim que se compromete a pelo menos tentar celebrá-las, está pronto para encontrar o caminho elevado. A definição budista do Caminho do Meio não significa chegar a um meio-termo; significa alcançar algo mais elevado, como o ápice de um triângulo.

A sinergia é mais do que mero compromisso ou cooperação. Compromisso é 1 + 1 = 1½. Cooperação é 1 + 1 = 2. Sinergia é 1 + 1 = 3 ou mais. É cooperação criativa, com ênfase na palavra *criativa*. O resultado é maior do que a soma das partes. Os construtores sabem disso melhor do que ninguém. Se uma viga de 5 cm por 10 cm sustenta 275 kg, então duas vigas de 5 cm por 10 cm deveriam ser capazes de sustentar 550 kg, certo? Na verdade, porém, duas vigas de 5 cm por 10 cm sustentam 825 kg! E se você pregar uma à outra, duas vigas de 5 cm por 10 cm sustentam 2.210 kg. Três vigas com essas mesmas medidas, e pregadas uma à outra, conseguem sustentar 3.845 kg! Os músicos também sabem como isso funciona. Eles sabem que, quando um dó e um sol se encontram perfeitamente afinados, produzem uma terceira nota: um mi.

Encontrar o caminho elevado sempre dá um melhor resultado, como Laney descobriu:

Na aula de laboratório de física, o professor estava demonstrando o "princípio de momento" e nossa tarefa seria construir uma catapulta, como aquelas medievais. Nós a batizamos de "lançadora de abóboras".

Meu grupo era formado por mim e mais dois rapazes. Nós éramos bem diferentes, por isso tivemos uma porção de ideias diferentes.

Um de nós queria usar cordas elásticas para acionar a lançadora. Outro queria usar tensão e cordas. Tentamos cada uma das sugestões sem muito sucesso, até encontrarmos uma maneira de utilizar as duas ideias ao mesmo tempo. O impulso foi muito mais acentuado do que se tivéssemos usado cada uma das sugestões separadamente. Foi legal porque conseguimos dobrar o impulso do lançamento.

Também houve sinergia quando os fundadores dos Estados Unidos estavam formando a estrutura de governo. William Paterson propôs o Plano de Nova Jersey, que dizia que cada estado deveria ter representação igualitária no governo, independentemente do índice populacional. Este plano favorecia os estados menores. James Madison teve uma ideia diferente, conhecida como o Plano de Virginia, que argumentava que os estados com maior índice populacional deveriam ter maior representação. Esse plano favorecia os estados maiores. Depois de várias semanas de debate, eles alcançaram uma decisão que agradou todas as partes. Concordaram em ter duas facções no Congresso. Em uma delas, o Senado, cada estado teria dois representantes, independentemente do índice populacional. Na outra, a Casa dos Representantes (deputados), cada estado teria representantes baseados em seu índice populacional.

Embora tenha recebido o nome de Grande Compromisso, essa famosa decisão deveria ter recebido o nome de Grande Sinergia, porque apresentou um resultado melhor do que as propostas originais.

ALCANÇANDO A SINERGIA

Quer você esteja discutindo com seus pais a respeito de sair com alguém e estabelecendo os limites do "toque de recolher", ou então planejando alguma atividade escolar com seus colegas, ou simplesmente não concordando com algo, há uma maneira de alcançar a sinergia. Aqui estão cinco dicas simples para ajudá-lo a chegar lá.

Alcançando a sinergia
PLANO DE AÇÃO

? DEFINIR O PROBLEMA OU A OPORTUNIDADE

A MANEIRA DELES
(Procure primeiro compreender as ideias dos outros.)

A MINHA MANEIRA
(Procure ser compreendido compartilhando suas ideias.)

BRAINSTORM
(Crie novas opções e ideias.)

O CAMINHO ELEVADO
(Encontre a melhor solução.)

Vamos aplicar o plano de ação a um problema, para ver como ele funciona.

As férias

Pai: – *Não me importa o que você acha. Vai conosco nessas férias quer queira ou não. Nós a planejamos há meses, e é importante que passemos algum tempo juntos, em família.*

Mãe: – *Não quero que você fique aqui sozinho. Ficarei preocupada todo o tempo e isso arruinará minhas férias. Queremos que viaje conosco.*

DEFINIR O PROBLEMA OU A OPORTUNIDADE
Neste caso, temos um problema. E ele é o seguinte:

Meus pais querem que eu participe das férias da família, mas eu preferiria ficar em casa e sair com meus amigos.

A MANEIRA DELES (*Procure primeiro compreender as ideias dos outros.*)
Tente usar as habilidades de escuta que você aprendeu no Hábito 5, para que possa realmente compreender sua mãe e seu pai. Lembre-se: se você quiser exercer influência sobre seus pais, eles precisam se sentir compreendidos.
Ao escutá-los, você apreende o seguinte:

Essas férias são muito importantes para meu pai. Ele quer dedicar um tempo à família, e sente que não será a mesma coisa sem minha presença. Mamãe acha que eles ficarão tão preocupados se eu ficar sozinho em casa que não aproveitarão as férias.

A MINHA MANEIRA (*Procure ser compreendido compartilhando suas ideias.*)
Agora coloque em prática a segunda metade do Hábito 5 e escute seus pais. Eles se mostrarão muito mais dispostos a ouvi-lo. Aproveite para dizer a eles como está se sentindo.

Quero ficar em casa com meus amigos. Eles são muito importantes para mim. Planejamos uma porção de coisas e não quero perder a diversão. Além disso, fico maluco quando tenho de passar um dia inteiro em um carro lotado na estrada, com meus irmãos.

BRAINSTORM (*Crie novas opções e ideias.*)
Aqui é onde a mágica acontece. Utilize sua imaginação e crie ideias que você nunca poderia ter se estivesse pensando sozinho. Enquanto pratica o *brainstorm*, tenha em mente as seguintes dicas:
- SEJA CRIATIVO: Revele suas ideias mais ousadas. Deixe a coisa fluir.
- EVITE A CRÍTICA: Nada prejudica mais a fluidez da criatividade do que a crítica.
- SAIBA APROVEITAR: Preserve sempre as melhores ideias. Uma grande ideia conduz a outra, que conduz a outra, e assim por diante.

O *brainstorming* produz as seguintes ideias:

- *Meu pai disse que poderíamos tirar férias em um lugar que me agradasse mais.*
- *Eu disse que poderia ficar com parentes próximos.*
- *Minha mãe sugeriu que eu levasse um amigo comigo.*
- *Sugeri usar minhas economias para ir de ônibus e não ter de viajar no carro lotado.*
- *Minha mãe se mostrou disposta a encerrar as férias mais cedo, para facilitar as coisas para mim.*
- *Sugeri ficar em casa durante uma parte das férias e me juntar a eles depois.*
- *Papai estava disposto a me deixar ficar em casa se, enquanto eles estivessem fora, eu desse uma limpeza nos computadores dele para funcionarem mais rápido.*

O CAMINHO ELEVADO (*Encontre a melhor solução.*)

Depois de pensar por um tempo, geralmente a melhor ideia vem à tona. Agora é só uma questão de pôr em prática.

Todos concordamos que eu poderia ficar em casa na metade da semana e depois ir de ônibus com um amigo para me juntar à família na outra metade. Eles até se dispuseram a pagar o ônibus para mim e meu amigo se eu mexesse nos computadores. o que não dá tanto trabalho, então ainda terei tempo para sair com meus amigos. Eles ficaram felizes, e eu também.

Se você seguir o básico da fórmula acima, ficará espantado com o que pode acontecer, mas é preciso muita maturidade para obter a sinergia. Você tem de estar disposto a ouvir o ponto de vista do outro. Em seguida, precisa ter coragem de expressar seu ponto de vista. E por fim, tem que deixar sua criatividade fluir. Veja como esta aluna do 2º ano chamada Erica alcançou a sinergia:

Como editora-sênior do jornal da escola, tinha muita responsabilidade a delegar. Eu queria acrescentar uma seção nova esse ano, para mudar um pouco as coisas, então dei as seguintes ideias: faríamos uma reportagem sobre um aluno diferente toda semana, com uma entrevista sobre seus talentos e interesses. Meu coeditor queria escolher apenas crianças populares das séries mais avançadas, mas eu perguntei por que não podíamos alcançar um público maior? E se houver calouros com talentos fantásticos, mas tímidos demais para mostrar suas habilidades?

Então fiz um post no perfil do jornal no Twitter comunicando que estávamos procurando crianças na escola com histórias e habilidades únicas, e começaram a nos responder na mesma hora. Um garoto, um dançarino sensacional de break-dance, nos mandou um vídeo para publicarmos. Uma garota nos mostrou suas habilidades bilíngues em português e espanhol e traduziu um poema nos dois idiomas para publicarmos no jornal. Um colega tímido da aula de artes enviou um vídeo dele tocando baixo com sua banda, e ele era um ótimo músico!

Meu coeditor realmente mudou de ideia sobre um público mais abrangente — acho que ele percebeu bem depressa quanto ficaríamos limitados se tivéssemos procurado apenas crianças populares. Na semana passada, sugerimos ao conselho estudantil que realizasse um show de talentos para que todas pudessem se apresentar pessoalmente, e não só pela internet! Em geral, foi uma maneira surpreendentemente impressionante de ver como o corpo estudantil é uma combinação de indivíduos com personalidade e talentos únicos.

Siga em frente!

O Plano de Ação para Alcançar a Sinergia pode ser usado em todos os tipos de situações:

- No projeto de biologia você já foi colocado em grupo com três pessoas que nem conhece.
- Você está responsável pelas mídias sociais no seu trabalho de meio período e tem que fazer malabarismos para lidar com as diversas opiniões.
- Você quer entrar para a faculdade, mas seus pais não estão dispostos a ajudá-lo a pagar.
- Como membro do corpo estudantil, você e sua equipe precisam de planejar o encontro de alunos e ex-alunos.
- Você e sua madrasta discordam sobre seus horários para chegar em casa.
- Você sempre briga com seu irmão para decidir quem vai usar o laptop da sua mãe.

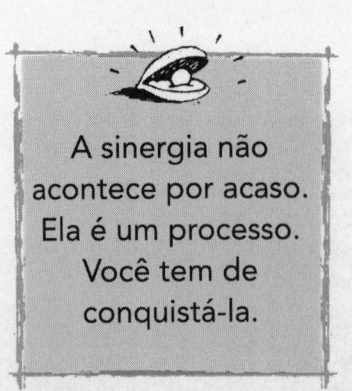

A sinergia não acontece por acaso. Ela é um processo. Você tem de conquistá-la.

O Plano de Ação para Alcançar a Sinergia é uma diretriz, nada mais. Os passos nem sempre seguem uma ordem, e não é necessário seguir todos eles. Se sua CBR com alguém estiver extremamente alta, você pode simplesmente pular os três primeiros passos e ir direto para a etapa de ideias. Por outro lado, se sua CBR estiver baixa, talvez você precise de mais tempo para escutar. Pode demorar várias conversas até que se resolvam certos problemas. Seja paciente.

Apesar dos esforços hercúleos de sua parte para encontrar a estrada, às vezes a outra parte envolvida não faz qualquer esforço. Você deve simplesmente continuar trabalhando na sua CBR nessas situações.

Como você costuma resolver conflitos? Na maioria das vezes, com briga (verbais ou físicas) e fuga (não fala mais nada ou abstrai). Bem, as coisas estão melhorando... O Plano de Ação para Alcançar a Sinergia oferece uma alternativa.

Imagine que você e sua melhor amiga concorreram em chapas diferentes para o conselho estudantil. Você ganhou. Ela perdeu. Desde o resultado da eleição ela mal fala com você. Uma acha que a outra não está fazendo o suficiente para se aproximar, afastar a inveja ou manter a amizade. A situação está ficando tensa. Depois de aprender um pouco sobre sinergia, você decide experimentar o Plano de Ação para Alcançar a Sinergia num telefonema com sua melhor amiga.

DEFINIR O PROBLEMA OU A OPORTUNIDADE

Você: "Sinto que tem sido bem difícil desde a eleição, sabe? Acho que não sei o que realmente está acontecendo. (silêncio absoluto) Parece que sempre que nos vemos tem uma energia estranha, sabe? Ou não falamos nada, ou a conversa vira discussão. (mais silêncio) Você quer tentar entender isso tudo?"

Ela: "Acho que sim."

O CAMINHO DO OUTRO *(Primeiro tente entender as ideias alheias.)*

Você: "Bem, para começar, como está se sentindo quanto a isso tudo?"

Ela: "É simples, desde que você ganhou acha que é melhor do que eu. Você conseguiu a reunião e o clube e o jogo..."

Você: "É só que as coisas ficaram meio loucas depressa demais, sabe como é?"

Ela: "Não, eu não sei, quem dera eu soubesse, mas eu não ganhei, lembra?"

Você: "Olha, sinto muito que você não tenha ganhado, sinto mesmo, mas..."

Ela: "Não importa. Quer dizer, você está mesmo ocupada demais para sequer me mandar mensagem?"

Você: "Você está sentindo que estou muito ocupada para você?"

Ela: "É claro. É como se você fosse outra pessoa ou algo assim. E você está sempre com aquele pessoal do conselho estudantil, e eu me sinto uma fracassada."

Você: "Isso tudo te magoou de verdade."

Ela: "Você não tem ideia. Como você se sentiria se tivesse perdido e eu ganhado e eu parasse de falar com você do nada?"

Você: "Também me sentiria mal."

Ela: "Claro que sim."

Você: "Então, é como se sua melhor amiga, de repente começasse a achar que é melhor que você e não tem tempo para você e te deixasse por fora de tudo. É isso?"

Ela: "É isso!"

MEU CAMINHO *(Busque ser compreendido ao compartilhar suas ideias.)*

Você: "Lamento que você se sinta assim. Você se importa se eu te contar o que está acontecendo?"

Ela: "Eu acho que já sei, mas pode falar."

Você: "É só que eu ando tão cansada com a escola e as reuniões e tudo o mais que quando chego em casa eu desabo. Você não é assim. Eu realmente não tenho vontade de falar com ninguém."

Ela: "Está difícil, hein?"

Você: "E aí é como se você estivesse me castigando por eu ter vencido."

Ela: "Você provavelmente tem razão. Eu não devia descontar em você."

 BRAINSTORM *(Crie novas opções e ideias.)*

Você: "Bem, por que não pensamos num jeito de passar mais tempo juntas?"

Ela: "Ei, que tal vir para minha casa sexta-feira depois da aula, como a gente fazia?"

Você: "Eu iria se pudesse, mas tenho uma reunião com meu comitê e depois temos todos de ir ao jogo, andar num carro idiota. Ei, você poderia ir ao jogo?"

Ela: "Tenho que trabalhar."

Você: "A partir de que horas?"

Ela: "Mais ou menos uma hora depois do início do jogo."

Você: "E você não pode tirar folga?"

Ela: "De jeito nenhum, comecei agora."

Você: "Então eu não sou a única pessoa ocupada?"

Ela: "Boa! Acho que não. (longa pausa)"

Você: "Ei..."

Ela: "O quê?"

Você: "Bem, é só uma ideia, e você pode não querer, mas e se você se juntar à minha equipe? Precisamos de mais uma garota, e assim nos veríamos mais."

Ela: "Sério? Poso fazer isso? Não tenho que concorrer ou coisa assim?"

Você: "Eu que mando agora, lembra? Posso fazer o que quiser. (risos das duas)"

 ESTRADA *(Encontre a melhor opção.)*

Ela: "Isso seria incrível."

Você: "Na verdade, que tal ir à reunião de sexta-feira, e aí fica no jogo por um tempo até você ter que ir trabalhar?"

Ela: "Seria perfeito."

Você: "Eu acho."

Ela: "Ah, muito obrigada por ter conversado comigo, odiaria não ser mais sua amiga."

Você: "Obrigada também."

Nem sempre é assim tão fácil. Mas às vezes é.

TRABALHO EM EQUIPE E SINERGIA

Grandes equipes geralmente são formadas por cinco ou mais tipos de pessoas, e cada integrante tem um tipo diferente, mas também importante.

Estrategistas: Confiantes e assertivos, persistem no trabalho até que esteja concluído.

Seguidores: Eles são muito solidários aos líderes. Se ouvem uma ótima ideia, correm para colocá-la em prática.

Inovadores: São os agentes das ideias e da criatividade. Eles fornecem os lampejos.

Conciliadores: Eles fornecem unidade e apoio, além de serem grandes promotores da sinergia, trabalhando com os demais e incentivando a cooperação.

Exibicionistas: Divertidos colegas de trabalho, mas podem ser difíceis às vezes. Geralmente dão o tempero e o impulso necessário para levar o time ao sucesso.

Um ótimo trabalho em equipe é como uma bela peça musical. Todas as vozes e todos os instrumentos podem estar cantando e tocando ao mesmo tempo, sem competir entre si. Individualmente, os instrumentos e as vozes emitem sons diferentes, tocam notas diferentes, param em tempos diferentes e, ainda assim, combinam-se para criar um som totalmente novo. Isso é sinergia.

O livro que você está segurando está repleto de sinergia. Quando decidi escrevê-lo, confesso que fiquei meio perdido a princípio. Então recorri à única alternativa que eu conhecia: procurei ajuda. Pedi ajuda a um amigo imediatamente, e logo havia reunido uma equipe maior. Localizei algumas escolas e alguns educadores em todo o país, que concordaram em nos dar suporte em diferentes aspectos. Comecei a entrevistar adolescentes individualmente e em grupo.

Contratei um chargista. Fizemos reuniões em equipe, durante as quais pedi histórias cujos contextos envolvessem adolescentes e os 7 Hábitos. No fim, já havia mais de cem pessoas envolvidas na criação deste livro.

Aos poucos, mas com segurança, tudo foi se concretizando. Cada pessoa da equipe trouxe seu talento à tona, contribuindo de diferentes maneiras. Enquanto eu me concentrava em escrever, os outros se concentraram naquilo em que eram melhores. Um era bom em coletar histórias, outro em selecionar ótimas citações, outro em editar. Alguns eram perseverantes, alguns inovadores, alguns exibicionistas. Levamos o trabalho em equipe e a sinergia ao máximo.

O maravilhoso resultado paralelo entre o trabalho em equipe e a sinergia é que eles promovem relacionamentos. A jogadora olímpica de basquete Deborah Miller Palmore disse isso muito bem: "Mesmo quando realiza o grande jogo de sua vida, é a sensação do trabalho em equipe que você guarda consigo. Você pode até se esquecer dos jogos, dos arremessos e dos pontos, mas nunca se esquece de seus colegas de equipe."

★ ★ ★

PRÓXIMAS ATRAÇÕES

Se você continuar lendo, descobrirá por que Beyoncé é tão linda e admirada. Mais algumas páginas e você saberá o segredo!

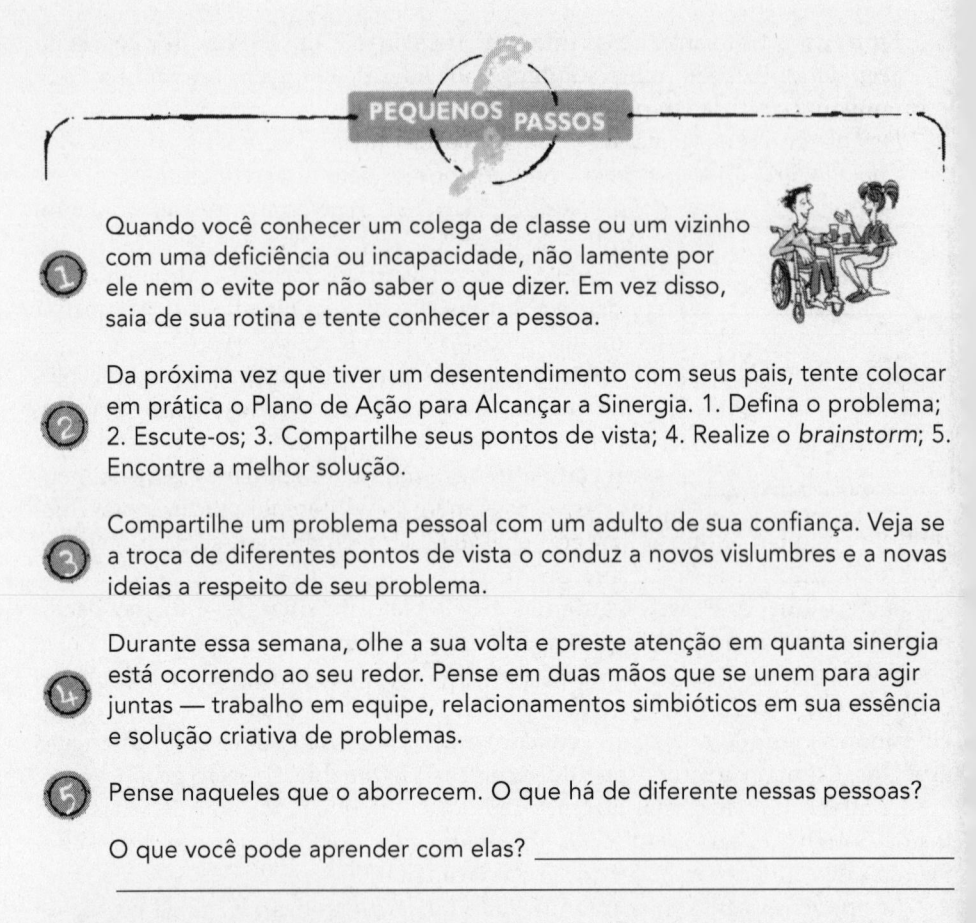

PEQUENOS PASSOS

1. Quando você conhecer um colega de classe ou um vizinho com uma deficiência ou incapacidade, não lamente por ele nem o evite por não saber o que dizer. Em vez disso, saia de sua rotina e tente conhecer a pessoa.

2. Da próxima vez que tiver um desentendimento com seus pais, tente colocar em prática o Plano de Ação para Alcançar a Sinergia. 1. Defina o problema; 2. Escute-os; 3. Compartilhe seus pontos de vista; 4. Realize o *brainstorm*; 5. Encontre a melhor solução.

3. Compartilhe um problema pessoal com um adulto de sua confiança. Veja se a troca de diferentes pontos de vista o conduz a novos vislumbres e a novas ideias a respeito de seu problema.

4. Durante essa semana, olhe a sua volta e preste atenção em quanta sinergia está ocorrendo ao seu redor. Pense em duas mãos que se unem para agir juntas — trabalho em equipe, relacionamentos simbióticos em sua essência e solução criativa de problemas.

5. Pense naqueles que o aborrecem. O que há de diferente nessas pessoas?

   O que você pode aprender com elas? _____

   _____

6. Pratique o *brainstorm* com seus amigos e elabore algo novo, divertido e inusitado para vocês fazerem no próximo fim de semana, em vez de ficarem sempre repetindo as mesmas atividades.

7. Analise sua abertura para a diversidade em cada uma das categorias seguintes. Você é fugitivo, tolerante ou celebrador?

	FUGITIVO	TOLERANTE	CELEBRADOR
Etnia			
Gênero			
Religião			
Idade			
Jeito de vestir			

O que você pode fazer para se tornar um celebrador de cada categoria? _____

_____

PARTE IV

Renovação

Hábito 7 — Afine o instrumento
É a "vez do eu"

Mantenha a esperança viva
Acredite, você moverá montanhas

HÁBITO 7

Afine ^oinstrumento

É
a "vez do eu"

O melhor momento para consertar o telhado é quando o sol está brilhando.

JOHN F. KENNEDY, PRESIDENTE DOS ESTADOS UNIDOS

Alguma vez você já se sentiu desestabilizado, estressado ou vazio por dentro? Se sim, você vai adorar o Hábito 7, porque ele foi especialmente elaborado para ajudá-lo a lidar com esses problemas. Por que o batizamos de "Afine o instrumento"? Bem, imagine que você vai fazer uma caminhada pela mata quando de repente se depara com um cara serrando uma árvore furiosamente.

— Ei, o que está fazendo? — você pergunta.

— Estou tentando serrar esta árvore — vem a resposta seca.

— E há quanto tempo está tentando?

— Há quatro horas, mas estou progredindo — diz ele, com o suor pingando do queixo.

— Sua serra parece estar em péssimo estado — você diz. — Por que não para um pouco e a afia?

— Não posso, seu idiota. Estou ocupado demais tentando serrar.

Sabemos bem quem é o verdadeiro idiota da história, não? Se o cara parasse 15 minutos para "afinar o instrumento" de trabalho, provavelmente terminaria a tarefa três vezes mais rápido.

Alguma vez você já ficou ocupado demais em dirigir e esqueceu-se de abastecer o carro? Já ficou ocupado demais em viver e esqueceu-se de se renovar?

O Hábito 7 trata justamente de como manter seu "eu" afinado, para que você possa lidar melhor com a vida. Ele diz respeito à constante renovação e ao fortalecimento das quatro dimensões-chave de sua vida: corpo, mente, coração e alma.

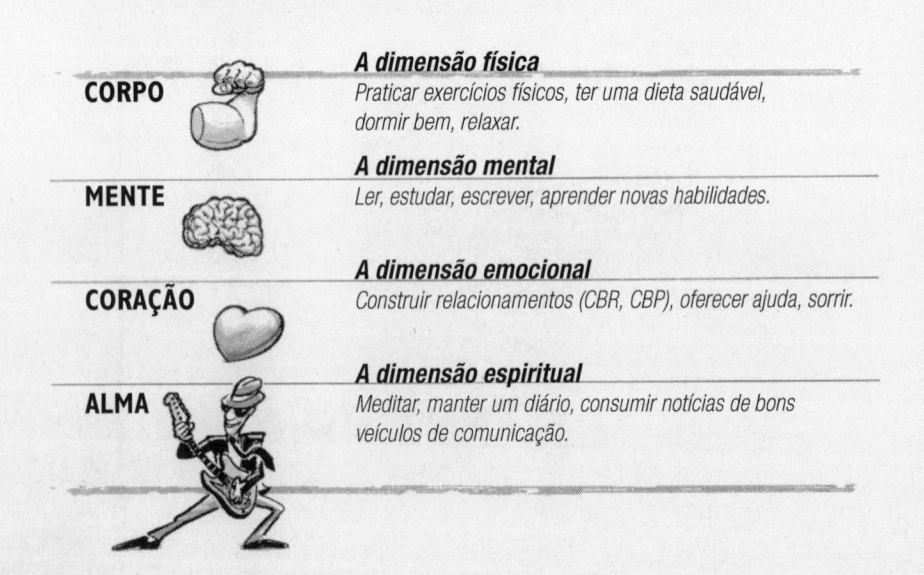

CORPO

A dimensão física
Praticar exercícios físicos, ter uma dieta saudável, dormir bem, relaxar.

MENTE

A dimensão mental
Ler, estudar, escrever, aprender novas habilidades.

CORAÇÃO

A dimensão emocional
Construir relacionamentos (CBR, CBP), oferecer ajuda, sorrir.

ALMA

A dimensão espiritual
Meditar, manter um diário, consumir notícias de bons veículos de comunicação.

O EQUILÍBRIO É O MELHOR

O antigo provérbio grego "Nada em excesso" nos faz lembrar da importância do equilíbrio e de nos mantermos em contato com as quatro dimensões da vida. Algumas pessoas passam horas e horas moldando um corpo perfeito, mas deixam a mente de lado. Outras desenvolvem uma capacidade intelectual admirável, mas se descuidam do corpo e esquecem de ter uma vida social. Para exercer seu melhor desempenho, você precisa se esforçar para alcançar o equilíbrio nas quatro áreas.

Por que o equilíbrio é tão importante? Porque aquilo que você faz em uma dessas dimensões da vida afeta as outras três. Pense com calma. Se um dos pneus de um carro estiver desbalanceado, os quatro não funcionarão direito, não apenas o que está com defeito. É difícil ser amigável (coração) quando você está exausto (corpo). E o inverso também é verdadeiro. Quando você se sente motivado e afinado consigo mesmo (alma), é mais fácil se concentrar nos estudos (mente) e ser mais amigável (coração).

Na época em que eu estava na escola, lembro-me de haver estudado a respeito de grandes artistas, escritores e músicos, como Mozart, Van Gogh, Beethoven e Hemingway. Muitos deles, porém, pareciam ser um bocado atrapalhados emocionalmente. Por quê? Sua dúvida é tão grande quanto a minha, mas acho que era porque eles não tinham muito equilíbrio. Parece que se concentraram tanto em uma coisa, como a música ou a arte, que negligenciaram as outras dimensões da vida e perderam o rumo. Como afirma o ditado: "É preciso equilíbrio e moderação em tudo."

RESERVE UM TEMPO PARA TIRAR UMA FOLGA

Como um carro, você também precisa de revisões e de trocas de óleo regulares. Você precisa de um tempo para rejuvenescer a melhor coisa que o faz seguir em frente: você mesmo! Precisa de um tempo para relaxar e "baixar a guarda", um tempo para se cuidar com mais carinho. Essa é a essência de "afinar o instrumento".

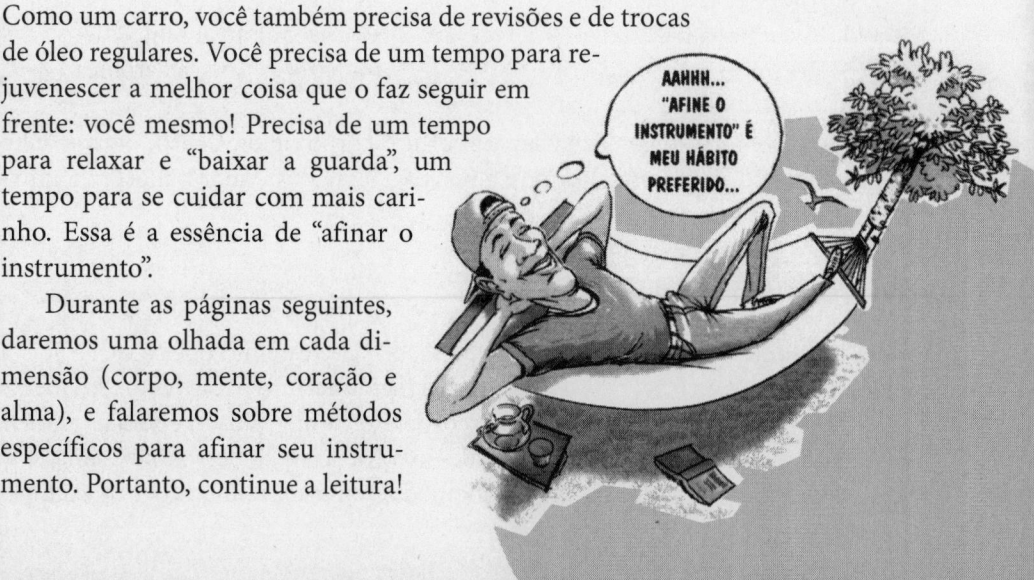

Durante as páginas seguintes, daremos uma olhada em cada dimensão (corpo, mente, coração e alma), e falaremos sobre métodos específicos para afinar seu instrumento. Portanto, continue a leitura!

Cuidando do corpo

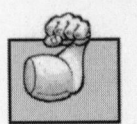

Eu detestei a sétima série do ginásio. Eu era o desajeitamento em pessoa. Sentia-me inseguro a respeito de quem eu era e em como me ajustar às situações. Como se não bastasse, meu corpo começou a sofrer todo tipo de mudanças esquisitas. Ainda me lembro do primeiro dia da aula de educação física. Tínhamos de usar protetores genitais durante a aula, para o caso de haver algum "incidente doloroso". Aquela seria a primeira vez que eu iria usar aquele troço e eu não tinha a mínima ideia de como colocá-lo. Eu e os outros garotos ficamos tão embaraçados ao nos ver pelados pela primeira vez que permanecemos na área dos chuveiros e começamos a rir feito idiotas.

Durante a adolescência, sua voz vai mudar, seus hormônios entrarão em um rompante e começarão a aparecer uma porção de curvas e de músculos!

Na verdade, este seu corpo eternamente em mutação é uma máquina maravilhosa. Você pode cuidar dele com carinho ou abusar dele. Pode controlá-lo ou deixar que ele o controle. Em suma, seu corpo é uma ferramenta, e se você souber cuidar dela devidamente, conseguirá usá-la de maneira positiva.

Aqui está uma lista com as dez maneiras como os adolescentes podem manter a saúde física em dia:

1. Ter uma alimentação saudável
2. Relaxar no banho
3. Andar de bicicleta
4. Fazer ginástica
5. Dormir o suficiente
6. Praticar ioga
7. Praticar esportes
8. Fazer caminhadas
9. Fazer alongamento
10. Fazer ginástica aeróbica

Os quatro ingredientes-chave para ter um corpo saudável são: dormir bem, relaxamento físico, boa nutrição e exercícios adequados. Vamos abordar a nutrição e a prática de exercícios.

VOCÊ É AQUILO QUE COME

Há uma grande dose de verdade na expressão "Você é aquilo que come". Não sou especialista em nutrição, mas descobri duas regras de ouro para termos em mente.

Primeira regra de ouro: Escute seu corpo. Preste atenção em como os alimentos o fazem se sentir e, a partir disso, desenvolva sua lista pessoal de "sims" e de "nãos". Cada pessoa reage de uma maneira diferente aos alimentos. Por exemplo, sempre que como muito antes de ir dormir eu me sinto péssimo na manhã seguinte. E sempre que como batatas fritas, salgadinhos ou pizza demais, fico com um inevitável "desespero por banheiro". (Você já passou por isso?) Esses são meus "nãos". Por outro lado, aprendi que comer muitas frutas, muitas verduras e tomar litros e litros de água me deixam mais "afinado". Esses são meus "sims".

Segunda regra de ouro: Seja moderado e evite os extremos. Isso porque muitos de nós (incluindo eu) tendemos a ser mais exagerados do que moderados. Por isso vivemos oscilando entre a "dieta do coelho" e a "dieta das baboseiras". Porém, os hábitos alimentares extremos podem não ser saudáveis. Comer uma besteirinha uma vez ou outra também não vai matá-lo. (Afinal, que graça tem a vida sem um pouco de ousadia?) Só não faça disso um hábito cotidiano.

O USDA (Departamento de Agricultura dos Estados Unidos) elaborou uma pirâmide alimentar com uma abordagem equilibrada e moderada de nutrição, que eu recomendo ao máximo. Ela encoraja a ingestão de mais grãos, frutas, verduras e alimentos com baixa taxa de gordura e nos aconselha a ingerir menos fast-food, alimentos sem valor nutritivo e sanduíches, que geralmente estão carregados de gordura, açúcar, sal e outros "venenos".

Lembre-se: a alimentação afeta seu humor. Portanto, alimente-se com cuidado!

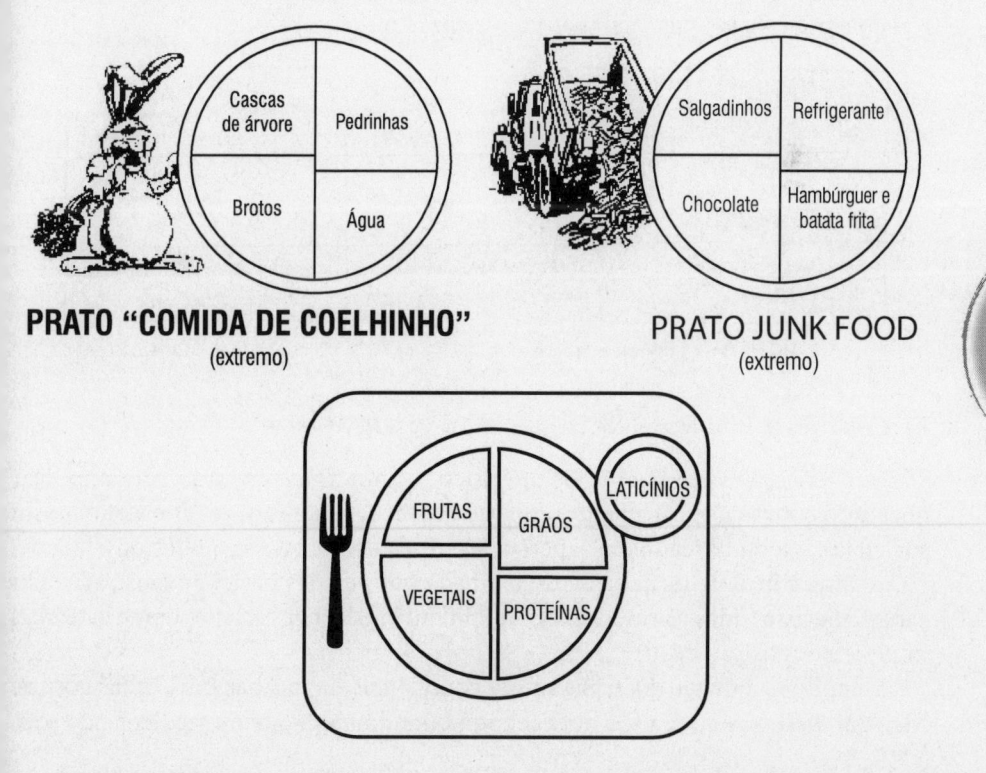

PRATO "COMIDA DE COELHINHO"
(extremo)

PRATO JUNK FOOD
(extremo)

● USE-O OU PERCA-O

Um dos meus filmes preferidos é *Forrest Gump*. É a história de um ingênuo homem do Alabama com um coração bondoso que sempre o leva ao sucesso, embora ele não se esforce para isso. Em certo momento do filme, Forrest se sente frustrado e confuso a respeito da vida. Então o que ele faz? Começa a correr e continua correndo. Depois de ir e voltar de uma costa à outra dos Estados Unidos duas vezes e meia, Forrest se sente melhor e finalmente pronto para resolver a própria vida.

Todos nós nos sentimos deprimidos, confusos ou apáticos de vez em quando. Em momentos como esses, talvez o melhor que possamos fazer seja imitar o que Forrest fez: nos exercitar mais. Além de ser bom para o coração e os pulmões, o exercido físico tem uma incrível capacidade de nos dar uma "injeção de energia", eliminar o estresse e clarear nossa mente.

Não existe uma maneira única e melhor para a prática de exercícios. Muitos adolescentes gostam de praticar esportes competitivos. Outros preferem correr, caminhar, andar de bicicleta, andar de skate, dançar, fazer alongamento, ginástica aeróbica ou levantamento de peso. Outros ainda gostam apenas de sair de casa e dar uma volta pelas redondezas. Para obter melhores resultados, é bom que você se exercício em períodos de vinte a trinta minutos pelo menos três vezes por semana.

Não deixe que "dor" seja a primeira palavra que lhe venha à mente quando você ouvir a palavra "exercício". Em vez disso, encontre algo que você goste de fazer, para que seja mais fácil manter esse hábito.

● O IMPORTANTE É COMO VOCÊ SE SENTE E NÃO SUA APARÊNCIA

Tenha cautela. Em sua busca por um físico melhor, tome cuidado para não ficar obcecado com sua aparência. Como você provavelmente já deve ter notado, nossa sociedade é toda baseada em "aparências". Para comprovar o que estou dizendo, vá até uma banca de jornal e dê uma olhada nas pessoas perfeitas mostradas nas capas de quase todas as revistas. Isso meio que o deixa consciente demais de suas imperfeições físicas, não?

Quando eu era garoto, tinha muita consciência de minhas bochechas gordas. Meu pai disse que eu era tão bochechudo quando nasci que os médicos não souberam de que lado bater. Lembro claramente de uma menina da vizinhança zombando das minhas bochechas. Meu irmão David tentou heroicamente me defender dizendo que elas eram puro músculo. O tiro saiu pela culatra e "bochecha musculosa" virou o apelido que eu mais detestava.

Eu perdi as bochechas de bebê gordo no oitavo ano, mas ao longo da adolescência fui me dando conta de outras características: não ter um sorriso perfeito como o de alguns amigos, ou aquelas espinhas que ressurgiam como um hábito ruim.

Antes de começar a se comparar aos homens e mulheres lindos e esbeltos das revistas e dos filmes e odiar tudo em seu corpo e aparência, lembre-se de que existem milhões de adolescentes saudáveis que *não* têm maçãs do rosto perfeitas, seios grandes e abdômen de tanquinho, ou bumbum de aço. Vários cantores de sucesso, apresentadores, dançarinos, atletas, atores e atrizes têm todos os tipos de imperfeições físicas. Você não precisa tomar anabolizantes nem fazer plástica para ser feliz. E daí que você não tem a aparência ou o corpo que nossa sociedade diz ser "ideal"? O que é popular hoje deixará de ser amanhã de um jeito ou de outro. E a grama do vizinho é sempre mais verde — alguém da sua turma pode desejar ter suas covinhas, mesmo quando você quer que elas desapareçam.

Aceite sua aparência natural. Mesmo que você não se ache bonita(o) agora, há sempre alguém que acha. É sério! Há um monte de gente que adora cabelo cacheado ou nariz torto ou dentes separados — e considerem essas "excentricidades" bonitas e originais.

O mais importante é se sentir bem fisicamente — e não tanto sua aparência. Oprah Winfrey fez a melhor declaração: "Você tem que mudar sua percepção. Não é uma questão de peso — mas de se importar com você diariamente."

Vida ou arte real?

Além disso, se você ainda não sabe, o que vemos na tela ou no papel não é real. São "imagens". Elas são editadas para fazer os caras que já são sarados parecerem ainda mais sarados, e as mulheres que já são magras parecerem ainda mais magras. A verdade é que essas celebridades são como nós — às vezes têm espinhas, cabelo com frizz e a barriga "escapa" da cintura. A única diferença é que eles têm uma equipe de retocadores para cobrir essas "falhas". Beyoncé é conhecida por criticar publicamente revistas e grife de roupas que tentam amenizar suas curvas, fazendo com que pareça uma vara, cientes do quanto isso distorce as expectativas de seus fãs.

Como o artigo do *New York Times*, escrito por Steve Lohr, indica:

As fotografias de celebridades e modelos em anúncios de moda e revistas são rotineiramente melhoradas com uma ajuda de polimento digital. O retoque pode ser leve — iluminar as cores, arrumar o cabelo, eliminar uma espinha. Ou pode ser drástico — tirar 5 ou 10 quilos, acrescentar uns centímetros e apagar todas as rugas e manchas com o Photoshop, a varinha mágica dos retoques de fotos.

Estão criando expectativas bem irreais, não é mesmo? Há quem argumente que qualquer foto retocada deve ser sinalizada para que o público saiba que o que está vendo é tão real quanto uma imagem de computador.

Lembre-se, nosso fetiche com corpos magros e esculturais nem sempre foi moda. Não seria bom ter vivido na Europa do século XVIII, quando o excesso de peso era fashion; ou na Idade Média, quando todo mundo usava roupas largas e ninguém sabia como o corpo do outro era de verdade? Que época...!

É claro que você quer estar apresentável da melhor maneira, mas tenha cuidado: ficar obcecado com a aparência pode ser perigoso. Pode acarretar distúrbios alimentares sérios, como compulsão por comer, bulimia ou anorexia, ou ainda vícios em drogas para melhorar o desempenho, como anabolizantes. Maltratar seu corpo para ser aceito pelos outros nunca vale a pena.

Se você está enfrentando um distúrbio alimentar, não deve se sentir sozinho. É um problema muito comum entre os adolescentes. Tenha humildade, admita que você tem um problema e procure ajuda de amigos, família ou grupos que especializados nesse assunto. (No final deste livro eu organizei uma lista que pode ajudar.)

● Posso desistir quando bem quiser

Há meios de cuidar de seu corpo, e meios de destruí-lo. Consumir substâncias viciantes, como álcool, drogas e cigarro, é uma forma rápida de destruição. O álcool, por exemplo, está frequentemente ligado às três principais causas de morte entre adolescentes: acidente de carro, suicídio e homicídio. E o cigarro, que comprovadamente causa problemas na visão, envelhecimento prematuro da pele, dentes amarelados, problemas respiratórios, triplica a incidência de cáries, provoca retração da gengiva, desgaste das impressões digitais, aumenta o cansaço, e naturalmente, câncer. Não há nenhuma razão para fumar, além de achar que parece "legal" — mas até mesmo essa lógica está fora de moda. De acordo com o Departamento de Saúde Pública de Massachusetts:

Muito bem, lá está (insira aqui o nome de alguém em quem você esteja interessado(a)). É a oportunidade perfeita! Você verifica suas roupas, seus cabelos, acende um cigarro, verifica os cabelos mais uma vez e caminha devagar em direção à pessoa. Você oferece seu melhor sorriso, então ouve a pessoa falar: "Poderia me fazer um favor?" Todo solícito(a), você se inclina na direção da pessoa, para ouvi-la melhor. Então ela solta a bomba:

"Poderia ir fumar em outro lugar, por favor?"

Fumar não é tão atraente quanto você pensa. Em uma pesquisa à qual tive acesso, 8 em cada 10 rapazes e 7 entre 10 garotas disseram que não namorariam um fumante. Portanto, se você fuma, é melhor ir se consolando em beijar apenas seu cigarro...

Lembre-se também de que as companhias de cigarro gastam o equivalente a 850 mil reais por hora, todos os dias, com promoções e propagandas de cigarro. Elas querem seu dinheiro. Um maço de cigarros por dia equivale a mais de mil reais por ano. Pense só em quanta coisa você não poderia comprar com esse dinheiro! Não deixe que eles o façam de bobo!

Por outro lado, é claro que ninguém planeja ficar viciado. Tudo começa muito inocentemente. No entanto, geralmente usar "drogas iniciais", como o álcool e o cigarro, leva ao uso da maconha e depois a drogas mais letais como cocaína, LSD, crack, opiáceos e heroína. Muitos adolescentes começam bebendo, fumando ou usando drogas na tentativa de obter *liberdade,* mas logo descobrem estar viciados em algo que *destrói* essa liberdade. Acredite, há maneiras melhores de garantir sua individualidade.

Talvez a pior parte de adquirir um vício seja a seguinte: você não está mais no controle — é seu vício que está. Quando ele diz *pule,* você *pula.* Você reage. Diz adeus a toda a ideia de ser proativo. Sempre lamento pelas pessoas que têm de sair para fumar porque é proibido fumar no interior de um local. É triste vê-las do lado de fora, sob o calor escaldante do verão ou em meio ao frio intenso do inverno, dando suas "baforadas" e sendo incapazes de controlar a urgência do vício.

Sempre pensamos que o vício é algo que acontece com os outros e que podemos largá-lo a qualquer momento, certo? Na verdade, não é assim tão fácil. Como exemplo, somente 25% dos adolescentes fumantes que tentaram deixar o cigarro tiveram êxito. Gosto do que Mark Twain disse a respeito de quanto foi "fácil" para ele deixar de fumar: "Tentei uma centena de vezes."

Aqui está a história da luta pela qual um adolescente teve de passar para superar o vício das drogas:

A primeira vez que usei algum tipo de droga ou álcool foi quando eu estava com 14 anos. Eu nem sabia o que eram drogas. Realmente não me importava com isso. Todos apenas me diziam quanto elas eram ruins. Até que um amigo meu disse: "Tome, prove isso. É muito legal." Então eu provei. Quando eu comecei, queria ficar legal. Depois não foi mais por pressão do pessoal. Foi apenas por mim mesmo.

Comecei a usar drogas e a beber cada vez mais. Fui deixando de fazer as lições da escola e meus relacionamentos foram rareando. Detestei perder o contato com minha família. Minha atitude com relação às coisas mudou completamente, sabe? Eu via tudo com muita negatividade. Também comecei a me encontrar menos com minha namorada.

Pouco depois que comecei a beber e a usar drogas, também notei alguns problemas físicos. Eu me sentia realmente cansado todo o tempo. Também perdi muito peso, cerca de 13 quilos em dois meses.

Um outro detalhe é que quando eu ia para casa e ficava sem pasta de dentes ou algo assim, eu começava a chorar. Eu estava tendo reações extremas por nada. Meu temperamento estava realmente difícil.

Mais ou menos um mês depois do meu 17° aniversário, fui pego com drogas na escola. Fiquei suspenso por uma semana, e eu soube que aquele era o tempo que eu precisava para me recompor. Tentei deixar as drogas, mas não consegui. É como quando você fuma. Você pode até colocar o cigarro de lado e dizer que vai parar, mas é realmente difícil conseguir.

Por isso reatei a amizade com meus antigos amigos e comecei a frequentar os encontros da Associação dos Alcoólicos Anônimos (AAA), onde consegui um orientador. A AAA é algo para a vida inteira. Se você toma um drinque, prejudica todo o progresso que conseguiu até então. Muitos dos meus amigos que foram para a AAA relaxaram no tratamento. Meu guardião me ajudou muito. Sem esse programa, sei que não teria conseguido parar.

Desde que estou no programa, tenho vivido o melhor período da minha vida. Não bebo mais nem uso drogas. Estou voltando a me sair bem nos estudos, e minha família está mais próxima de mim do que nunca. Antes, trabalhei em quase todas as lanchonetes de fast-food da cidade porque não conseguia ficar mais de duas semanas em cada emprego. Agora, já estou no mesmo emprego há dois meses. Voltei para a escola e comecei a me cuidar. Passei a ser legal com as pessoas mesmo quando elas não são legais comigo. Mudei completamente minha vida. Estou pensando em cursar a faculdade e em fazer coisas que nunca imaginei que faria. Parece realmente estranho para mim que alguém opte por passar a época do colégio se embebedando. Essa é uma vida péssima.

● A HABILIDADE DA RECUSA

Manter-se longe de todos os tipos de drogas é algo mais fácil de ser dito do que feito. Aqui estão os passos da *habilidade da recusa** que você poderá levar em

---

* *The Refusal Skill*™ (a habilidade da recusa) é marca registrada da Comprehensive Health Education Foundation (C.H.E.F.®) (Fundação Educacional para a Compreensão da Saúde), e o modelo da *habilidade da recusa* é registrado pela C.H.E.F.©, Seattle, WA. É proibido qualquer método de cópia sem a permissão por escrito da C.H.E.F. Permissão concedida para este uso pela CH.E.F. Todos os direitos reservados.

consideração da próxima vez e que se sentir pressionado a beber, fumar ou usar drogas, e não quiser fazê-lo.

l. *Faça perguntas.* Faça perguntas sérias, que realmente o façam pensar no que está fazendo.

"Por que eu iria querer fumar?" "O que acontecerá comigo se eu ficar 'alto' esta noite?"

2. *Nomeie o problema.* Não tente "maquiar" o que você está fazendo. "Fumar 'baseado' é ilegal." "Fumar vai prejudicar minha respiração."

3. *Encare as consequências.* Pense nas consequências de suas ações. "Poderei ser preso(a) se for pego com drogas."

"Se eu perder os sentidos esta noite, alguém poderá se aproveitar de mim."

4. *Sugira uma alternativa.* Tenha sua própria lista de diversões alternativas na ponta da língua sempre que você estiver sendo tentado. "Ei, por que não vamos ao cinema?" "Prefiro jogar basquete."

5. *Caia fora.* Se você se envolver em uma situação que não pareça boa, não se preocupe com o que os outros pensarão a seu respeito. Simplesmente caia fora dela e rápido!

"Desculpe, pessoal, mas preciso ir andando."

Se você for mais criativo, conseguirá até desenvolver seu próprio método para se livrar de tudo isso, como Jim:

Eu e meus amigos não queríamos nos meter nos problemas gerados pelo uso de álcool e de drogas, por isso formamos um grupo. Somos cerca de dez pessoas que se comprometeram a ajudar os amigos a se manter longe de encrencas. Saímos muito juntos e toda semana vamos jantar em trattorias e elaborar planos de ajuda mais eficazes. Decidimos que a forma mais eficaz de ajuda é conversar com outras pessoas quando as vemos sendo tentadas a fazer alguma besteira ou a meter os pés pelas mãos. Então devemos assegurá-las de que não é preciso fazer aquelas coisas para que elas sejam pessoas legais e as convidamos para se unirem ao nosso grupo e se divertirem, em vez de se meterem em encrencas. Isso tem funcionado e é uma ajuda muito eficaz.

Acredite, você não estará perdendo nada se ficar longe dessas coisas. "A vida em si é a guloseima mais adequada para você se empanturrar", disse a chef de TV, Julia Child. O resultado a curto prazo nunca vale a pena diante da devastação a longo prazo que geralmente se segue. Se você não fuma, não bebe nem usa drogas, por que começar? Se você faz tudo isso, por que não pedir ajuda e parar? Há maneiras muito melhores e muito mais naturais de "ir às alturas". Por que não dar uma chance a elas? (Para maiores informações, verifique os telefones de auxílio no final do livro.)

Cuidando de seu cérebro

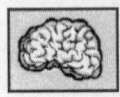 Certa vez, ouvi uma história lendária a respeito de um jovem que se aproximou do grande sábio Sócrates e disse:

— Quero saber o que você sabe.

— Se este é seu desejo — respondeu Sócrates — então me siga até o rio.

Cheio de curiosidade, o rapaz seguiu Sócrates até um rio próximo. Quando os dois se sentaram à margem, Sócrates falou:

— Dê uma boa olhada no rio e diga-me o que está vendo.

— Não estou vendo nada — disse o rapaz.

— Olhe mais de perto — insistiu Sócrates.

Quando o rapaz se inclinou sobre a margem e aproximou-se da água, Sócrates segurou-lhe a cabeça e mergulhou-a no rio. O jovem agitou os braços, na tentativa de escapar, mas a mão firme de Sócrates o manteve com a cabeça submersa. No momento em que o rapaz já estava prestes a se afogar, Sócrates o puxou para fora da água e deitou-o à margem do rio.

Tossindo, o jovem balbuciou:

— Está louco, velho? O que está tentando fazer, me matar?

— Enquanto eu estava segurando sua cabeça sob a água, o que você queria mais do que qualquer outra coisa? — perguntou Sócrates.

— Queria respirar. Queria ar! — replicou ele.

— Nunca cometa o erro de pensar que a sabedoria vem facilmente, meu caro jovem disse Sócrates. — Quando você sentir necessidade de aprender tanto quanto sentiu de respirar ainda há pouco, volte a me procurar.

Aqui está evidente qual é a questão principal. Nada vem fácil na vida. Você tem de pagar o preço! Todo mundo tem de pagar o pre-

ESSE SÓCRATES LEVA MESMO JEITO COM JOVENS!

ço. Escreva isso. Memorize! Grife! Não importa o que as pessoas dizem, simplesmente não há "refeições grátis" na vida! Foi realmente muita ingenuidade do rapaz pensar que poderia obter toda a sabedoria de uma vida de aprendizado sem ter de pagar o preço por isso. Mas será que somos menos ingênuos do que ele quando pensamos que podemos garantir um bom emprego e um futuro promissor sem pagar o preço pelo desenvolvimento de uma mente fortalecida?

De fato, ter uma boa educação pode ser o preço mais importante que você deva pagar — porque, talvez mais do que qualquer outra coisa, o que você fizer com essa massa cinzenta entre suas orelhas determinará seu futuro. Na verdade, a menos que você queira passar o resto da vida virando hambúrgueres em uma chapa, ou ainda estar morando com seus pais quando estiver com 40 anos, é melhor começar a pagar o preço desde já.

A dimensão mental do Hábito 7, "Afine o instrumento", significa desenvolver a capacidade mental por meio do estudo, de atividades extracurriculares, de hobbies, trabalhos e outras experiências que ajudem a ampliar a mente.

A chave para acessar seu futuro Certa vez perguntei a um grupo de adolescentes durante uma pesquisa: "Quais são seus medos?" Fiquei surpreso ao ver quantos falaram sobre o estresse de ter de ir bem na escola, de entrar para a faculdade e de conseguir um bom emprego no futuro. Um deles disse: "O que podemos fazer para garantir que conseguiremos um emprego e que nos sustentaremos?" A resposta é realmente muito simples. Você poderia tentar ganhar na loteria. Suas chances de consegui-lo são mais ou menos 1 em 1.000.000. Ou você poderia desenvolver uma mente educada. Isso sim lhe oferecerá chances bem maiores de conseguir um bom emprego e de ter uma vida independente.

O que é uma mente educada? É muito mais do que ter um diploma na parede, embora essa seja uma parte importante do processo. Uma boa definição é: uma mente educada é como uma bailarina em plena forma física. Uma bailarina tem o perfeito controle de seus músculos. Seu corpo se inclina, dobra, pula e gira perfeitamente, segundo seu comando. De modo semelhante, uma mente educada pode focar, sintetizar, escrever, falar, criar, analisar, explorar, imaginar e muitas outras coisas. Para fazer tudo isso, porém, ela deve ser treinada. E essas coisas não acontecem por acaso.

Eu sugiro que você obtenha o máximo de estudo que conseguir. Qualquer formação além do colegial — um diploma de faculdade, de treinamento vocacional ou técnico, um estágio ou um treinamento em algum serviço militar — será um bom investimento de seu tempo e de seu dinheiro. Encare isso como um investimento para o futuro. As estatísticas mostram que uma pessoa com diploma universitário ganha cerca de duas vezes mais do que uma com graduação colegial. E essa diferença parece estar aumentando. Não deixe que a falta de dinheiro seja um empecilho para você adquirir mais estudo. "Se você acha que a educação é cara, tente a ignorância", disse Derek Bok, ex-presidente da Universidade de Harvard. Mesmo que você tenha de se sacrificar e "se matar" de trabalhar para pagar seus estudos, ainda assim vale a pena. Você ficaria surpreso com o número de bolsas de estudo, concessões, empréstimos e opções de ajuda estudantil que estão à sua disposição, se você procurar. De fato, todos os anos, muito do dinheiro destinado a bolsas de estudo acaba não sendo utilizado por falta de solicitação. (Verifique o final do livro para obter mais informações a respeito de bolsas de estudo.)

● AFINE SUA MENTE

Há inúmeras maneiras de expandir sua mente. Contudo, o melhor método pode ser simplesmente a leitura. Como diz o ditado: "Ler faz à mente o que o exercício faz ao corpo." A leitura serve de fundamento para tudo mais e não custa tanto assim, se comparada a outros métodos, como viajar, por exemplo. Aqui vão vinte maneiras possíveis de afinar sua mente. Tenho certeza de que você conseguirá pensar em mais cinquenta outras, se tentar.

- Ler um jornal diariamente
- Assinar a *National Geographic*
- Viajar
- Cultivar um jardim
- Observar a vida selvagem
- Assistir a uma palestra sobre um assunto interessante
- Assistir ao canal Discovery Channel
- Visitar bibliotecas
- Ouvir ou assistir aos noticiários
- Pesquisar sobre seus ancestrais
- Escrever uma história, um poema ou uma música
- Brincar com jogos de estratégia
- Debater
- Jogar xadrez
- Visitar museus
- Participar das aulas
- Ir a balés, óperas ou ao teatro
- Aprender a tocar um instrumento musical
- Ter conversas estimulantes com os amigos
- Resolver palavras cruzadas

● ENCONTRE O SEU NICHO

Mesmo que você tenha de aguentar alguns assuntos que não o agradem na escola, encontre temas que o agradem e dedique-se a eles. Peça dicas a seus professores, pesquise em livros e assista a filmes sobre o assunto. Não deixe que a escola seja sua única fonte de educação. Faça com que o mundo seja seu ambiente de aprendizado.

É normal que você acabe tendo dificuldades em algumas matérias. A menos que você seja um Einstein, alguns assuntos serão mais difíceis para você. Na verdade, volto atrás no que acabei de dizer. Até mesmo o famoso físico Albert Einstein "bombou" em matemática e foi considerado burro durante anos. Se você estiver se sentindo desencorajado ou desencorajada com a escola, por favor, não desista. (Acabará se arrependendo pelo resto da vida.) Continue se esforçando porque, mais cedo ou mais tarde, você encontrará alguma matéria que lhe agrade ou algo em que você possa mostrar seu talento.

Certa vez entrevistei um garoto chamado Chris, que tinha um potencial mental altamente voltado para o hemisfério direito do cérebro. Ele contou quanto tempo demorou para se adaptar à escola e para encontrar seu nicho:

Eu era uma criança feliz até entrar na escola. Então meus colegas descobriram que eu tinha dificuldade para aprender e começaram a zombar de mim e a me dar apelidos. Eu não ia bem em matemática, em inglês e em gramática. Lembro que a classe foi dividida em grupos um dia e uma garota do meu grupo ficou de pé e falou: "Não vou fazer trabalho com esse retardado", e apontou para mim. Aquilo me deixou arrasado.

Durante todo o primário e o ginásio, eu mal conseguia ler. Um especialista veio a minha casa um dia e, depois de me submeter a uma série de testes, disse a minha mãe que eu nunca conseguiria aprender a ler. Minha mãe ficou tão furiosa que o expulsou de nossa casa.

Anos depois, quando comecei a cursar o colégio, peguei um livro de ficção científica certo dia e, para meu espanto, foi muito fácil lê-lo. As histórias do livro estimulavam minha imaginação e as palavras passaram a não ser mais palavras, mas imagens que surgiam na minha mente. Li todos os volumes seguintes da coleção e depois comecei a ler outros livros, ficando cada vez mais empolgado com a leitura e o aprendizado que obtinha dela. Meu vocabulário se ampliou muito. Comecei a falar melhor e a usar palavras maiores.

Foi mais ou menos nessa época que eu comecei a me destacar em artes plásticas. Descobri que eu tinha um olhar incrível para formas e cores. Tornei-me bom em trabalhos com aquarela, óleo sobre tela, pintura em geral, desenho e modelagem. Também aprendi a escrever bem. Escrevo sobre minhas experiências, escrevo poesia. Na época em que eu estava terminando o colégio, apresentei meus trabalhos em várias galerias de arte e ganhei muito mais autoconfiança.

NÃO DEIXE O MÉTODO ESCOLAR ATRAPALHAR SUA EDUCAÇÃO

As notas são importantes, principalmente porque são elas que definem seu desempenho em um futuro trabalho e em suas opções de educação. Mas a educação é muito mais do que apenas notas.

Minha família é composta por um bando de técnicos de meia tigela. E atribuo a culpa disso aos genes de meu pai. Por várias vezes eu o vi se envolver em situações "tecnicamente desafiadoras", como a de levantar o capô do carro (como se ele soubesse realmente consertar alguma coisa em um motor) ou a de tentar trocar uma lâmpada. Fui testemunha de como o cérebro dele literalmente "entra em pane" e para de funcionar nessas situações difíceis. É um verdadeiro fenômeno! Sendo proativo do jeito que sou, decidi que queria superar essa minha "fraqueza hereditária" e me inscrevi em um curso de mecânica durante o último ano do colégio. Eu ia aprender a fazer uma troca de óleo nem que fosse a última coisa que eu fizesse na vida!

Acredite se quiser, mas eu passei com média "A" no curso de mecânica. Porém, apesar do embaraço, tenho de admitir que não aprendi quase nada. Em vez de

realmente pagar o preço do aprendizado, observei muito mais do que fiz. Não cumpri minhas tarefas nem uma vez e apenas decorei a matéria para as provas (duas horas depois eu já havia esquecido tudo). Consegui a nota, mas falhei em obter instrução.

Embora as notas sejam importantes, tornar-se verdadeiramente instruído é mais importante ainda. Portanto, não se esqueça do motivo pelo qual você está indo para a escola.

Ao longo dos anos, vi muitas pessoas sacrificarem a educação por motivos idiotas, como o de pensar que elas não precisam de estudo, ou o de se tornarem obcecadas por um emprego de meio período, um namorado ou uma namorada, um carro ou uma banda de rock.

Também vi muitos atletas sacrificarem a educação pelo "altar dos esportes". Frequentemente me sinto tentado a enviar cartas para vários atletas jovens que se tornaram tão aficionados pelo esporte que negligenciaram completamente os estudos. De fato, cheguei até a escrever para um deles — na verdade, um atleta imaginário. Apesar de haver sido escrita para um atleta, esta carta pode se aplicar a qualquer um que não dê importância ao desenvolvimento mental.

CARTA A UM
DESCONHECIDO
ATLETA

Prezado _____.

Eu acredito muito nos benefícios do atletismo. Entretanto, depois de co-nhecê-lo, fiquei chocado com sua atitude em relação aos estudos.

Você diz que está investindo em uma carreira profissional e que não sente falta dos estudos. Pois eu digo que suas chances de conseguir ter uma carreira profissional são tão grandes quanto as de meu pai recuperar os ca-belos. "Um jovem que aposta seu futuro em um contrato profissional é como um trabalhador que compra um único bilhete de loteria e pede as contas no emprego, acreditando que vai ganhar o prêmio." Quem disse isso foi o sena-dor Bill Bradley, antigo astro da NBA (Liga de Basquete Norte-Americana). Alguns estudos têm mostrado que apenas um em cada cem atletas do cole-gial continuam atuando no esporte durante a faculdade, e que as chances de um jogador do colégio chegar a ser profissional no esporte é de uma em dez mil.

Das centenas de atletas com os quais joguei na faculdade e que queriam se tornar profissionais, consigo contar nos dedos de uma mão quantos reali-zaram o intento. Por outro lado, lembro-me de vários que abriram mão de tudo em nome do esporte e que depois tiveram de enfrentar o meio profissio-nal sem nenhuma chance ou preparação.

Nunca me esquecerei da vez que um dos meus colegas de time fez um discurso de incentivo para nosso time, na noite anterior ao jogo contra uma universidade rival. Depois de haver negligenciado os estudos e de nunca ha-ver aprendido a se expressar, tudo que ele conseguiu fazer foi despejar uma porção de vulgaridades pesadas o suficiente para derrubar uma floresta. Em apenas três minutos, ele conseguiu usar "aquela palavra que começa com f" como substantivo, verbo, adjetivo, pronome, conjunção e até no particípio! Saí de lá pensando: "Puxa, que falta faz uma boa educação!"

Abra os olhos! A educação é a chave para acessar seu futuro.

Você diz não gostar da escola. Pois eu digo: "O que isso tem a ver com todo o resto?" Alguma das coisas boas da vida vem facilmente? Você gosta de ter de trabalhar todos os dias? Um estudante de medicina gosta de estudar durante tantos anos? Desde quando gostar de algo determina se você deve fazê-lo ou não? Às vezes você tem de se disciplinar para fazer coisas que não gosta por causa do que espera ganhar com isso.

Você diz que tenta sentar e estudar, mas não consegue porque sua mente começa a divagar. Pois eu digo que, se você não aprender a controlar sua mente, não conseguirá fazer nada. A disciplina mental é uma forma muito mais elevada de disciplina do que a do corpo. Uma coisa é treinar seu corpo para obter um máximo de desempenho, outra bem diferente é controlar seus pensamentos, concentrar-se por longos períodos, sintetizar e pensar criativa e analiticamente.

Às vezes dizer "eu vou tentar" é uma mera desculpa esfarrapada. Imagine como pareceria absurdo se eu lhe perguntasse: "Você vai comer hoje ou vai tentar comer?" Apenas se discipline para fazer as coisas.

Você diz que pode se virar sem estudar e que decorando e encontrando maneiras de burlar o sistema conseguirá as notas para passar. Pois eu digo que você colhe o que planta. Pode o fazendeiro se utilizar da "decoreba"? Será que ele pode esquecer de plantar as sementes na primavera, vagabundear durante todo o verão e depois trabalhar duro somente no outono para obter a colheita? Você consegue desenvolver os músculos levantando pesos apenas de vez em quando? Nesse aspecto, seu cérebro não é muito diferente de seu bíceps. Para aprimorar a firmeza, a velocidade e resistência de sua mente, você tem de se empenhar. Não existem atalhos para isso. Não espere acordar um dia na Terra de Oz com a mão do Mago presenteando-o com uma nova mente.

Imagine cinco pares de mãos. Um deles pertence a um pianista que encanta plateias com suas belas interpretações dos clássicos. Outro a um cirurgião-oftalmologista que consegue restaurar a visão perdida dos pacientes por meio de cirurgia microscópica. Outro par pertence a um jogador profissional de golfe que consegue realizar tacadas sempre com força e precisão. Outro a um cego capaz de ler pelo método braile com uma rapidez incrível. O último par pertence a um artista que molda lindas esculturas, capazes de inspirar a alma de quem as vê. Na superfície, todas as mãos podem parecer iguais, mas por trás de cada par estão anos e anos de sacrifício, disciplina e perseverança. Essas pessoas pagaram o preço! Você acha que elas usaram a "decoreba"? Acha que elas burlaram o sistema?

Um de meus maiores arrependimentos na vida é ter lido um bando de resumos enquanto estava no colégio, em vez de ter lido cem livros. Em contrapartida, tenho um amigo que durante a adolescência deve ter lido centenas de livros. Seu nível de cultura deve ser privilegiado hoje em dia. Rapaz, eu daria um dedo... não, dois dedos para ter uma mente como essa.

Se você não pagar o preço, poderá até obter um diploma, mas não terá obtido instrução. E há uma grande diferença entre essas duas coisas. Alguns de nossos melhores pensadores não tinham diploma e eram homens e mulheres autodidatas. Sabe como eles chegaram lá? Lendo! Esse é o hábito mais incrível que você pode desenvolver. Entretanto, poucas pessoas leem regularmente. E muitas param de ler e de aprender quando se formam. Isso leva à atrofia mental. A educação deve ser a busca de toda uma vida. A pessoa que não exercita a leitura não se encontra em situação melhor do que aquela que não sabe ler.

Você diz que vive o presente e que não pensa no futuro. Pois eu digo que a maior diferença entre você e seu cachorro é que você é capaz de pensar no futuro, enquanto ele não é. Não tome decisões de carreira a longo prazo baseando-se em emoções a curto prazo, como o estudante que escolhe a faculdade pela pouca quantidade de matérias de um curso. Desenvolva um método de orientação de futuro; tome decisões mantendo o resultado em mente. Para ter um bom emprego amanhã, você precisa fazer sua lição de casa esta noite.

Um provérbio resume tudo isso: "Agarra-te rapidamente à instrução; não deixes que ela se vá. Trata de mantê-la, pois ela é tua vida."

Você parece estar dizendo que não precisa de uma mente instruída. Pois eu digo: trate de ter uma!

Espero não havê-lo ofendido. Minha intenção foi a melhor possível. Só não quero vê-lo, daqui a dez anos, cantando como nosso amigo Espantalho:

> **Eu não seria um mero nada,**
> **Com essa cabeça cheia de palha,**
> **... Se pelo menos tivesse um cérebro.**

Pense nisso.

● OPÇÕES EDUCACIONAIS — PÓS-ENSINO MÉDIO

Não se preocupe demais com a carreira que você deverá seguir. Se você simplesmente aprender a pensar com clareza, terá muitas opções de carreira e de educação para escolher. Nesse período, os escritórios de contratação e as empresas não estão muito preocupadas com o que você vai cursar na faculdade. Eles querem é ter evidências de que você tem uma mente sadia. Eles estarão analisando diferentes características:

1. _Vontade._ — Quanto você realmente quer o emprego?

2. _Testes escolares._ — Como foram suas notas no ensino fundamental e no ensino médio?

3. _Atividades extracurriculares._ — De que outras atividades você participa? (Esportes, trabalho remunerado, clubes, grupos estudantis, grupo religioso, grupo comunitário etc.)

4. _Cartas de recomendação._ — O que as outras pessoas pensam a seu respeito?

5. _Média geral._ — Como foi seu desempenho geral na escola?

6. _Habilidade de comunicação._ — Como é seu desempenho por meio da escrita (baseado no teste escrito) e por meio verbal (baseado na entrevista)?

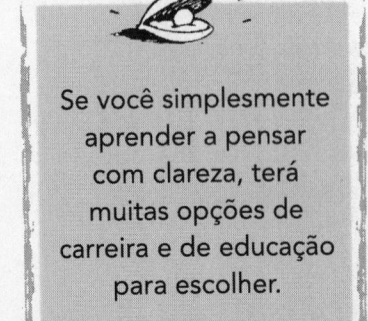

Se você simplesmente aprender a pensar com clareza, terá muitas opções de carreira e de educação para escolher.

Um detalhe ainda mais importante é que eles querem ver evidências de que você se sairá bem na próxima fase. Se sua média geral não está tão boa quanto gostaria, não desanime. Ainda pode conseguir o emprego pelo somatório de outras características.

Além disso, não fique com medo ao ouvir rumores de quanto é difícil entrar na faculdade ou em outros cursos. Geralmente o processo não é tão difícil assim, se você estiver disposto a se dedicar com afinco. Entretanto, o vestibular se tornará mais difícil à medida que você acreditar que ele é realmente difícil.

Bem, já que fui um desportista nos tempos de escola, acho que tenho o direito de zombar um pouco de mim mesmo. Então lá vai!

EXAME VESTIBULAR
(Adaptado para desportistas)

TEMPO LIMITE
3 SEMANAS

1. Que língua é falada na França?

_____

2. Você pediria a William Shakespeare para:
   □ construir uma ponte
   □ navegar pelo oceano
   □ liderar um exército
   □ ESCREVER UMA PEÇA

3. Qual é a religião do papa?
   □ Judaica
   □ Católica
   □ Hindu
   □ Polonesa
   □ Agnóstica

4. Como são chamadas as pessoas do norte da América?
   □ Ocidentais
   □ Sul-americanas
   □ Norte-americanas

5. Seis reis da Inglaterra se chamavam Jorge, o último deles era Jorge VI. Escreva o nome dos cinco reis anteriores.

_____

_____

_____

_____

6. Quantos mandamentos Moisés recebeu (aproximadamente)?

_____

7. Você sabe explicar a teoria da relatividade de Einstein?
   □ sim
   □ não

8. Para que servem os cabides?

_____

9. Explique o princípio do equilíbrio dinâmico de Chatelier ou escreva seu nome em LETRAS MAIÚSCULAS

_____

10. Matemática avançada: se você tem três maçãs, quantas maçãs você tem?

_____

Você tem de responder corretamente três ou mais questões para ser aprovado.

● BARREIRAS MENTAIS

Enquanto você estiver tentando ampliar a mente, terá de superar algumas barreiras. Aqui estão três mais importantes:

Tempo de tela. Chamo de "tempo de tela" qualquer período passado diante de uma tela, seja ela a da televisão, do computador, do videogame ou do cinema. Algum tempo pode ser saudável, mas passar tempo demais batendo papo na internet, jogando videogame ou assistindo à televisão pode entorpecer seu cérebro. Você sabia que a maioria dos adolescentes assiste a mais de vinte horas de televisão por semana? Isso equivale a 43 dias por ano e um total de oito anos ao longo de uma vida. Ainda bem que você não pertence a essa maioria! Pense só no que você poderia conseguir anualmente com esses 43 dias se fosse passá-los fazendo algo produtivo como estudar inglês, dança ou informática.

Estabeleça metas para si mesmo a respeito de seu "tempo de tela", e não perca o controle disso. Ou, então, tente perder o controle remoto. Isso também funciona.

A síndrome nerd. Parece curioso, mas alguns adolescentes não querem ir bem na escola por receio de que os outros pensem que eles são estudiosos demais (nerds), e que ser estudioso não é legal. Também já ouvi garotas dizerem que não querem ser rotuladas de "geninhas" porque isso intimida os rapazes. O que ainda falta ser pensado, pelo amor de Deus?! Se ser inteligente intimida alguém, provavelmente é uma evidência da falta de neurônios de quem se sente intimidado. Sinta orgulho de sua capacidade mental e do fato de valorizar sua educação. Eu mesmo conheço uma porção de pessoas ricas e bem-sucedidas que eram consideradas nerds.

Pressão. Às vezes temos medo de nos sair bem nos estudos devido às altas expectativas que isso gera. Se chegamos em casa com um belo boletim de notas e somos elogiados por isso, subitamente geramos a expectativa de que repetiremos isso várias vezes. E assim surge a pressão. Se não nos saímos bem, não há expectativa nem pressão.

Apenas lembre-se disto: o estresse resultante do sucesso é muito mais tolerável do que o arrependimento resultante de não havermos dado o melhor de nós. Não tenha medo da pressão. Você é capaz de lidar com ela.

● VOCÊ TEM DE QUERER

Por fim, a chave para afinar sua mente será seu desejo de aprender. Você tem de realmente querer isso. Tem de sentir paixão em aprender. E tem de pagar o preço. A história seguinte é um exemplo de alguém com um impulso irresistível de aprender e que pagou um alto preço pelo simples prazer da leitura. Ler para essa pessoa era como "respirar".

A porta da cozinha se abriu de repente — e eu fui flagrado. Era tarde demais para esconder a evidência; a prova estava aberta, clara como a luz do dia, bem ali no meu colo. Meu pai, bêbado e com o rosto enrubescido, cambaleou até mim, furioso, ameaçador. Minhas pernas começaram a tremer. Eu tinha 9 anos. Sabia que iria apanhar porque não haveria escapatória; meu pai me apanhara lendo.

Alcoólatra como os pais dele, meu pai me espancou severamente muitas vezes e continuou a me bater nos anos que se seguiram, até que finalmente abandonei o colégio, quando estava com 16 anos, e saí de casa. Porém, aquela fúria persistente em relação ao meu gosto pela leitura, quando eu era garoto, frustrou-me mais do que todos os outros abusos. Aquilo fazia com que eu me sentisse preso porque eu não iria, simplesmente não podia, parar de ler. Tive contato com livros por curiosidade e também levado pela necessidade — uma irresistível necessidade de fingir que eu estava em outro lugar (...) onde eu desafiava meu pai — e, como recordei aqui, às vezes pagava um preço por esse desafio. Mas valeu a pena.

Esse relato foi escrito por Walter Anderson em seu livro *Read with Me* (Leia comigo). Atualmente Walter é um editor bem-sucedido, que trabalha como consultor em muitas organizações literárias, e é autor de quatro livros. Ele segue em seu relato:

Quando eu era criança, vivia em uma casa violenta, em meio a uma vizinhança violenta. Mas havia um lugar para onde eu podia fugir — uma biblioteca — e os bibliotecários viviam me encorajando a ler. Eu podia abrir um livro e, de repente, estar em qualquer lugar. Eu podia fazer qualquer coisa. Podia me imaginar fora daquela região. De fato, eu "me li" longe da pobreza muito antes de conseguir trabalhar para sair dela.

No final do livro, coloquei uma lista com os cinquenta melhores livros para adolescentes. Não deixe de dar uma olhada nela.

Se até agora você ainda não pagou o preço para se educar, saiba que nunca é tarde para começar. Se você aprender a pensar com clareza, o futuro será uma porta aberta à oportunidade. É tudo uma questão de ondas cerebrais. Exercite as suas!

EXERCITE SUA MENTE

• LEIA • LEIA • LEIA • LEIA • LEIA • LEIA • LEIA •

Cuidando de seu coração

 No final de certa tarde alguém bateu à porta. Quem poderia ser? Abri a porta e lá estava minha irmã caçula de 19 anos, chorando e soluçando.

— O que aconteceu? — perguntei, fazendo-a entrar, embora soubesse exatamente o que havia acontecido. Aquela era a terceira crise de choro daquele mês.

— Ele é muito rude — choramingou ela, enxugando os olhos vermelhos e inchados. — Não acredito que tenha feito isso comigo. Foi muito mesquinho.

— O que ele fez desta vez? — perguntei. Eu já tinha ouvido umas boas e mal podia esperar para saber se esta era ainda melhor.

— Bem... Você sabe, ele me convidou para ir estudar na casa dele — ela soluçou. — Enquanto estávamos estudando apareceram outras garotas por lá, e ele agiu como se nem me conhecesse.

— Eu não me preocuparia com isso se fosse você — disse eu, com meu ar sábio. — Eu costumava fazer esse tipo de coisa com as garotas.

— Mas estou namorando com ele há dois anos — ela balbuciou. — E quando elas perguntaram quem eu era, ele disse que eu era irmã dele!

Ai!

Ela estava arrasada. Mas eu sabia que em questão de horas ou de dias ela estaria achando que o namorado era a melhor coisa do mundo. De fato, como eu previ, alguns dias depois ela voltou a ficar louquinha por ele.

Por acaso, como minha irmã, você já se sentiu em uma montanha-russa emocional, um dia lá em cima, no outro lá embaixo? Já se sentiu como a pessoa mais emotiva do mundo e sem controle de suas emoções? Se isso já lhe aconteceu, então bem-vindo ao clube, porque esses sentimentos são um bocado comuns para os adolescentes. Seu coração é um ser muito temperamental e precisa de constante cuidado e de nutrição, exatamente como seu corpo. A melhor maneira de afinar o instrumento e nutrir seu coração é focar em relacionamentos construtivos, ou, em outras palavras, efetuar depósitos regulares em suas contas bancárias de relacionamento e em sua Conta Bancária Pessoal. Vamos rever o que são esses depósitos.

Não deixe que ninguém venha até você e vá embora sem se sentir melhor e mais feliz. Seja a expressão viva da gentileza de Deus: gentil no semblante, gentil no olhar, gentil no sorriso.

MADRE TERESA DE CALCUTÁ

Depósitos na CBR (Conta Bancária de Relacionamento)
- Cumpra promessas
- Faça pequenas gentilezas
- Seja leal
- Escute
- Peça desculpas
- Estabeleça expectativas claras

Depósitos na CBP (Conta Bancária Pessoal)
- Mantenha promessas pessoais
- Faça pequenas gentilezas
- Seja gentil consigo mesmo
- Renove-se
- Volte-se para seus talentos

Como você deve ter notado, os depósitos na CBP e na CBR são muito semelhantes. Isso porque os depósitos que você efetua na conta de outras pessoas geralmente acabam se refletindo na sua própria conta.

Cultive isso a cada dia, procurando oportunidades de efetuar depósitos e construindo amizades duradouras. Escute com atenção um amigo, seu pai ou sua mãe, um irmão ou uma irmã, sem esperar nada em troca. Faça dez elogios hoje, ao longo do dia. Defenda alguém. Volte para casa no horário que prometeu a seus pais que voltaria.

Gosto da maneira como Madre Teresa de Calcutá mencionou isso:

"Não deixe que ninguém venha até você e vá embora sem se sentir melhor e mais feliz. Seja a expressão viva da gentileza de Deus: gentil no semblante, gentil no olhar, gentil no sorriso." Se você encarar a vida dessa maneira, sempre procurando maneiras construtivas, em vez de destrutivas, ficará surpreso com a felicidade que dará aos outros e a si mesmo.

Enquanto você pensa em cuidar de seu coração, aqui estão alguns pontos a serem considerados.

SEXO E RELACIONAMENTO

Uma jovem disse o seguinte: "Não me importa que tipo de relacionamento você tenha ou quanto seja dedicada a ele... o sexo está sempre no ar. Não importa se você está sentada no carro, sozinha com aquela pessoa, ou em casa, assistindo à tevê — a questão se mantém no ar."

O sexo é muito mais do que reações de seu corpo. Ele também diz respeito a seu coração. De fato, o que você faz com relação ao sexo afeta sua autoimagem e seus relacionamentos com os outros mais do que qualquer outra decisão que você tome. Antes de decidir fazer sexo ou de continuar fazendo, avalie seu coração e pense a respeito dele... com cuidado. Este trecho, extraído de um panfleto publicado pelo *Journeyworks Publishing*, talvez ajude.

Você acha mesmo que está pronto para ir até o fim? Tem certeza? Doenças sexualmente transmissíveis, gravidezes indesejadas e dúvidas emocionais são bons motivos para você esperar! Antes de ir longe demais, dê uma olhada nesta lista. Ou elabore sua própria maneira de terminar cada frase:

Você não está pronto(a) para fazer sexo se...

1. Acha que sexo se iguala a amor.
2. Sente-se pressionado.
3. Tem medo de dizer "não".
4. É mais fácil se render.
5. Você acha que todos os seus colegas estão fazendo. (Eles não estão!)
6. Sua intuição lhe diz para não fazer.
7. Você não conhece os detalhes sobre a gravidez.
8. Você não sabe como funciona o controle de natalidade.
9. Você acha que uma mulher não engravida da primeira vez. (Ela pode engravidar.)
10. Isso vai contra suas crenças morais.
11. Isso vai contra suas crenças religiosas.
12. Você vai se arrepender na manhã seguinte.
13. Você vai se sentir embaraçado ou envergonhado.
14. Você estiver fazendo isso para provar alguma coisa.
15. Você não tem condições de sustentar um filho.
16. Você não tem condições de se sustentar sozinho.
17. Sua ideia de comprometimento é uma linha de assinatura.
18. Você acredita que fazer sexo antes do casamento é errado.
19. Você não sabe se proteger contra o HIV — o vírus que provoca a aids.
20. Você não conhece os sinais e os sintomas das doenças sexualmente transmissíveis (DST, também chamadas de doenças venéreas).
21. Você acha que isso fará seu parceiro te amar.
22. Você acha que isso o fará amar seu parceiro.
23. Você acha que isso os manterá juntos.
24. Você espera que isso mude sua vida.
25. Você não quer que isso mude sua vida.
26. Você não está preparado para a mudança no relacionamento.
27. Você estiver bêbado.
28. Você preferisse estar bêbado.
29. Seu parceiro estiver bêbado.
30. Você espera que tudo saia perfeito.

31. Você morrer de frustração por não ter sido perfeito.
32. Vocês não conseguirem rir juntos das cotoveladas desajeitadas e da atrapalhação com as roupas.
33. Você não estiver pronto para tirar as roupas.
34. Você achar que o HIV e a aids só acontecem com outras pessoas.
35. Você acha que pode dizer quais pessoas têm HIV só de olhar para elas.
36. Você acha que adolescentes não contraem o HIV. (Eles contraem.)
37. Você não sabe que a abstinência é a única proteção 100% segura contra a gravidez e as doenças sexualmente transmissíveis.
38. Vocês não conversaram sobre o futuro.
39. Vocês não conseguem encarar a ideia de um futuro.
40. Você ficar horrorizado se seus pais descobrirem.
41. Você estiver fazendo isso só para que seus pais descubram.
42. Você estiver com medo demais para pensar com clareza.
43. Você acha que isso o tornará mais popular.
44. Você sentir que "deve isso" a seu parceiro.
45. Você acha que não é legal ser virgem.
46. Você só está pensando em si mesmo.
47. Você não estiver pensando em si mesmo.
48. Você mal estiver podendo esperar para contar para todo mundo.
49. Você tiver esperança de que ninguém fique sabendo.
50. Você realmente desejar que tudo isso nunca houvesse acontecido.

Não há problema em esperar.

Trecho extraído de *You're Not Ready to Have Sex If...* (Você não está pronto(a) para fazer sexo se...) Copyright 1996 Journeyworks Publishing, Santa Cruz, CA. Reimpresso sob licença.

Você vai conseguir   É perfeitamente normal sentir-se deprimido de vez em quando. Mas há muita diferença entre um caso de tristeza e um de depressão contínua. Se sua vida se tornou um verdadeiro sofrimento por um longo período de tempo e você não está sendo capaz de afastar essa sensação de desesperança, a coisa está mesmo séria. Felizmente, porém, a depressão é tratável. Não hesite em buscar ajuda, seja pela consulta a um médico ou pela conversa com alguém que tenha treinamento em lidar com esse tipo de problema.

Se você estiver tendo ideias de suicídio, por favor, preste atenção no que estou dizendo. Lute pela vida! Você vai conseguir. Sua vida vai melhorar, eu prometo. Você vale muito e os outros precisam de você. Esse período ruim vai passar. Eles sempre passam. Algum dia você vai olhar para trás e ficará contente por haver resistido, como foi o caso desta jovem:

Sou uma entre os muitos jovens que nasceram em um lar maravilhoso e que realmente não têm nenhum motivo para se meter em encrencas. Só que eu me meti. Os amigos se tornaram muito importantes para mim durante o colégio e a rotina de casa

parecia cansativa demais. Eu mal podia esperar para sair todos os dias, só para ficar com meus colegas e me divertir. No período de dois anos é provável que eu tenha experimentado todos os vícios existentes, mas isso não fez com que eu me sentisse melhor. Muito pelo contrário.

Comecei a ter problemas até mesmo para voltar para casa. Era doloroso demais viver naquele lar alegre e pacífico, cheio de aromas de boa cozinha. Todos ali pareciam bons e perfeitos demais, e eu sentia que não podia corresponder às expectativas deles. Eu me sentia deslocada. Eu não estava levando uma vida da qual eles se orgulhariam e eu iria deixá-los infelizes. Comecei a desejar morrer. Então o pensamento me conduziu a tentativas reais de suicídio.

Mantive um diário e hoje em dia me assusta ver quão perto cheguei de conseguir dar cabo da minha vida. Atualmente, passados apenas alguns anos, estou tirando ótimas notas na faculdade, tendo uma vida social feliz, tenho um namorado que me ama muito e tenho um ótimo relacionamento com minha família. Há muitos planos e muitas coisas que ainda quero realizar. Eu amo a vida e possuo tantos motivos para viver que acho difícil de acreditar que já tenha me sentido diferente, mas me senti. Foi preciso que eu levasse vários "tombos" para me dar conta de que poderia mudar. Mas, graças a Deus, ainda estou aqui.

Lembre-se de que as lutas que você está tendo de enfrentar agora eventualmente se transformarão em uma grande fonte de força. Como escreveu o filósofo Khalil Gibran: "O mesmo bem que faz brotar nosso sorriso foi diversas vezes preenchido por nossas lágrimas. Quanto mais fundo vai a tristeza em nosso ser, mais alegria ela é capaz de conter." (Por favor, verifique os telefones e endereços de ajuda pela internet no final do livro, se você estiver precisando de ajuda.)

● RIA, SENÃO VOCÊ VAI CHORAR

Depois de tudo que foi dito e feito, há uma última chave para manter seu coração forte e saudável. Rir. Isso mesmo, rir! *Hakuna matata/Don't worry, be happy!* Às vezes a vida se toma uma chatice e não há muito que você possa fazer para mudar isso, exceto rir.

É triste que conforme vamos nos tomando mais velhos esquecemos o que tornou nossa infância tão especial. Um estudo mostrou que, na época em que você chega ao jardim de infância, você ri cerca de trezentas vezes por dia. Em contrapartida, um adulto ri a mísera quantidade de 17 vezes por dia. Não é de admirar que as crianças sejam muito mais felizes! Por que somos tão sérios? Talvez porque fomos ensinados que rir demais é sinal de infantilidade. Mas citando Yoda, o grande mestre Jedi: "Você precisa desaprender o que aprendeu." Precisamos aprender a rir novamente.

Li um artigo fascinante de Peter Doskoch, a respeito do poder do bom humor, em *Psychology Today*. Aqui estão algumas chaves que ele descobriu:

O riso:
- Afrouxa as "engrenagens mentais" e nos ajuda a pensar com mais criatividade
- Ajuda a lidar com as dificuldades da vida
- Reduz o nível de estresse
- Faz com que relaxemos e diminui nossa frequência cardíaca e nossa pressão arterial
- Faz com que nos conectemos com os outros e combate sensações de alienação, um importante fator que leva à depressão e ao suicídio
- Libera endorfinas, os analgésicos naturais do cérebro

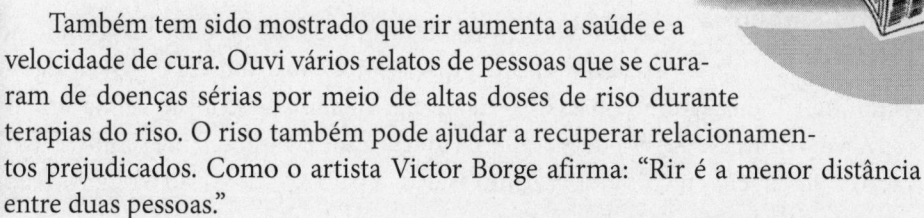

Também tem sido mostrado que rir aumenta a saúde e a velocidade de cura. Ouvi vários relatos de pessoas que se curaram de doenças sérias por meio de altas doses de riso durante terapias do riso. O riso também pode ajudar a recuperar relacionamentos prejudicados. Como o artista Victor Borge afirma: "Rir é a menor distância entre duas pessoas."

Se você não anda rindo muito, o que está esperando para começar? Sugiro que comece sua própria "coleção de humor", uma coleção de livros, desenhos, vídeos, ideias — ou seja lá o que for engraçado para você. Então, sempre que estiver se sentindo pra baixo, ou estiver levando tudo muito a sério, dê uma olhada em sua coleção. Eu, por exemplo, adoro comédias bobas. Há alguns atores que me fazem rir só de pensar neles. Comprei vários dos filmes baratos que eles fizeram e assisto a eles sempre que preciso "dar uma relaxada". Meu irmão, Stephen, tem uma das maiores coleções de desenhos que eu já vi. Ele diz que aqueles desenhos evitam que ele fique louco durante seus períodos de estresse.

Aprenda a rir de si mesmo quando lhe acontecem coisas estranhas ou idiotas, porque você não escapará delas. Como alguém disse certa vez:

"Uma das melhores coisas que as pessoas podem guardar debaixo da manga é uma boa dose de bom humor."

HÁBITO 7

Cuidando de sua alma

O que move sua alma? Um ótimo filme? Um bom livro? Alguma vez você já assistiu a um filme que o fez chorar? Em que sentido ele o tocou? O que o inspira profundamente? Música? Arte? Estar em meio à natureza?

Quando digo alma, refiro-me àquele ser interior que se mantém longe da superfície do seu "eu" cotidiano. A alma é o seu centro, dentro do qual residem suas convicções e seus valores mais íntimos. É a fonte do propósito, do significado e da paz interior. Afinar o instrumento na área espiritual da vida significa dedicar um tempo à renovação e ao despertar desse "eu" interior. Como escreveu a famosa escritora Peari S. Buck: "Dentro de mim mesma existe um lugar onde vivo completamente sozinha, e é lá que me renovo, nessa fonte que nunca seca."

Como alimentar sua alma

Quando eu era adolescente, sentia-me mais revigorado ao escrever em meu diário, ouvir boa musica e passar algum tempo sozinho nas montanhas. Essa era minha maneira de renovar a alma, embora eu não encarasse a coisa desse modo naquela época. Também me sentia revigorado ao ler citações inspiradoras, como esta, dita pelo ex-secretário da Agricultura dos Estados Unidos, Ezra Taft Benson:

"Os homens e as mulheres que dedicam suas vidas a Deus descobrirão que Ele pode fazer muito mais por suas vidas do que eles próprios. Ele aumentará suas alegrias, ampliará sua visão, agilizará sua mente, fortificará seus músculos, inspirará seu espírito, multiplicará seus dons, aumentará suas oportunidades e lhes trará paz."

A alma é uma área muito íntima de sua vida. Naturalmente, há muitas maneiras diferentes de alimentá-la. Aqui estão algumas ideias compartilhadas entre os adolescentes:

- Meditar
- Servir aos outros
- Escrever no diário
- Sair para uma caminhada
- Ler livros inspiradores
- Desenhar
- Escrever música ou poesia
- Pensar profundamente
- Ouvir música que eleva o astral
- Tocar um instrumento musical

- Praticar alguma religião
- Conversar com amigos com os quais eu possa ser sincero
- Refletir sobre meus objetivos ou minha missão

Aqui estão algumas técnicas para a "nutrição da alma" que devem ser consideradas de maneira especial.

VOLTANDO À NATUREZA

Há algo mágico e inigualável sobre estar em meio à natureza. Mesmo que você viva em uma área urbana, longe de rios, montanhas ou praias, geralmente haverá um parque próximo que você poderá visitar. Certa vez entrevistei um jovem chamado Ryan, que aprendeu sobre os poderes de cura da Mãe Natureza em meio a uma vida doméstica realmente atribulada.

Em determinada época do colegial, passei por um momento difícil que parecia estar afetando tudo na minha vida. Foi nesse período que encontrei o leito do rio. Era apenas um local isolado em meio a algumas árvores, no fundo da casa de um velho fazendeiro, e que não parecia lá grande coisa. Mas aquele se tornou meu refúgio. Não havia ninguém por perto, nem se ouvia ruído algum. Era lindo. Só de nadar um pouco eu já me sentia em paz com a natureza. Sempre que eu ficava estressado, eu ia para lá. Era como se aquilo fizesse minha vida voltar ao normal.

Algumas pessoas se voltam para determinadas religiões para encontrar uma direção a seguir, mas para mim era difícil recorrer à religião. Tenho uma e sou dedicado a ela, mas às vezes acho difícil acordar e ir à igreja porque tudo que ouço é: "Ah, seja feliz. Tudo dará certo. Tenha fé. As coisas vão melhorar entre você e sua família." Acho que tudo isso é besteira. Qual é, os familiares nem sempre se dão bem. E a minha família é uma verdadeira bagunça.

Quando eu ia para o rio, não era julgado pelo lugar. Ele não me dizia o que fazer. Era apenas um lugar. Seguir o exemplo de manter a paz e a serenidade que existiam por lá era tudo que eu precisava para acalmar as coisas. Ele me fazia sentir que tudo ia dar certo.

O MELHOR AMIGO DE UM ADOLESCENTE

De modo semelhante a estar em meio à natureza, manter um diário pode fazer maravilhas por sua alma. Ele pode se tornar seu consolo, seu melhor amigo e o único lugar onde você poderá se expressar livremente, por mais que esteja se sentindo furioso, feliz, amedrontado, loucamente apaixonado, inseguro ou confuso. Você poderá abrir seu coração para um diário que ele continuará ali, ouvindo. Ele não vai retrucar nem falar pelas suas costas. Verbalizar seus pensamentos no papel pode clarear sua mente, aumentar sua confiança e ajudá-lo a se encontrar.

Manter um diário também fortalecerá seu método de autoconsciência. É divertido e esclarecedor ler antigas passagens de sua vida e se dar conta de quanto você amadureceu e de quanto era ingênuo e imaturo, ou de quanto era apaixonado por um garoto ou uma garota. Uma moça me contou que ler seu antigo diário lhe deu a noção de que ela não deveria reatar com seu ex-namorado abusivo.

Não existe uma maneira exata de se manter um diário. Sinta-se livre para citar lembranças, guardar ingressos de cinema, bilhetinhos românticos e qualquer outra coisa que preserve uma lembrança. Meus antigos diários estão cheios de arte barata, poesia ruim e cheiros esquisitos. Um diário é apenas um nome formal para "colocar os pensamentos no papel". Há outros nomes e outras formas. Allison escreve bilhetinhos para si mesma e os guarda em uma caixa especial que ela chamava de "caixa sagrada". Kaire se renova mantendo um "livro de agradecimento":

> Tenho um livro que me ajuda a ter uma atitude mais positiva diante da vida. Eu o chamo de "livro de agradecimento". Nele escrevo sobre algo que me faz sentir gratidão ou sobre algo positivo que me aconteceu durante o dia. Esse livro mudou minha vida e colocou as coisas em uma nova perspectiva, porque tento recordar todas as coisas boas que me acontecem, e não as ruins. Não é como um diário onde você escreve tudo o que acontece, sejam coisas boas ou ruins. Ainda mantenho um diário, mas isto é diferente. Tenho uma página para citar minhas músicas preferidas, os toques preferidos (o abraço de meu irmão), sons preferidos (o riso de mamãe), sensações preferidas (brisa fria) e assim por diante. Também escrevo coisas de menor importância, como: "Brian se ofereceu para tirar a mesa por mim", ou "John se aproximou para me cumprimentar hoje". Essas coisas fazem você se sentir bem. Quando olho para este livro e recordo essas coisas boas, esqueço, apago e mando embora as coisas ruins. Elas não conseguem mais me afetar.
>
> Dei um livro desse para outras pessoas e elas disseram que ele realmente as ajudou. Essa é minha maneira de dizer: "Você é a única pessoa que pode fazê-lo feliz — ninguém mais."

● SUA DIETA ESPIRITUAL

De vez em quando me apanho pensando no que aconteceria a uma pessoa que só bebesse refrigerante e comesse chocolate durante vários anos seguidos. Como ficaria sua aparência e como ela se sentiria depois de algum tempo? Provavelmente um lixo. Mas por que pensamos que o resultado é diferente quando alimentamos nossas almas com lixo durante vários anos seguidos? Você não é apenas o que come, é também o que ouve, lê e vê. Mais importante do que o que vai em seu corpo é o que vai em sua mente.

Então, a quantas anda sua dieta espiritual? Está alimentando sua alma com nutrientes ou a está empanturrando de lixo nuclear? A que tipo de mídia você se permite acessar? Já havia sequer pensado nisso?

Nós vivemos mergulhados em um mundo de mídia e nem mesmo notamos. Tente ficar "livre da mídia" por apenas um dia e verá o que estou querendo dizer — um dia sem ouvir nenhuma música, sem assistir à tevê nem vídeos, sem ler nenhum livro ou revista, nem navegar na internet ou ler um outdoor (isso também é mídia). Você vai descobrir que é quase impossível e que você poderá até sofrer sérias privações.

Analisemos a música, por exemplo. Alguns estudos mostram que o adolescente escuta em média quatro horas de música por dia. Isso é música pra caramba! Quando você acorda de manhã, o que faz? Liga seu rádio ou alguma outra coisa no aparelho estéreo. Quando está no carro, o que faz? Quando se aborrece com seus pais, vai direto para seu quarto e o que faz? Você consegue imaginar um comercial, um programa de TV ou um filme que não seja acompanhado de música?

E se você pensa que a mídia não o afeta, pense em sua música preferida e no que ela faz com suas emoções. Ou pense na última vez que você viu os membros do sexo oposto seminus na tela da TV ou na página de uma revista. Ou então pense na última marca de xampu que você comprou. Por que você a comprou? Provavelmente por causa da influência de um comercial de TV de trinta segundos ou do anúncio de uma única página de revista. E se um anúncio de uma página consegue vender uma embalagem de xampu, você não acha que um filme completo, uma revista ou um CD não conseguem vender um estilo de vida?

Como a maioria das coisas, existe um lado iluminado e um lado escuro na mídia. E você precisa escolher qual deles entrará em sua vida. Minha única sugestão é que você siga sua consciência e trate sua alma com o mesmo respeito que um atleta olímpico trata o próprio corpo. Por exemplo, se as músicas que você ouve ou os filmes aos quais você assiste o fazem se sentir deprimido, furioso, negativo, violento ou como se estivesse com febre, adivinhe o que está acontecendo? Isso é provavelmente um sinal de que eles são verdadeiros lixos, e você não precisa de lixo. Por outro lado, se eles o fazem sentir relaxado, feliz, inspirado, esperançoso ou em paz, então mantenha-os sem pensar duas vezes. Eventualmente você se tornará aquilo que vê, ouve e lê; portanto, crie o hábito de sempre perguntar a si mesmo: "Quero que isso se torne parte de mim?"

HÁBITO 7

● Vocês estão perturbando meu sono

Tive acesso a uma carta enviada para o site da YO!, escrita por uma jovem chamada Ladie Terry, que já estava cheia do lixo mostrado na MTV em certos videoclipes. Ela endereçou a carta "Às coleguinhas que gostam de ficar poluindo a imagem da minha TV". Com permissão, incluí aqui alguns trechos da carta.

Acho que deve ser excitante aparecer em um videoclipe. Mas vocês têm ideia de quanto estão afetando as mentes e as vidas de suas colegas do mesmo sexo? Vocês pensam nas colegas menores, que aprendem rápido e imitam o que vocês fazem? Já notaram como as de 12 e as de 13 anos se embonecam para parecer que têm 20 anos? Ou os tempos estão tão difíceis que vocês nem se importam em magoar os outros?

Eu costumava discutir com meu ex-namorado a respeito de assistir a esses videoclipes da MTV e aos programas de baixarias do gênero porque boa parte deles mostra apenas garotas seminuas rebolando e balançando feito gelatina. (...) Ficava magoada ao ver meu ex-namorado boquiaberto, olhando a TV de alto a baixo. (...)

CHEGA! VAMOS MUDAR PARA UM CARTOON NETWORK!

Minha vizinha costumava me dizer que quando ela assistia a videoclipes com o namorado ele dizia: "Era assim que seu corpo deveria ser." Uma amiga, que agora está com 16 anos, contou que os rapazes perguntavam a ela: "Por que você não dança daquele jeito?" Por que vocês insistem em aparecer na TV com roupas curtas e apertadas, movendo o corpo como se estivessem com alguma anomalia? (...) Vocês são muito bonitas. Não precisam ficar tirando a roupa para fazer sucesso ou para chamar atenção. Querem ser respeitadas? Pois mostrem isso usando vestidos elegantes e mais conservadores — e então justifiquem a decisão com suas próprias palavras. A maneira como você se veste diz às pessoas o que passa na sua mente. (...) Quando vocês refizerem sua imagem e tomarem o juízo, muitos rapazes mudarão o tratamento com relação a vocês.

Portanto, parem de competir para ver quem é mais rebolativa e parem de pensar em cama, porque vocês estão atrapalhando o meu sono.

● Sapos fritos

Vícios de todo tipo — sejam eles drogas, fofoca, fazer compras, comer ou jogar — têm características em comum.

Os vícios:

- Geram prazer a curto prazo
- Tornam-se o principal foco de sua vida
- Eliminam o sofrimento temporariamente
- Dão uma sensação artificial de autoestima, poder, controle, segurança e intimidade
- Pioram os problemas e os sentimentos dos quais você está tentando escapar

Um dos vícios mais sutis, mas também mais perigosos, é a pornografia, disponível em todo lugar. Tudo bem, você pode argumentar quanto quiser sobre tudo o que é e, o que não é pornografia, mas acho que no íntimo você sabe o que é. A pornografia pode parecer interessante por um momento, mas anuviará gradualmente suas sensibilidades mais refinadas, como aquela sua voz interior chamada consciência, até que esta seja totalmente reprimida.

Você pode estar pensando: "Calma aí, Sean. Um pouquinho de 'visual' não vai me fazer mal." O problema é que a pornografia, como qualquer outro vício, instala-se furtivamente em você. Isso me lembra uma história que li certa vez a respeito dos sapos. Se você coloca um sapo na água fervente, ele pula para fora imediatamente. Mas se você o coloca na água morna e vai aumentando a temperatura aos poucos, o sapo é cozido antes de sentir que deve pular para fora da panela. É a mesma coisa com a pornografia. O que você vê hoje pode tê-lo chocado há um ano. Mas o fato de a água haver sido esquentada aos poucos não o deixa notar que sua consciência foi sendo frita.

Reúna coragem para sair disso, desligar-se, "pular fora". Você é melhor do que tudo isso. Um garoto nos contou o seguinte:

Durante um verão entre o terceiro e o último ano do colegial, trabalhei em uma construtora. Um dia o chefe me pediu para verificar algo com o supervisor de construção, cujo escritório ficava em um trailer próximo ao local da construção.

Quando entrei no trailer, havia fotos pornográficas em todas as paredes. Por um momento, esqueci o que tinha ido fazer ali, porque minha atenção se voltou totalmente para as fotos. Aquilo despertou interesse em mim. Quando saí do trailer, comecei a pensar onde poderia comprar aquilo. Logo encontrei um lugar que vendia esse tipo de coisa.

A princípio, quando eu olhava para as fotos, sentia-me nervoso e inquieto por dentro, como se estivesse fazendo algo errado, mas não demorou muito para eu ficar viciado. Aquilo começou a me consumir a ponto de eu não conseguir pensar em mais nada — minha família, trabalhar ou dormir. Comecei a pensar e a sentir o pior a meu próprio respeito.

Durante os intervalos no trabalho, íamos para o carro de alguém e sempre aparecia alguma revista que nos fazia rir e querer ver mais. Os rapazes mais envolvidos com aquilo não se satisfaziam apenas em olhar. Falavam sobre as garotas com as quais haviam dormido e não pareciam se importar com mais nada na vida. Tudo que eles conversavam se resumia a sexo e revistas e filmes pornográficos.

Uma tarde, enquanto eu estava trabalhando, ouvi um dos meus colegas de trabalho começar a assobiar e a fazer comentários rudes, de cunho sexual. Fui ver o que estava acontecendo e lá estava minha irmã caçula, acabando de sair de seu Volkswagen e olhando para mim. Ouvi alguém dizer: "Eu gostaria de provar um pouco disso!" Virei furioso e disse: "Cale a boca! Esta é minha irmã!"

Eu me senti enojado. Saí do trabalho antes do horário e dirigi durante algum tempo. Não conseguia deixar de pensar em quanto minha irmã parecera magoada por haver sido tratada tão horrivelmente, sendo que sua intenção era tão inocente.

No dia seguinte, quando voltei para o trabalho e os rapazes começaram a circular as revistas, eu me afastei. A princípio foi preciso muita força de vontade, mas, conforme fui repetindo a atitude, logo aquilo foi se tornando mais fácil. Quando começavam as conversas rudes e desagradáveis, eu me afastava e ia para outro lugar. Não achava mais aquilo divertido. Percebi que eles estavam falando sobre a irmã de alguma outra pessoa.

● CAIA NA REAL

Enquanto terminamos este capítulo, deixe-me compartilhar alguns pensamentos finais. Certa vez eu estava conversando com uma garota chamada Larissa, a respeito de afinar o instrumento, e ela me deu uma "chamada". "Qual é, Sean. Quem tem tempo para isso? Fico na escola o dia inteiro, tenho outras atividades depois da escola e estudo toda a noite. Preciso tirar notas boas para conseguir entrar na faculdade. O que acha que devo fazer, dormir cedo e ir mal na prova de matemática amanhã?"

Deixe-me dizer apenas uma coisa: há tempo para tudo. Um tempo para ser equilibrado e um tempo para ser desequilibrado. Há períodos em que você precisa ficar sem dormir direito e levar os limites de seu corpo a extremos, por um dia, uma semana ou uma temporada. Também haverá períodos em que comer baboseiras pouco saudáveis será a única alternativa para não passar fome. Essa é a vida real. Mas também há períodos de renovação.

Se você "pegar pesado" por tempo demais, não pensará com tanta clareza, ficará irritadiço e começará a perder a perspectiva. Você pode até pensar que não tem tempo para se exercitar, fazer amizades ou sentir inspiração. Na verdade, você não tem tempo para não praticar tudo isso. O tempo de investimento que você gastar para afinar seu instrumento voltará imediatamente porque, quando você retomar sua rotina, dará conta das coisas com muito mais rapidez.

Você vai É provável que você já esteja fazendo uma porção de afinações em
conseguir instrumentos sem se dar conta disso. Se você está estudando com
empenho, está afinando sua mente. Se está se dedicando ao atletismo ou à ginástica, está cuidando de seu corpo. Se está se esforçando para fazer amizades, está
nutrindo seu coração. Geralmente você pode afinar o instrumento em mais de
uma área ao mesmo tempo. Melanie me contou certa vez como, para ela, cavalgar
cumpriu essa tarefa. A natureza física de cavalgar exercitava-lhe o corpo. Pensar
durante a cavalgada exercitava-lhe a mente. E estar em meio à natureza nutria-lhe
a alma. Então perguntei a ela: "E quanto aos relacionamentos? Como cavalgar
desenvolve seu coração?" Ela respondeu: "Sinto muita estima por meu cavalo."
Bem, cavalos também devem ser gente...

Afinar o instrumento não acontecerá apenas com você. Uma vez que se trata
de uma atividade do quadrante 2 (importante, mas não urgente), você tem de ser
proativo e estar aberto a isso. A melhor coisa a fazer é reservar um tempo para
afinar o instrumento todos os dias, mesmo que seja por 15 ou trinta minutos.
Alguns adolescentes reservam um momento específico de cada dia — pela manhã, depois da escola ou à noite — para ficar sozinhos, meditar ou se exercitar.
Outros gostam de fazer isso nos finais de semana. Não existe uma maneira correta; portanto, encontre aquela que funcionar melhor para você.

Certa vez, perguntaram a Abraham Lincoln: "O que você faria se tivesse oito
horas de prazo para cortar uma árvore?" Ele respondeu: "Passaria as quatro primeiras afiando minha serra."

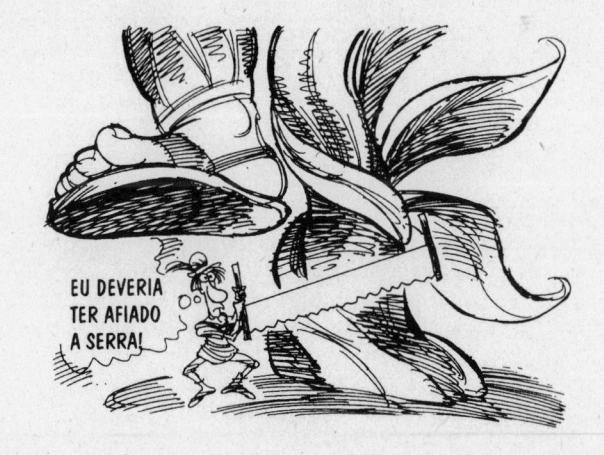

★ ★ ★

PRÓXIMAS ATRAÇÕES
Você vai gostar do próximo capítulo porque ele é bem curto.
Aguente firme, você está prestes a terminar o livro!

PEQUENOS PASSOS

Corpo

1 Tome o desjejum.

2 Comece hoje um programa de exercícios e cumpra-o assiduamente durante 30 dias. Caminhar, correr, nadar, andar de bicicleta, andar de patins, praticar levantamento de pesos etc. Escolha uma atividade que realmente o agrade.

3 Livre-se de um mau hábito durante uma semana. Não tome bebida alcoólica nem refrigerantes, não coma frituras, donuts, chocolate nem qualquer outra coisa que possa prejudicar seu corpo. Uma semana depois, veja como você está se sentindo.

Mente

4 Escreva para uma revista que tenha algum valor educacional, como a *Superinteressante* ou a *National Geographic*.

5 Leia um jornal diariamente. Preste atenção especial às matérias das manchetes e às matérias opinativas.

6 Da próxima vez que você sair para um encontro, visite um museu ou coma em um restaurante que sirva de comida típica de outro país, onde nunca tenha estado antes. Amplie seus horizontes.

Coração

7 Saia para um passeio particular com um membro de sua família, como sua mãe ou seu irmão. Assista a um jogo, vá ao cinema, faça compras ou tome apenas um sorvete.

8 Comece hoje mesmo a fazer sua "coleção de humor". Selecione seus desenhos preferidos, compre comédias ou inicie sua própria coleção de grandes piadas. Dentro de pouco tempo você terá algo a que recorrer quando estiver estressado.

Alma

9 Assista ao próximo pôr do sol e levante-se cedo para assistir à alvorada.

10 Se você ainda não tem um, comece a manter um diário a partir de hoje.

11 Reserve algum tempo todos os dias para meditar ou para refletir sobre sua vida. Faça aquilo que funcionar melhor para você.

Mantenha a esperança
viva!

ACREDITE, VOCÊ MOVERÁ MONTANHAS!

Há muitos anos, o reverendo Jesse Jackson discursou na Convenção Democrata Nacional. Ele fez um discurso intenso, deixando a plateia muito empolgada. E, para tanto, usou apenas quatro palavras: Mantenham a esperança viva.

Ele continuou repetindo as mesmas palavras por um longo tempo, até a plateia explodir em uma salva de palmas. Era possível sentir a sinceridade no tom de voz dele. Ele inspirou a todos ali. Gerou esperança.

É justamente por isso que escrevi este livro, para lhe dar esperança! Esperança de que você pode mudar, abandonar um vício, melhorar um relacionamento importante... Esperança de que você pode encontrar soluções para seus problemas e alcançar seu potencial mais pleno. E daí que o estilo de vida de sua família não seja lá dos melhores, que você não esteja indo bem na escola e que seu único relacionamento bom seja com seu gato de estimação (e, mesmo assim, ele ande ignorando-o ultimamente). Mantenha a esperança viva!

Se depois de ler este livro você se sentir motivado, mas não tiver ideia de como começar a mudar, sugiro que faça o seguinte: folheie o livro rapidamente, passando pelas ideias-chave de cada capítulo ou perguntando a si mesmo: "Com que hábito estou tendo mais dificuldade na vida?" Então escolha apenas duas ou três coisas para tra-

Para ter certeza de onde você está pisando,
Pise com cuidado e muito tato,
E lembre-se de que a vida é
Um grande ato de equilíbrio.
Se você terá sucesso?
Sim! Claro que terá!
(Com garantia de 98 ³/₄).
Meu jovem, você moverá montanhas.

DR. SEUSS

NO LIVRO *OH, THE PLACES YOU'LL GO*
(OH, OS LUGARES QUE VOCÊ ALCANÇARÁ)

balhar (não cometa o exagero de ir logo escolhendo vinte coisas!). Escreva suas metas em um papel e coloque-o em um lugar onde você possa revê-las com frequência. Então deixe que elas o inspirem a cada dia, mas sem deixá-lo com sentimento de culpa.

Você ficará surpreso com os resultados que poucas mudanças já poderão causar. Gradualmente, você ganhará mais confiança e se sentirá mais feliz, trilhará o caminho mais elevado naturalmente, seus objetivos se transformarão em realidade, seus relacionamentos irão melhorar e você se sentirá em paz. Tudo começa com um primeiro passo.

Se houve um hábito ou uma ideia que o tocou mais fundo, tais como ser proativo ou a Conta Bancária de Relacionamento, a melhor maneira de interiorizá-la é ensiná-la a outra pessoa enquanto o conceito ainda estiver fresco em sua mente. Faça-o usando seus próprios exemplos e suas próprias palavras. Talvez você consiga até convencer a pessoa e a faça querer trabalhar junto com você.

Se em algum momento você se apanhar pisando na bola ou falhando em algum ponto, *não se sinta desencorajado*. Lembre-se do voo em um avião. Quando um avião decola, existe um plano de voo. Porém, durante o percurso o vento, a chuva, a turbulência, o tráfego aéreo, a falha humana e outros fatores tendem a manter o avião fora da rota inicial. De fato, um avião se mantém fora da rota durante 90% do tempo. A solução para isso é que os pilotos vivem fazendo pequenas correções no curso enquanto leem os instrumentos e comunicam-se com a torre de comando. Como resultado, o avião consegue chegar a seu destino.

Portanto, e daí se você viver se desviando de seu plano de voo e sentir que passa 90% do tempo fora da rota? Se você insistir em continuar voltando para o plano inicial, fazendo pequenos ajustes e mantendo a esperança viva, finalmente acabará chegando a seu destino.

Bem, este é o fim do livro. Obrigado por haver embarcado comigo nesta viagem e parabéns por haver terminado a leitura. Quero que saiba que acredito realmente no seu futuro. Você está destinado a alcançar grandes coisas. Lembre-se sempre de que você nasceu com tudo que é preciso para ter sucesso na vida. Não precisa procurá-lo em nenhum outro lugar. O poder e a luz estão em você!

Como despedida, quero deixar uma de minhas citações preferidas, dita por Bob Moawad, e que resume tudo isso. Desejo-lhe tudo de bom. *Sayonara!*

Você não deixará pegadas na areia do tempo se ficar sentado sobre seu traseiro.
E quem quer deixar apenas marcas de traseiro na areia do tempo?

Fim

AGRADECIMENTOS

Dizem que escrever um livro é como enfrentar um leão, mas, na verdade, os dois anos que eu passei para escrever este aqui foram mais como enfrentar uma alcateia inteira de leões. Por sorte, não tive de enfrentá-los sozinho. Houve muitas pessoas que contribuíram de inúmeras maneiras para a realização deste livro. Eu gostaria de agradecer a cada uma delas:

Agradeço a Annie Oswald, por ser uma competente líder de projeto e por sua incansável dedicação, liderança e iniciativa. Sem dúvida, você foi a pessoa-chave para fazer deste livro o que ele é.

Agradeço a Trevor Walker, por sua cooperação e seu trabalho desde o início.

Agradeço a Jeanette Sommer, por sua extraordinária dedicação a este projeto e por, de alguma maneira, sempre haver encontrado aquela história que parecia impossível.

Agradeço a Pia Jensen, por haver contribuído como membro central da equipe durante mais de dois anos e por suas ótimas histórias.

Agradeço a Greg Link, por ser um brilhante realizador de acordos e um bom amigo, e por liderar a parte de relações públicas e de marketing.

Agradeço a Catherine Sagers, minha irmã, por seu ótimo trabalho nos "pequenos passos" e por haver contribuído de muitas outras formas.

Agradeço a Cynthia Haller, minha irmã mais velha e "mamãe ganso", por sua soberba assistência editorial, pelas histórias e pelas ideias.

Agradeço a Mark Pett, por ser a mente criativa por trás da maioria das charges do livro e por haver contribuído com muitas delas.

Agradeço a Eric Olson (principal chargista do livro) e a Ray Kuik (diretor de arte do livro), da Raeber Graphics, Inc., pela genial criatividade de ambos e por haverem concretizado meu desejo de transformar este livro em uma festa visual. Tudo que posso dizer a respeito de vocês é: "Uau!"

Agradeço a Debra Lund e a sua equipe por seus esforços proativos em coletar todos aqueles incríveis endossos.

Agradeço a Tony Contos e a sua equipe da Joliet Township High School, em Illinois, por servir como nosso principal local de experimentações. (Tony, seu constante encorajamento me manteve animado.) Em particular, agradeço a Sandy Contos, Flora Betts, Barbara Pasteris, Gloria Martinez, Linda Brisbin, Susan Graham, John Randica, Lynn Vaugh, Jennifer Adams, Marie Blunk, Cathe Disera, Marvin Reed, Bonnie Badurski, Judy Bruno, Richard Dobbs, Pat Sullivan, Shawna Kocielko, Reasie McCullough, Nichole Nelson, Michael Stubler, Nichol Douglas,

Joseph Facchina, Kaatrina Voxx, Joy Denewellis, Jordan McLaughlin, Allison Yanchick, Stephen Davis, Chris Adams, Neal Brockett e Marisha Pasteris.

Agradeço a Rita Elliot, aos outros membros da equipe e aos estudantes da North Carolina Legislator's School, por suas ideias e pelas entrevistas.

Agradeço principalmente a Kia Hardy, Natarsha Sanders, Crystal Hall, Tarrick Cox, Adam Sosne, Heather Sheehan, Tara McCormick e Terrence Dove.

Agradeço a Kay Jensen e à equipe Sanpete de Prevenção Contra Maus-tratos Infantis, pelo corajoso compartilhamento de suas histórias.

Agradeço a Cindi Hanson e à classe da Timpview High School Executive Tech, por me permitir lhes ensinar os 7 Hábitos. Em particular, agradeço a Kristi Borland, Spencer Clegg, Kelli Klein, Jennie Feitz, Brittney Howard, Tiffany Smith, Becky Tanner, Kaylyn Ellis, Rachel Litster, Melissa Gourley, T.J. Riskas, Willie Morrell, Brandon Kraus, Stephan Heilner, Monica Moore e Amanda Valgardson.

Agradeço aos estudantes do Utah Valley High Schools, por sua importante participação em inúmeros grupos de foco. Em particular, agradeço a Ariel Amata, Brett Atkinson, Amy Baird, David Beck, Sandy Blumenstock, Megan Bury, Brittany Cameron, Laura Casper, Estee Christensen, Ryan Clark, Carla Domingues, Ryan Edwards, Jeff Gamette, Katie Hall, Liz Jacob, Jeff Jacobs, Jeremy Johnson, Joshua Kautz, Arian Lewis, Lee Lewis, Marco Lopez, Aaron Lund, Harlin Mitchell, Kristi Myrick, Chris Nibley, Whitney Noziska, Dianne Orcutt, Leisy Oswald, Laney Oswald, Jordan Peterson, Geoff Reynolds, Jasmine Schwerdt, Josie Smith, Heather Sommer, Jeremy Sommer, Steve Strong, Mark Sullivan, Larissa Taylor, Cailie Trane, Kelli Maureen Wells, Kristi Woodworth e Lacey Yates.

Agradeço aos palestrantes, aos escritores e aos jovens líderes que nos auxiliaram de uma maneira ou de outra, a saber: Brettne Shootman, Mona Gayle Timko, James E.H. Collins, Brenton G. Yorgason, James J. Lynch, Matt Clyde, Dan Johnson, Deborah Mangum, Pat O'Brien, Jason Dorsey, Matt Townsend, John Bytheway e a Premier School Agenda e equipe.

Um agradecimento especial a todos que contribuíram com entrevistas e histórias, incluindo Jackie Gago, Sara Duquette, Andy Fries, Arthur Williams, Christopher Williams, Tiffany Tuck, Dave Boyer, Julie Anderson, Liz Sharp, Renon Hulet, Dawn Meeves, Chris Lenderman, Jacob Sommer, Kara Sommer, Sarah Clements, Jeff Clements, Katie Sharp, Brian Ellis, Donald Childs, Heidi Childs, Patricia Myrick, Naurice Moffett, Sydney Hulse, Mari Nishibu, Andrew Wright, Jen Call, Lena Ringheim Jensen, Bryan Hinschberger, Spencer Brooks, Shannon Lynch, Allison Moses, Erin White, Bryce Thatcher, Dermell Reed, Elizabeth Jacob, Tawni Olson, Ryan Edwards, Ryan Casper, Hilda Lopez, Taron Milne, Scott Wilcox, Mark C. Mcpherson, Igor Skender, Heather Hoehne, Stacy Greer, Daniel Ross, Melissa Hannig, Coileen Petersen, Joe Jeagany, Tiffany Stoker Madsen e Lorilee Richardson.

E finalmente agradeço às centenas de outras pessoas que contribuíram conosco de diversas maneiras.

CENTRAL DE INFORMAÇÕES

Você, um amigo ou um ente querido pode estar passando por uma situação difícil e sentindo-se desesperançado ou confuso a respeito do que fazer. Pois saiba que há muitas pessoas dispostas a ajudar. Você não precisa se virar sozinho. Se estiver com algum problema, por favor, telefone para os números listados abaixo ou visite os endereços na internet. Se não conseguir obter a ajuda que você quer ou necessita com o primeiro telefonema ou na pesquisa na internet, por favor, tente novamente. E lembre-se: mantenha a esperança viva!

DROGAS E ALCOOLISMO

Ministério da Saúde: www.saude.gov.br — Informações gerais sobre o SUS, programas de saúde e links importantes.

Disque Saúde Ministério da Saúde: 136 — Serviço telefônico gratuito para esclarecimentos à população em geral.

Você pode encontrar o Centro de Atenção especializado mais próximo no documento elaborado pelo Ministério da Saúde: <http://bvsms.saude.gov.br/bvs/publicacoes/politica_atencao_alcool_drogas.pdf>

Grupos Familiares Al-Anon do Brasil (para familiares e amigos de alcoólicos): http://www.al-anon.org.br/

Página de Alcoólicos Anônimos no Brasil: http://www.alcoolicosanonimos.org.br

Distúrbios Alimentares (entre outros) e Saúde Física e Mental
Núcleo Terapêutico Espaço Psique — Site de psicologia e psicanálise. Estudo de casos, orientação on-line, atualidades em comportamento humano, psiquiatria, neurologia e psicoterapia, cursos, descrição das psicopatologias como o distúrbio obsessivo-compulsivo, distúrbios alimentares, distúrbio bipolar, neurose e psicóticos. Rua Afonso Brás nº 579, cj. 15, Vila Nova Conceição, CEP: 04511-011 — Telefone: (11)3045-1648
E-mail informaçõs: helpsi@uol.com.br

Núcleo de Psicoterapia Cognitivo-Comportamental

Revista de psicologia com artigos sobre obsessão, compulsão, drogas, sexualidade, alcoolismo, distúrbios alimentares como anorexia, bulimia e outros.
http://www.nutcc.com.br/

Postos do C W

Araraquara
Rua Prof. Dorival Alves, 80
CEP: 14810-210, SP

Bauru
Pça. Papa João Paulo II, s/n°, s/50
CEP: 17020-290, SP

Belém
Rua 1º de Março, 241/1.109
CEP: 66019-090, PA

Belo Horizonte
Rua Desembargador Barcelos, 1.286
CEP: 30480-250, MG

Birigui
Rua Dr. Carlos Carvalho Rosa, 244
CEP: 16200-000, SP

Brasília
SRTVN Ed. Brasília Rádio Center — slj. 05
CEP: 70770-520, DF

Cuiabá
Rua Barão de Melgaço, 4.065
CEP: 78005-500, MT

Curitiba
Rua Carneiro Lobo, 35
CEP: 82240-240, PR

Florianópolis
Rua Victor Konder, 321
CEP: 88015-400, SC

Fortaleza
Av. Francisco Sá, 4.378
CEP: 60310-001, CE

Franca
Rua Carlos do Carmo, 419
CEP: 14401-133, SP

Goiânia
Rua 72, 146
CEP: 74045-120, GO

João Pessoa
Rua Santos Durnont, 133, sala 4
CEP: 58703-010, PB

Joinville
Rua Visconde de Taunay, 530
CEP: 89201-000, SC

Londrina
Pça. 1º de Maio, 110, 3º andar
CEP: 86010-000, PR

Moji das Cruzes
Rua Gaspar Coqueiro, 647
CEP: 08730-480, SP

Natal
Rua Padre Pinto, 763
CEP: 59025-610, RN

Osasco
Av. Santo Antônio, 1.388
CEP: 06083-200, SP

Piracicaba
Rua Ipiranga, 806
CEP: 13400-480, SP

Porto Alegre
Av. Ipiranga, 320
CEP: 90160-090, RS

Ribeirão Preto
Rua Augusto Severo, 660
CEP: 14050-350, SP

Rio de Janeiro
Rua Leandro Martins, 22, 707
CEP: 20080-070, RJ

Salvador
Rua Prof. Antônio Borja, 12
CEP: 40040-260, BA

Santos
Av. Conselheiro Nébias, 388
CEP: 11045-000, SP

São José do Rio Preto
Av. Constituição, 1.688
CEP: 15025-120, SP

São Paulo
Rua Cardeal Arcoverde, 563
CEP: 05408-000, SP

Sorocaba
Rua Dr. Nogueira Martins, 334
CEP: 18031-570, SP

Vitória
Av. Alberto Torres, 821
CEP: 29040-700, ES

ABUSOS E VIOLÊNCIA

CECRIA
Centro de referência, estudos e pesquisas na área da infância e da adolescência. Atualmente organizando banco de dados sobre violência, exploração e abuso sexual de crianças e de adolescentes.

Centro de Referência, Estudos e Ações sobre Crianças e Adolescentes
Av. W/3 Norte, quadra 506, bloco "C", mezzanino, lojas 21 e 25
CEP: 70740-503 — Brasília — DF — Brasil
Tel: (61) 340-8708 — Telefax: (61) 274-6632 - (61) 340-8708
E-mail: cecria@bmet.com.br — http://www.cecria.org.br

Causas da Violência
http://usuarios.aol.com.br/alps/

Conselho Tutelar — Estatuto da criança e do adolescente é a lei que estabelece os direitos e deveres da criança e do adolescente, determinando as responsabilidades da sociedade em relação a eles.
Taboão da Serra, SP.
http://ppessoa.zaz.com.br/paginas/poaconselho00.htm

EDUCAÇÃO

Fundação Estudar — Concede bolsas de estudo para cursos na área de negócios: graduação em administração, economia e engenharia e pós-graduação, LL.M., MBA e ph.D. Links para cedentes de bolsas em todo o mundo.
http://www.estudar.org.br/

CAESP — Centro de Apoio ao Estudante de São Paulo. Descontos e promoções especiais para o associado em todo o comércio, intercâmbio internacional, bolsas de estudo e muito mais. http://www.mastermidia.com.br/caesp

APOIO GERAL AOS ADOLESCENTES

Adolescente-NET
O site do adolescente e "aborrecente" na WEB
http://www.geodties.com/MotorCity/Downs/9624/index.htm

S.O.S Mulher — serviço de apoio
Arquivo fotográfico de crianças desaparecidas e de criminosos

Procurados
http:/ /www.mulher.com.br/

BIBLIOGRAFIA

PARADIGMAS E PRINCÍPIOS

GREYLING, Dan P. "The Way the Cookie Crumbles." Reimpresso sob licença da *Reader's Digest de* julho de 1980. Copyright © 1980 por The Reader's Digest Assodation, Inc.

MacPEEK, Walter. *Resourceful Scouts in Action.* Nashville: Abingdon Press, 1969.

A CONTA BANCÁRIA PESSOAL

BARTON, Bruce. *The Man Nobody Knows.* Nova York: Collier Books, 1925.

HÁBITO 1

LEMLEY, Brad. "The Man Who Won't Be Defeated." Nova York: *Parade.* Reimpresso sob licença da *Parade.* Copyright © 1989.

NELSON, Portia. "Autobiography in Five Short Chapters." De *There's a Hole in My Sidewaik.* Copyright © 1993 por Portia Nelson. Hilisboro, Qregon: Beyond Words Publishing, me., 1-800-284-9673.

HÁBITO 3

NELSON, Portia. *There's a Hole in My Sidewaik.* Copyright © 1993 por Portia Nelson. Hilisboro, Oregon. Beyond Words Publishing, Inc., 1-800-284-9673.

HÁBITO 4

LUSSEYRAN, Jacques. *And There Was Light.* Edimburgo: Parabola Books, 1985. Reimpresso sob licença.

HÁBITO 6

ARMSTRONG, Thomas. 7 *Kinds of Smart.* Nova York: Plume, 1993.

RODGERS, Richard e HAMMERSTEIN II, Oscar. "You've Got to be Carefully Taught." Copyright © 1949 por Richard Rodgers e Oscar Hammerstein II. Copyright renovado. WILLIAMSON MUSIC é detentora da publicação e dos direitos em todo o mundo. Copyright internacional assegurado. Reimpresso sob licença. Todos os direitos reservados.

SANDERS, Bill. *Goalposts: Devotions for Giris.* Grand Rapids, Mich.: Fleming Revel, uma divisão da Baker Book House, 1995.

HÁBITO 7

LITCHFIELD, Allen, colaborador. Da gravação "Especially for Youth". *Sharing the Light in the Wildemess.* Salt Lake City Deseret Book, 1993.

ANDERSON, Walter. *Read with Me.* Boston: Houghton Mifflin Co., 1990.

SOBRE A FRANKLIN COVEY BRASIL

A Franklin Covey Brasil e uma sólida organização voltada para a melhoria da eficácia corporativa e pessoal. Suas soluções baseiam-se no desenvolvimento da alta produtividade, gerenciamento de tempo, projetos e excelência nos relacionamentos interpessoais. Desde 2000, a Franklin Covey Brasil já aplicou treinamentos em cerca de 130 das maiores empresas do país, utilizando uma metodologia baseada em princípios, que transformam essas organizações de dentro para fora, tornando-as altamente eficazes. Franklin, Organizador dos Hábitos, e uma ampla oferta de áudios e de vídeos, livros e programas de computador, ajudam seus clientes a reter e a utilizar com eficácia esses conceitos e habilidades.

Programas do Franklin Covey Brasil

Os 4 papéis do líder
Os 7 hábitos das pessoas altamente eficazes
Os 7 hábitos dos adolescentes altamente eficazes
Foco — Atingindo sua maior prioridade
Habilidade de apresentação
Habilidade para reuniões
Habilidade de escrita
Construindo confiança
Gerenciamento de projetos
Como trabalhar com sinergia
xQ — Quociente de execução
As 4 disciplinas da execução
Perfil 360º

Produtos do Franklin Covey Brasil

Franklin Planner Starterkit
Franklin Planner Software
Franklin Planner Software para Ms Outlook
Refis diários e semanais para Franklin Planner
Capas em couro com e sem zíper
Capas sintéticas com e sem zíper
Folhas em branco e folhas pautadas
Furadores de papel modelo de mesa e portátil
Arquivos fichários
Linha masculina e feminina de bolsas e pastas para notebook

Livros

'Em português'

Os 7 hábitos das pessoas altamente eficazes

Os 7 hábitos das pessoas altamente eficazes — miniedição

Os 7 hábitos das famílias altamente eficazes

Os 7 hábitos dos adolescentes altamente eficazes

Os 7 hábitos dos adolescentes altamente eficazes — miniedição

Vivendo os 7 Hábitos

Liderança baseada em princípios

Primeiro o mais importante

O que mais importa

O gladiador moderno

O princípio do poder

Os 7 hábitos compactos (7 livretos)

Princípio essenciais das pessoas altamente eficazes

O programa Franklin Covey para a execução eficaz

Figura de transição

Questões fundamenrais da vida

Seus clientes precisam ter sucesso. E agora?

O 8º hábito

O 8º hábito — miniedição

Planejando para obter resultados
A vantagem da apresentação
A vantagem da escrita
Gerando confiança
Alcançando a sinergia
O poder da compreensão
Projetos comunitários centrados em princípios
Fitas cassete: Liderança centrada em princípios
Fitas cassete: Primeiro o mais importante
Fitas cassete: Os 7 Hábitos das famílias altamente eficazes
Fitas cassete: Como escrever uma missão familiar
Fitas cassete: O poder dos princípios
Esquema de eficácia dos 7 Hábitos

FranklinCovey

Para mais informações:
Ligue

11-5105-4400

ou

Site www.franklincovey.com.br
ou
e-mail info@franklincovey.com.br

Validade de um ano a partir
da apresentação da nota fiscal
da compra do livro.

Ganhe 10% de desconto sobre os preços de nossos re-nomados seminários apresentando este cupom.

Enquanto milhões de pessoas leem nossos best-sellers todo ano, milhares delas e também milhares de empre-sas se tornam mais eficazes, participando de nossos se-minários, como o impactante:

OS 7 HÁBITOS

DAS PESSOAS ALTAMENTE EFICAZES

Transforme três dias em 7 Hábitos para toda a vida
Os 7 Hábitos®, baseado no best-seller de Stephen Covey, é uma experiência inspiradora de três dias que cria uma atitu-de positiva de mudança. Nesse workshop, você mudará sua maneira de abordar seu trabalho e seus relacionamentos e verá os problemas como oportunidades.

Ganhe **10% de desconto** sobre os preços de nossos renomados seminários apresentando este cupom.	

Enquanto milhões de pessoas leem nossos best-sellers todo ano, milhares delas e também milhares de empresas se tornam mais eficazes, participando de nossos seminários, como o impactante:

Foco

Nós temos algo que pertence a você: seu tempo

O Foco® é um workshop de gerenciamento de tempo para todo o dia, e não apenas para as exigências de um dia de trabalho. Ele o ajudará a focar seu tempo, sua energia e seus recursos nas coisas mais importantes, tornando-o mais produtivo, equilibrado e sem estresse. Este seminário já foi aplicado em mais de 6 milhões de participantes.

Para mais informações:	
Ligue	
11-5105-4400	
ou	
Site www.franklincovey.com.br	
ou	
e-mail info@franklincovey.com.br	

Validade de um ano a partir da apresentação da nota fiscal da compra do livro.

Este livro foi composto na tipografia Minion Pro,
em corpo 11/13,5, impresso em papel Pólen Soft 70g/m^2
no Sistema Digital Instant Duplex da
Divisão Gráfica da Distribuidora Record.